PROGRAMA NACIONAL DA POLÍTICA DE ORDENAMENTO DO TERRITÓRIO

PROGRAMA NACIONAL DA POLÍTICA DE ORDENAMENTO DO TERRITÓRIO

*Aprovada pela Lei n.º 58/2007, de 4 de Setembro, (PNPOT),
rectificada pela Declaração de Rectificação n.º 80-A/2007,
de 7 de Setembro*

PROGRAMA NACIONAL DA POLÍTICA DE ORDENAMENTO DO TERRITÓRIO

ORGANIZAÇÃO
CEDOUA

IMAGEM DA CAPA
Joana Gonçalves

EDIÇÕES ALMEDINA, SA
Avenida Fernão de Magalhães, n.º 584, 5.º Andar
3000-174 Coimbra
Tel.: 239 851 904
Fax: 239 851 901
www.almedina.net
editora@almedina.net

PRÉ-IMPRESSÃO • IMPRESSÃO • ACABAMENTO
G.C. – GRÁFICA DE COIMBRA, LDA.
PALHEIRA – ASSAFARGE
3001-453 COIMBRA
producao@graficadecoimbra.pt

Dezembro, 2007

DEPÓSITO LEGAL
268256/07

Os dados e as opiniões inseridos na presente publicação
são da exclusiva responsabilidade do(s) seu(s) autor(es).

Toda a reprodução desta obra, por fotocópia ou outro qualquer processo,
sem prévia autorização escrita do Editor,
é ilícita e passível de procedimento judicial contra o infractor.

NOTA PRÉVIA

Depois de ter participado activamente na elaboração do Projecto do Programa Nacional da Política de Ordenamento do Território (PNPOT), essencialmente pela via de um adequado acompanhamento jurídico, não podia o Centro de Estudos de Direito do Ordenamento, do Urbanismo e do Ambiente (CEDOUA) deixar de promover um amplo e aprofundado debate sobre o PNPOT – um instrumento, recentemente aprovado pela Lei n.° 58/2007, de 4 de Setembro, da maior relevância, que, com base num fiel retrato do País que hoje somos, pretende apresentar uma Ideia do País que queremos ser nos próximos 20 anos, através da definição de um conjunto articulado de objectivos estratégicos, de objectivos específicos e de medidas prioritárias, com vista à concretização da ambição de tornar Portugal um espaço sustentável e bem ordenado, uma economia competitiva, integrada e aberta, um território equitativo em termos de desenvolvimento e bem-estar e uma sociedade criativa e com sentido de cidadania.

No contexto do Colóquio Internacional sobre "O PNPOT e os Novos Desafios do Ordenamento do Território", organizado conjuntamente pelo CEDOUA e pela Associação Portuguesa de Direito do Urbanismo (APDU), dá-se, agora, à estampa o texto integral do PNPOT. Com esta iniciativa, pretendem o CEDOUA e a APDU atingir dois objectivos: colocar à disposição de todos os participantes naquele Colóquio o texto do PNPOT e facultar aos cidadãos interessados o conhecimento, através de uma publicação facilmente manejável e legível, de um instrumento de ordenamento do território, de natureza estratégica e de âmbito nacional, da maior importância para o nosso País.

Coimbra, 23 de Novembro de 2007

Prof. Doutor *Fernando Alves Correia*
Presidente do Conselho Directivo do CEDOUA
e do Conselho de Administração da APDU

ESTRUTURA

RELATÓRIO

0. INTRODUÇÃO

1. PORTUGAL NO MUNDO

2. ORGANIZAÇÃO, TENDÊNCIAS E DESEMPENHO DO TERRITÓRIO

3. REGIÕES: CONTEXTO E ORIENTAÇÕES ESTRATÉGICAS

4. PORTUGAL 2025: ESTRATÉGIA E MODELO TERRITORIAL

PROGRAMA DE ACÇÃO

0. INTRODUÇÃO

1. ORIENTAÇÕES GERAIS

2. PROGRAMA DAS POLÍTICAS

3. DIRECTRIZES PARA OS INTRUMENTOS DE GESTÃO TERRITORIAL

ÍNDICE DO RELATÓRIO

0. INTRODUÇÃO
   Um país mais ordenado
   O ordenamento do território em Portugal
   O Programa Nacional da Política de Ordenamento do Território

1. PORTUGAL NO MUNDO
   Desenvolvimento humano e competitividade económica internacional
   Especificidade e afirmação de Portugal no Mundo
   Portugal na União Europeia
   Portugal na Península Ibérica 20

2. ORGANIZAÇÃO, TENDÊNCIAS E DESEMPENHO DO TERRITÓRIO
   Portugal: o Território
   Recursos naturais e sustentabilidade ambiental
   Uso do solo e ordenamento agrícola e florestal
   População, povoamento e sistema urbano
   Economia, emprego e competitividade dos territórios
   Infra-estruturas e equipamentos colectivos
   Paisagem, património cultural e arquitectura
   Portugal: os grandes problemas para o ordenamento do território

3. AS REGIÕES: CONTEXTO E ORIENTAÇÕES ESTRATÉGICAS
   Regiões de Portugal Continental
   Região Autónoma dos Açores
   Região Autónoma da Madeira

4. PORTUGAL 2025: ESTRATÉGIA E MODELO TERRITORIAL
   O quadro de referência demográfico e económico
   O País que queremos: um desafio para o Ordenamento do Território
   Modelo territorial – O novo mapa de Portugal

ÍNDICE DE FIGURAS

Em anexo são publicados os Mapas a cores.

Figura 1: O "Cerco" no Futuro. Concorrentes no espaço de especialização de Portugal

Figura 2: Novos actores na Divisão Internacional do Trabalho

Figura 3: Portugal Continental e Regiões Autónomas

Figura 4: População dos países de língua oficial portuguesa, 2002

Figura 5: Remessas de emigrantes, 1980-2003

Figura 6: Distribuição da população portuguesa no Mundo, 1999

Figura 7: PIB *per capita* em paridade de poder de compra na UE 25, 2001

Figura 8: PIB por pessoa empregada na UE 25, 2001

Figura 9: Programa de Cooperação Transnacional no Espaço Europeu

Figura 10: Acessibilidade potencial multimodal no Espaço Europeu, 2001

Figura 11: Enquadramento geográfico de Portugal e Espanha

Figura 12: Península Ibérica e grandes conjuntos

Figura 13: Variação da população por NUTS III de Portugal e Espanha, 1991-2001

Figura 14: Densidade populacional por NUTS III de Portugal e Espanha, 2001

Figura 15: Cooperação transfronteiriça

Figura 16: Bacias Hidrográficas Internacionais

Figura 17: Rede de Alta Velocidade da Península Ibérica

Figura 18: População das Regiões Metropolitanas e Cidades da Península Ibérica

Figura 19: Rede Natura 2000 Inter-fronteiriça

Figura 20: Rede viária principal, rede de caminhos-de-ferro e aeroportos da Península Ibérica

Figura 21: Áreas com enquadramento legal de Protecção da Natureza, 2000

Figura 22: Áreas Protegidas e Classificadas na Região Autónoma dos Açores

Figura 23: Áreas Protegidas e Classificadas na Região Autónoma da Madeira

Figura 24: Precipitação Anual Média por Região Hidrográfica

Figura 25: Consumo total de electricidade por concelho de Portugal Continental, 2001

Figura 26: Uso do solo em Portugal Continental em 2000

Figura 27: População com mais de 65 Anos por NUTS III de Portugal, 2001

Figura 28: Densidade populacional por concelho de Portugal, 2001

Figura 29: Povoamento e eixos interiores no Continente
Figura 30: População residente nas cidades de Portugal Continental, 2001
Figura 31: Povoamento na Região Autónoma dos Açores
Figura 32: Ocupação do território nas Ilhas da Madeira e Desertas
Figura 33: PIB a preços de mercado *per capita* por NUTS III de Portugal, 2001
Figura 34: População activa e empregada no sector terciário por NUTS III de Portugal, 2001
Figura 35: Dormidas em estabelecimentos hoteleiros por concelho de Portugal, 2001
Figura 36: População servida pelo sistema de recolha de resíduos por concelho de Portugal, 2001
Figura 37: Plano Rodoviário Nacional 2000 de Portugal Continental
Figura 38: Rede viária das Regiões Autónomas dos Açores e da Madeira
Figura 39: Percentagem de alojamentos cablados por NUTS III no 1.° trimestre de 2005
Figura 40: Taxa de analfabetismo por concelho de Portugal, 2001
Figura 41: Alunos matriculados em estabelecimentos de ensino superior, público e privado em Portugal, 2001
Figura 42: Distribuição da oferta de equipamentos de apoio à população idosa por concelho de Portugal Continental, 2001
Figura 43: Cobertura da área desportiva útil por habitante, 1998
Figura 44: Unidades e grupos de unidades de paisagem em Portugal Continental
Figura 45: Unidades de paisagem da Região Autónoma dos Açores
Figura 46: Património classificado por concelho de Portugal, 2003
Figura 47: Riscos em Portugal Continental
Figura 48: Sistemas naturais e agro-florestais em Portugal Continental
Figura 49: Sistemas naturais e agro-florestais na Região Autónoma dos Açores
Figura 50: Sistemas naturais e agro-florestais na Região Autónoma da Madeira
Figura 51: Sistema urbano em Portugal Continental
Figura 52: Acessibilidades e conectividade internacional em Portugal Continental
Figura 53: Sistema urbano e acessibilidades em Portugal Continenta

ÍNDICE DE QUADROS

Quadro 1 – Portugal no contexto do Mundo
Quadro 2 – Portugal no contexto da União Europeia
Quadro 3 – Iniciativas no domínio do ordenamento do território nas últimas duas
décadas na Europa
Quadro 4 – Portugal no contexto da Península Ibérica
Quadro 5 – Portugal: território e população
Quadro 6 – Ocupação e uso do solo em Portugal Continental 1985/84-2000

SIGLAS E ACRÓNIMOS

AML	Área Metropolitana de Lisboa
AMP	Área Metropolitana do Porto
ARH	Administrações de Região Hidrográfica
CE	Comunidade Europeia
CEE	Comunidade Económica Europeia
CEMAT	Conferência de Ministros responsáveis pelo Ordenamento do Território
COM	Comunidade Europeia em Matéria de Diversidade Biológica
CRPM	Conferência das Regiões Periféricas Marítimas
DGOTDU	Direcção-Geral do Ordenamento do Território e Desenvolvimento Urbano
DGACCP	Direcção-Geral dos Assuntos Consulares e Comunidades Portuguesas
DPH	Domínio Público Hídrico
DPP	Departamento de Prospectiva e Planeamento
EDEC	Esquema de Desenvolvimento do Espaço Comunitário
EFTA	Associação Económica do Comércio Livre
EM	Estados-Membros
ENDS	Estratégia Nacional de Desenvolvimento Sustentável
ESPON	*European Spatial Planning Observatory Network*
IDH	Índice de Desenvolvimento Humano
IGT	Instrumento de Gestão Territorial
INAG	Instituto da Água
INBL	Iniciativa Nacional para a Banda Larga
INE	Instituto Nacional de Estatística
NUTS	Nomenclatura das Unidades Territoriais para Fins Estatísticos
PAC	Política Agrícola Comum
PDM	Plano Director Municipal
PEOT	Plano Especial de Ordenamento do Território
PIB	Produto Interno Bruto
POOC	Plano de Ordenamento da Orla Costeira
PROT	Plano Regional de Ordenamento do Território

RAN	Reserva Agrícola Nacional
REN	Reserva Ecológica Nacional
RFCN	Rede Fundamental de Conservação da Natureza
RNAP	Rede Nacional de Áreas Protegidas
SCTN	Sistema Científico e Tecnológico Nacional
SGT	Sistema de Gestão Territorial
SNAC	Sistema Nacional de Áreas Classificadas
SNS	Serviço Nacional de Saúde
TIC	Tecnologias de Informação e Comunicação
UEM	União Económica Monetária
UMIC	Unidade de Missão para a Inovação e Conhecimento
VAB	Valor Acrescentado Bruto
ZEC	Zonas Especiais de Conservação
ZEE	Zona Económica Exclusiva
ZPE	Zona de Protecção Especial

0. INTRODUÇÃO

Um país mais ordenado

1. Um país bem ordenado pressupõe a interiorização de uma cultura de ordenamento por parte do conjunto da população. O ordenamento do território português depende, assim, não só da vontade de técnicos e de políticos, mas também do contributo de todos os cidadãos.

2. Tudo terá de começar em casa e no dia-a-dia, na rua, no bairro, nas aldeias, nas vilas e cidades de todo o país e pela consciência de que o tempo também deve ser ordenado, desde o de longa duração ao das tarefas pontuais. Um país bem ordenado respeita os territórios nas suas várias escalas e tempos de vida.

3. O bom ordenamento do território passa também pela melhor inserção da sociedade e da economia portuguesas no Mundo e em particular na Europa: é fundamental definir, afirmar e consolidar a posição de Portugal nesses contextos e, a partir daí, organizar os territórios de forma adequada ao bom desempenho daqueles papéis.

4. A afirmação e a consolidação do papel de Portugal contribuirão, assim, para a estabilidade necessária ao bom ordenamento. Um país bem ordenado tem também mais capacidade para se integrar duradouramente nas escalas espaciais mais alargadas.

5. O bom arranjo dos territórios é fundamental para que Portugal possa beneficiar e contribuir para o sucesso económico, social e político da construção da União Europeia e, por essa via, para o reforço do papel europeu, mediterrânico e atlântico da Península Ibérica e para a construção de um modelo global de desenvolvimento sustentável.

O ordenamento do território em Portugal

6. Portugal tem, como muitos países herdeiros do Império Romano, uma longa tradição de ordenamento do território. Do século XII ao século

XV, observou-se uma permanente preocupação com o povoamento e com o ordenamento do território, da escala nacional à local. D. Dinis é a referência maior e um exemplo, a enaltecer, de como se deve proceder no bom arranjo dos campos e das cidades, desde as areias do litoral às terras despovoadas de fronteira.

7. O sector agrário e, em particular, o sector florestal possuem um longo saber acumulado em processos formais de planeamento no âmbito do ordenamento dos espaços rurais, com uma visão concreta da organização do território, tanto à escala local e sub-regional como regional e nacional. Lembremos alguns marcos, entre os mais modernos: o Plano de Ordenamento da Mata Nacional da Machada (1864), que constituiu o primeiro plano de ordenamento de uma propriedade florestal com recurso a métodos cientificamente fundamentados; o Projecto Geral da Arborização dos Areais Móveis de Portugal (1897), que modificou radicalmente a paisagem em vastas extensões do Litoral, de Caminha a Vila Real de Santo António; o Plano de Povoamento Florestal (1938), que orientou a intervenção em mais de 500 000 ha com fins de protecção do solo e da água, de produção florestal e silvopastoril, de infra-estruturação do território e de conservação da natureza; o Plano de Fomento Agrário (1949), que propôs o ordenamento racional e integrado do conjunto dos espaços rurais baseado na avaliação do potencial agrário das várias regiões do país e recorrendo a conceitos e metodologias gerais notáveis pela sua clareza e sentido prático; o Plano Director do Parque Nacional da Peneda-Gerês (1973), que constituiu o primeiro instrumento de ordenamento de uma área protegida.

8. Acompanhando, embora de forma implícita e difusa, as estratégias de desenvolvimento consubstanciadas nos Planos de Fomento que o Estado Novo iniciou em 1953 (I Plano Fomento 1953-1958), o ordenamento do território só ganhará autonomia no III Plano de Fomento (1968-1973), como componente indispensável do planeamento regional. Neste contexto é difundido, em 1970, o primeiro Relatório do Ordenamento do Território, que privilegia o desenvolvimento económico e social sem ainda evidenciar, no entanto, preocupações relativamente às questões ambientais.

9. A rede urbana, as redes de infra-estruturas e o crescimento económico a partir dos sectores que se afiguravam então como mais prometedores representavam as principais determinantes. Os efeitos do êxodo rural, iniciado nos anos 50 e explosivo nos anos 60, começavam a ser percepcionados: o abandono dos campos, das aldeias e das vilas, e o crescimento

Introdução 19

de extensas manchas suburbanas, sobretudo na área de Lisboa, sem obedecerem a qualquer plano de ordenamento ou contrariando totalmente as normativas em vigor.

10. Foi, justamente, a consciência do caos que se instalava nas áreas urbanas que levou à primeira definição de uma "Política de Solos" (Decreto-Lei n.° 576/70, de 24 de Novembro).

11. Na sequência da implantação do regime democrático e ainda durante o período revolucionário, misturam-se os anseios de crescimento económico e de prosperidade social com o desejo de melhor ordenamento do território. Mas muitas das decisões de política de então eram contraditórias e, não obstante as boas intenções, incluindo alguma legislação e intervenções fragmentadas (da tentativa de um plano de ordenamento para o Algarve às acções de recuperação urbanística dos aglomerados de génese ilegal), o resultado foi, a váriosníveis, o acentuar do caos nos campos, nas cidades, nas periferias urbanas. É neste contexto que a política de solos sofreu uma alteração, através do Decreto-Lei n.° 794/76, de 5 de Novembro, visando a melhoria do ordenamento do território ao nível local e regional. De entre as várias medidas, devem destacar-se a criação de áreas de "defesa e controle urbanos" (art. 14.°), bem como de áreas de "recuperação e reconversão urbanística" (art. 41.°).

12. A autonomia política do ambiente surge em 1974, com o Ministério do Equipamento Social e Ambiente (MESA) e o cargo de Subse-cretário de Estado do Ambiente. Neste ministério seria integrada a Comissão Nacional do Ambiente (CNA), criada em 1971. Em 1975 surge a Secretaria de Estado do Ambiente (SEA), com competências no domínio do ordenamento do território, que transitará em 1978 para o Ministério da Habitação e Obras Públicas (MHOP) e, em 1981, para o Ministério da Qualidade de Vida (MQV). Em 1985, extinto o MQV, a SEA é integrada no Ministério do Plano e Administração do Território (MPAT) e alarga a sua esfera de actuação, sobretudo nos domínios ambientais. De referir que a publicação da Lei de Bases do Ambiente de 1987 (Lei n.° 11/87, de 7 de Abril) constitui um marco associado à evolução do sistema legislativo na área do ambiente. Em 1990 (Decreto-Lei n.° 94/90, de 20 de Março), a SEA dá lugar ao Ministério do Ambiente e Recursos Naturais (MARN), que em 1995 será designado por Ministério do Ambiente (MA). Desde então, têm-se verificado reestruturações na tutela do ambiente, ao nível ministerial, a que por vezes não ficou associado o ordenamento do território.

20 *Programa Nacional da Política de Ordenamento do Território*

13. A política de ordenamento do território não dispôs até finais dos anos 1990 de um instrumento legal integrador, não obstante os progressos resultantes de várias iniciativas legislativas, de que resultou um conjunto de instrumentos de planeamento e ordenamento territorial: em 1982 são instituídos os Planos Directores Municipais (PDM) (Decreto-Lei n.° 208/82, de 26 de Maio); no ano seguinte criam-se os Planos Regionais de Ordenamento do Território (PROT) (Decreto-Lei n.° 338/83, de 20 de Julho); em 1990 há uma primeira tentativa de integrar várias figuras de planos de ordenamento do território (Decreto-Lei n.° 69/90, de 2 de Março); em 1993 são criados os Planos Especiais de Ordenamento do Território (PEOT), que, de acordo com o mesmo diploma, deveriam ser articulados com outros instrumentos de ordenamento do território (Decreto-Lei n.° 151/95, de 24 de Junho).

14. Finalmente, em 1998, através da Lei n.° 48/98, de 11 de Agosto, o País passa a dispor de uma Lei de Bases da Política de Ordenamento do Território e de Urbanismo, que define globalmente os objectivos e princípios desta política e estabelece o conjunto coerente e articulado dos Instrumentos de Gestão Territorial (IGT), de âmbito nacional, regional e local, em que ela assenta e que constitui o sistema de gestão territorial (SGT).

15. Desenvolvendo as orientações daquela Lei de Bases, o Decreto-Lei n.° 380/99, de 22 de Setembro (alterado pelo Decreto-Lei n.° 310/2003, de 10 de Dezembro), precisa e aprofunda os conceitos, objectivos e conteúdos dos vários IGT e o respectivo regime de coordenação.

O Programa Nacional da Política de Ordenamento do Território

16. No quadro do regime jurídico dos instrumentos de gestão territorial assim definido, o "Programa Nacional da Política de Ordenamento do Território" (PNPOT) constitui um instrumento de desenvolvimento territorial, de natureza estratégica e de âmbito nacional, com precedência em relação aos restantes IGT.

17. De acordo com o disposto no Decreto-Lei n.° 380/99, o PNPOT:

"Estabelece as grandes opções com relevância para a organização do território nacional, consubstancia o quadro de referência a considerar na elaboração dos demais instrumentos de gestão territorial [nomeadamente, os PROT e os PDM] e constitui um instrumento de cooperação com os demais

Introdução 21

Estados-Membros para a organização do território da União Europeia" (art. 26.°);

e "estabelece as opções e as directrizes relativas à conformação do sistema urbano, das redes, das infra-estruturas e equipamentos de interesse nacional, bem como à salvaguarda e valorização das áreas de interesse nacional em termos ambientais, patrimoniais e de desenvolvimento rural" (n.° 1a), art. 28.°).

18. A Resolução do Conselho de Ministros n.° 76/2002, de 11 de Abril, determina a elaboração do PNPOT, tarefa de que é incumbida a Direcção-Geral do Ordenamento do Território e Desenvolvimento Urbano (DGOTDU), com o apoio de uma equipa de projecto.

19. Esta proposta encontra-se, assim, balizada por estes três instrumentos legais, nomeadamente no que respeita aos seguintes princípios e objectivos:

Princípios Gerais (Lei n.° 48/98, de 11 de Agosto, art. 5.°):

a) Sustentabilidade e solidariedade intergeracional, assegurando a transmissão às gerações futuras de um território e de espaços edificados correctamente ordenados;

b) Economia, assegurando a utilização ponderada e parcimoniosa dos recursos naturais e culturais;

c) Coordenação, articulando e compatibilizando o ordenamento com as políticas de desenvolvimento económico e social, bem como as políticas sectoriais com incidência na organização do território, no respeito por uma adequada ponderação dos interesses públicos e privados em causa;

d) Subsidiariedade, coordenando os procedimentos dos diversos níveis da Administração Pública, de forma a privilegiar o nível decisório mais próximo do cidadão;

e) Equidade, assegurando a justa repartição dos encargos e benefícios decorrentes da aplicação dos instrumentos de gestão territorial;

f) Participação, reforçando a consciência cívica dos cidadãos através do acesso à informação e à intervenção nos procedimentos de elaboração, execução, avaliação e revisão dos instrumentos de gestão territorial;

g) Responsabilidade, garantindo a prévia ponderação das intervenções com impacte relevante no território e estabelecendo o dever de reposição ou compensação dos danos que ponham em causa a qualidade ambiental;

h) Contratualização, incentivando modelos de actuação baseados na concertação entre a iniciativa pública e a iniciativa privada na concretização dos instrumentos de gestão territorial;

i) Segurança jurídica, garantindo a estabilidade dos regimes legais e o respeito pelas situações jurídicas validamente constituídas.

Objectivos Gerais (Decreto-Lei n.º 380/99, de 22 de Setembro, art. 27.º):

a) Definir o quadro unitário para o desenvolvimento territorial integrado, harmonioso e sustentável do País, tendo em conta a identidade própria das suas diversas parcelas e a sua inserção no espaço da União Europeia (UE);

b) Garantir a coesão territorial do País atenuando as assimetrias regionais e garantindo a igualdade de oportunidades;

c) Estabelecer a tradução espacial das estratégias de desenvolvimento económico e social;

d) Articular as políticas sectoriais com incidência na organização do território;

e) Racionalizar o povoamento, a implantação de equipamentos estruturantes e a definição das redes;

f) Estabelecer os parâmetros de acesso às funções urbanas e às formas de mobilidade;

g) Definir os princípios orientadores da disciplina de ocupação do território.

Objectivos Estratégicos (Resolução do Conselho de Ministros n.º 76/2002, de 11 de Abril, ponto 9):

a) Estruturar o território nacional de acordo com o modelo e a estratégia de desenvolvimento económico-social sustentável do País, promovendo uma maior coesão territorial e social, bem como a adequada integração em espaços mais vastos, considerando as questões fronteiriças, ibéricas, europeias e transatlânticas;

b) Estimular o desenvolvimento local e regional, garantindo a equidade no acesso a infra-estruturas, equipamentos colectivos e serviços de interesse geral essenciais para a melhoria da qualidade de vida das populações e para a competitividade das empresas;

c) Salvaguardar e valorizar os recursos naturais e promover a sua utilização sustentável, bem como garantir a protecção dos valores ambientais e do património natural, paisagístico, rural e cultural;

d) Definir princípios, orientações e critérios que promovam formas de ocupação e transformação do solo pelas actividades humanas compatíveis com os valores subjacentes aos objectivos referidos nas alíneas anteriores;

e) Compatibilizar opções, políticas e instrumentos de gestão territorial, incluindo os de âmbito sectorial, promovendo a coerência vertical entre os níveis nacional, regional e local e a coerência horizontal entre sectores distintos com incidência espacial, bem como favorecer iniciativas e comportamentos dos particulares e dos agentes económicos convergentes com os objectivos definidos.

20. Em termos de enquadramento das opções de Portugal no contexto europeu, o *Esquema de Desenvolvimento do Espaço Comunitário* (EDEC), a que nos reportaremos em capítulos seguintes deste Relatório, e as orientações da *Estratégia de Lisboa* constituíram referências fundamentais para a elaboração do PNPOT.

21. O governo apresenta também a proposta de PNPOT em coerência com a *Estratégia Nacional de Desenvolvimento Sustentável* (ENDS), que enquadrará estrategicamente as políticas de desenvolvimento do país nos próximos anos, no sentido de "tornar Portugal num dos países mais competitivos e atractivos da União Europeia, num quadro de elevado nível de desenvolvimento económico, social e ambiental e de responsabilidade social".

1. PORTUGAL NO MUNDO

Desenvolvimento humano e competitividade económica internacional

1. Ao nível mundial e num conjunto de 177 países, Portugal ocupa, segundo diferentes indicadores de desenvolvimento, posições que, em geral, variam entre o 20.° e o 40.° lugar. Em 2002 detinha a 26.° posição no *ranking* do Índice de Desenvolvimento Humano (IDH), ocupando assim uma posição central no grupo de 55 países com IDH "elevado" (quadro 1). Na determinação dessa posição relativa, destacam-se como favoráveis a Portugal indicadores de saúde, alimentação, equipamentos colectivos e segurança e como desfavoráveis os níveis de literacia e qualificação escolar da população adulta. Note-se também que a posição relativa de Portugal é um pouco melhor em termos de IDH (26.°) do que em termos de PIB *per capita* avaliado em paridade de poder de compra (32.°).

Quadro 1 – Portugal no contexto do Mundo

	População (milhões)	Superfície (10^3 Km²) (a)	PIB ppc US$		IDH	Taxa de Mortalidade Infantil (‰)	Esperança de Vida à Nascença (anos)	Taxa de Literacia Adulta (%)
			Total (10^9)	Per capita (dól.)				
			2002					
Portugal (no *ranking*)	10 (72°)	92 (100°)	186,1 (37°)	18 280 (32°)	0,897 (26°)	5 (22°)	76,1 (34°)	92,5 (69°)
OCDE - IDH máx. **Noruega**	4,5	324	166,1	36 600 (2°)	0,956 (1°)	4	78,9	(b)
UE 15 – IDH máx. **Suécia**	8,9	450	232,5	26 050 (20°)	0,946 (2°)	3	80,0	(b)
OCDE - países de rendimento elevado (média)	911,6	..	26 368	29 000	0,935	5	78,3	..
Países com **IDH elevado** (média)	1201,3	..	29 435	24 806	0,915	9	77,4	..
Países com **IDH médio** (média)	4165,2	..	17 764	4 269	0,695	45	67,2	80,4
Países com **IDH reduzido** (média)	755,8	..	860	1 184	0,438	104	49,1	54,3

Fonte: ONU, 2004 (http://hdr.undp.org/statistics/)
(a) Banco Mundial, 2004; (b) para o cálculo do IDH foi considerado o valor 99,0%

2. A forte desaceleração do crescimento económico e, em particular, das exportações portuguesas que se tem verificado nos últimos anos explica-se em parte pela perda de flexibilidade competitiva decorrente do desaparecimento da política cambial nacional, em virtude da passagem ao regime económico da UEM, e da insuficiência de outros instrumentos de incentivo à produção de bens transaccionáveis. Mas a perda de competitividade externa da economia portuguesa dever-se-á também, em parte, às insuficiências estruturais do seu padrão de especialização produtiva e dos factores que a suportam, num contexto global que, por ser cada vez mais exigente, as realça.

3. De facto, estudos do Departamento de Prospectiva e Planeamento (DPP)[1] evidenciam as fragilidades da especialização económica de Portugal, de onde decorrem várias ameaças de para o seu posicionamento internacional. A feliz expressão encontrada, *Portugal no Comércio Internacional – uma economia cercada*, decorre da leitura das ameaças, internas e externas à União Europeia, que a economia produtiva portuguesa enfrenta nos vários domínios e nos diferentes quadrantes geográficos em que actua.

4. Assim, Portugal aparece "cercado" por um conjunto de países asiáticos, dinâmicos e competitivos, pelos países da Europa Central, integrados ou a integrar na União Europeia, por alguns países do Mediterrâneo e, também, por diversas regiões espanholas, que competem em domínios afins da especialização e das estratégias preferenciais portuguesas de desenvolvimento económico (figs. 1 e 2).

---

[1] DPP (2003) – *Portugal, o Litoral e a Globalização*; DPP (2004) – *Portugal: Perspectiva das Actividades e dos Territórios.*

Fonte: DPP, 2003
Figura 1: O "Cerco" no Futuro. Concorrentes no espaço de especialização de Portugal

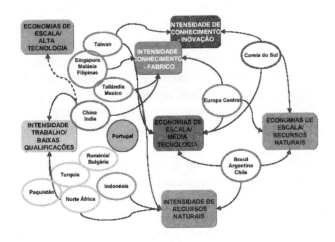

Fonte: DPP, 2003
Figura 2: Novos actores na Divisão Internacional do Trabalho

Especificidade e afirmação de Portugal no Mundo

1. A partir do final dos anos 50 do século XX, as relações externas de Portugal recentraram-se progressivamente no espaço europeu: primeiro, com um processo de abertura e integração económica real, cujo

marco inicial foi a adesão à EFTA, em 1960, e que se desenvolveu impetuosamente na década e meia seguinte, um período de ouro de crescimento económico à escala global e, em particular, na Europa ocidental; segundo, nesse mesmo período e por razões parcialmente correlacionadas, através da participação dos trabalhadores portugueses nos enormes fluxos de emigração que se processaram do sul para o norte europeu, tendo como destino fundamental a França e os restantes estados fundadores da CEE, com excepção da Itália; terceiro, mercê do processo de democratização e descolonização que se seguiu à Revolução de Abril de 1974; quarto, e finalmente, em 1986, pela plena integração na então Comunidade Europeia, a 12, a qual entretanto evoluiu para uma União Europeia com 25 Estados-Membros (EM), mercê de dois novos alargamentos, respectivamente, em 1995, de 12 para 15 EM e, em 2004, de 15 para 25 EM.

2. Esta sequência de acontecimentos alterou o posicionamento geo-estratégico de Portugal e, de algum modo, a sua própria identidade como Estado. O território terrestre nacional, depois dos mais de cinco séculos que se seguiram à expansão ultramarina, reconduziu-se ao espaço europeu ao confinar-se ao continente e aos arquipélagos atlânticos dos Açores e da Madeira. Além disso, com o aprofundamento da integração europeia, os domínios políticos de exercício exclusivo e autónomo da soberania pelo Estado português foram sendo comprimidos, mercê da transferência progressiva de importantes esferas de acção política, e em particular da política monetária e cambial, para a competência exclusiva ou partilhada da União Europeia.

3. O processo de "continentalização" do espaço português, que assim resultou da conjugação do fim do domínio colonial com o processo de integração na União Europeia, ela própria envolvida numa trajectória de recentramento para leste, não impede que Portugal continue a ser, em vários aspectos, um país preferencialmente orientado para as ligações com os países marítimos do Oceano Atlântico.

4. Devido à sua localização específica e ao desenvolvimento, ao longo dos séculos, de laços económicos, políticos e culturais com outros países e regiões dos cinco continentes, Portugal detém, de facto, uma localização privilegiada no Atlântico Norte enquanto espaço de charneira entre a Europa, a África e as Américas, bem como entre o Atlântico e o Mediterrâneo.

5. Assim, a afirmação de Portugal no Mundo poderá reforçar-se, através da valorização de um conjunto de vectores complementares e potenciadores da sua integração europeia e ibérica, de que destacamos:

a) A atlanticidade do país;
b) A lusofonia;
c) A diáspora portuguesa.

A atlanticidade de Portugal: história e continuidade

10. A afirmação de Portugal como país autónomo só foi possível pelas oportunidades resultantes da sua posição atlântica. A continuidade de políticas centradas nas valências que a posição atlântica forneceu deverá ser consolidada e aprofundada com a implementação da Estratégia Nacional para o Mar.

11. A instituição das Regiões Autónomas dos Açores e da Madeira permitiu, para além do desenvolvimento específico dos seus territórios, uma melhor afirmação do espaço atlântico nacional, reforçando a valia estratégica dos arquipélagos como vertente da dimensão atlântica da economia portuguesa e lugar privilegiado nas relações inter-continentais Europa – Estados Unidos da América, cujo alcance está para além dos acordos sobre a utilização da base das Lages (Terceira). Com efeito, Portugal dispõe assim de vantagens específicas acrescidas no oceano Atlântico, que lhe permitem desempenhar um papel relevante nos circuitos de distribuição da informação, dos serviços e das mercadorias (fig. 3).

12. O estatuto de regiões ultra-periféricas dos arquipélagos portugueses, formalizado pelo n.º 2 do artigo 229.º do tratado de Amesterdão, potencia o alargamento da base territorial da União Europeia havendo margens de cooperação ainda não totalmente aproveitadas pelas regiões com este estatuto, sobretudo as que mantêm uma relação de maior proximidade.

Extraído da Carta de Portugal Continental e Regiões Autónomas, IGP, 2003
Figura 3: Portugal Continental e Regiões Autónomas

13. A localização em Lisboa da Agência Europeia de Segurança Marítima traduz o reconhecimento por parte da União Europeia da importância estratégica e da natureza atlântica do espaço português.

A lusofonia: um espaço de aprofundamento cultural, económico, social e político

14. Associado à atlanticidade, embora nela não se esgotando, o espaço da lusofonia não só permite e impulsiona a "vocação atlântica" de Portugal como "obriga" a que esse espaço seja apreciado enquanto vector estratégico das políticas nacionais de ordenamento do território.

15. O espaço da lusofonia não corresponde apenas ao somatório dos países que têm o português como língua oficial (fig. 4). Dele também fazem parte o conjunto dos espaços das diásporas lusófonas, hoje ainda dominados pelas comunidades portuguesas residentes em todos os continentes mas confrontando-se já com a emergência de outras comunidades, como a cabo-verdiana, a brasileira ou mesmo a de outros países, da Guiné-Bissau a Timor.

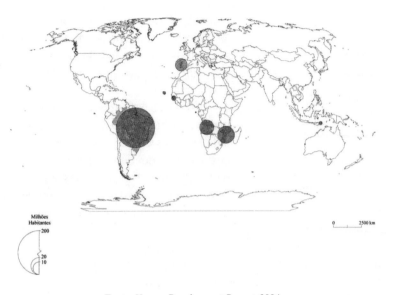

Fonte: *Human Development Report*, 2004
Figura 4: População dos países de língua oficial portuguesa, 2002

16. Para além das dimensões cultural e política da lusofonia, é importante fomentar as dimensões económicas e sociais desses espaços, mormente enquanto mercados de bens, serviços e trabalho. Os espaços da lusofonia poderão constituir, por um lado, o *locus* privilegiado para afirmar as produções dos países constituintes e, por outro, espaços de movimentos migratórios complementares, programados de modo a responder aos problemas de cada país, e de estratégias cruzadas de investimentos produtivos.

A diáspora portuguesa: um factor de mobilidade e interacção

17. A diáspora portuguesa, o *Portugal da emigração*, representa também uma extensão fundamental do País, decisiva, em diferentes períodos históricos, para a sua viabilização enquanto entidade política autónoma no panorama das nações.

18. As remessas dos emigrantes, embora em trajectória 12.0 acentuadamente descendente, dão ainda um contributo significativo para aumentar o rendimento 10.0 disponível das famílias e para equilibrar a

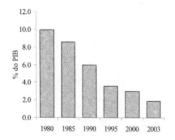

Fonte: Banco de Portugal
Figura 5: Remessas
de emigrantes, 1980-2003

balança 8.0 de transacções correntes, amortecendo parcialmente os efeitos dos défices estruturais da balança de 6.0 mercadorias no endividamento da economia 4.0 portuguesa (fig. 5).

19. Mas a diáspora portuguesa é também constituída 0.0 por comunidades de cidadãos nos cinco continentes, em que se destacam a identidade e a manutenção da nacionalidade (fig. 6). Essas comunidades devem ser cativadas para o processo de desenvolvimento e modernização de Portugal, através de múltiplas acções: "embaixadores" do país de origem; consumidores de produtos portugueses; manutenção de laços directos com o território nacional, pelas visitas enquanto turistas e pelos investimentos nas economias produtiva e residencial em Portugal.

20. Para isso, as comunidades da diáspora deverão ser permanentemente informadas das oportunidades que o seu país de origem ou dos seus antepassados lhes oferecem e incentivadas a participar na concretização de projectos, desde a obtenção de uma casa de férias ao investimento em actividades económicas.

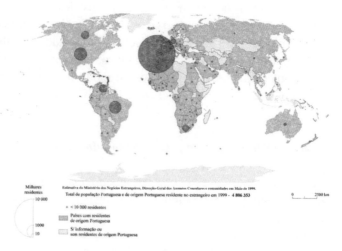

Fonte: IC/CP, DGACCP/DAX/DID, Maio 1999; INE, Estatísticas Demográficas, 1999
Figura 6: Distribuição da população portuguesa no Mundo, 1999
Portugal na União Europeia

21. Em pontos anteriores, assinalaram-se as consequências fundamentais que decorrem para Portugal da sua plena integração na União Europeia. Considerou-se, também, que essa opção europeia não invalida e até potencia a especificidade estratégica de Portugal no quadro europeu e global. Tendo-se desenvolvido este tema na tripla perspectiva da atlanticidade, lusofonia e diáspora, aborda-se em seguida o modo como ele se coloca no âmbito europeu e, em particular, no contexto ibérico.

Quadro 2 – Portugal no contexto da União Europeia

			Portugal	UE 15	UE 25
Superfície (1)	Km²		92 072	3 238 988	3 977 304
População	Milhares	2003	10 407	38 0351	454 552
Densidade populacional	Hab/km²	2001	1 12,1	119,4	114,3
Taxa natalidade	por 1000 habitantes	2002	11,0	10,5	10,3
Taxa de mortalidade	por 1000 habitantes	2002	10,2	9,7	9,8
Taxa de mortalidade infantil	por 1000 habitantes	2002	5,0	4,6	5,0
Esperança de vida à Nascença	H	N° anos	2002	73,8	75,8	74,8
	M	N° anos	2002	80,5	81,6	81,1
PIB	milhões de Euros	2003	130 848	9 295 859	9 731 869
PIB por habitante	Euros	2003	12 540	24 310	21 310
Produtividade por pessoa empregada	Euros, UE 25=100	2003	49,3	112,8	100
	Euros, UE 15=100	2003	43,6	100,0	88,5
Taxa de actividade	% população total	2003	72,1	70,0	69,3
Taxa de desemprego	% população activa	2003	6,4	8,0	9,0
Exportações para a UE	% do total	2003	79,2	61,9	62,2
Importações para UE	% do total	2003	76,7	60,2	60,0

(1) in http://europa.eu.int/

Fonte: DPP, 2004

22. No conjunto dos 25 estados da União Europeia, Portugal pertence ao grupo dos países de média dimensão, tanto em superfície como em população (2,3% da UE).

23. Na dimensão económica ocupa uma posição inferior, representando apenas 1,4 % do PIB da União Europeia. Apesar do pior desempenho dos anos mais recentes, Portugal recuperou, desde 1986, relativamente ao desenvolvimento médio da UE: de 55% do PIB *per capita* em 1986 para 67,9% em 2004, tendo atingido a melhor posição em 2002 (70,9%) (fig. 7).

Fonte: Eurostat 2003
Figura 7: PIB *per capita* em paridade de poder de compra na UE 25, 2001

24. O alargamento a leste colocou Portugal numa posição mais periférica no âmbito europeu (fig.8), mas poderá, por outro lado, contribuir para valorizar as suas especificidades e posição estratégica, enquanto espaço de charneira entre a Europa e outros continentes:

i) Pela sua posição geográfica e pelo desenvolvimento da fachada litoral, mormente no que concerne à concentração de pessoas, actividades e infra-estruturas, Portugal poderá constituir uma importante frente atlântica da União Europeia: as aglomerações de Lisboa e do Porto, com infra-estruturas portuárias, ferroviárias, rodoviárias e aéreas conexas, têm capacidade para desempenhar um papel decisivo com grandes benefícios para todo o espaço do Sudoeste Europeu.

ii) Associada a esta questão, mas ultrapassando-a, está o contributo português para o reforço, em complementaridade com a Espanha, das ligações à América Latina e das parcerias com o Norte de África, de grande importância estratégica para a Europa. No contexto de uma Europa alargada para norte e para leste, a centralidade da Península Ibérica ganha mais peso numa perspectiva de espaço-charneira, tanto relativamente ao Mediterrâneo (Norte de África, rotas Suez-Gibraltar-Mar do Norte) como ao Atlântico, com particular relevância no que concerne à América Latina.

iii) A componente insular de Portugal, projectando-se no Oceano Atlântico através das Regiões Autónomas dos Açores e da Madeira, confere à União Europeia uma dimensão estratégica marítima que ultrapassa o peso específico daqueles territórios em termos demográficos, territoriais e económicos. Não só alarga o espaço dos recursos marítimos que decorre da expressão da Zona Económica Exclusiva (ZEE), como confere uma influência acrescida sobre os recursos oceânicos e as rotas marítimas atlânticas.

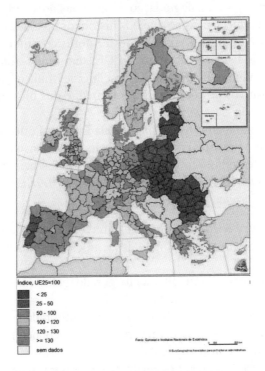

Fonte: CE, 2004 (Terceiro Relatório da Coesão)
Figura 8: PIB por pessoa empregada na UE 25, 2001

36 *Programa Nacional da Política de Ordenamento do Território*

25. Pela história, pela cultura e por opção política, mas também pela dispersão das comunidades portuguesas no seio da UE, Portugal possui uma marcada dimensão europeia e um significativo potencial contributivo para o reforço da coesão económica e social do projecto europeu. Todavia, o País continua a evidenciar um conjunto de fragilidades que dificultam o aproveitamento integral das vantagens propiciadas pela participação na União Europeia. Entre outras, destacam-se os baixos níveis de instrução e de qualificação dos recursos humanos e, em correlação, os baixos níveis de produtividade por pessoa empregada (49,3 % da média da União Europeia, em 2003).

26. No capítulo da ocupação e do ordenamento do território, a situação portuguesa caracteriza-se, no contexto europeu, por um conjunto de desequilíbrios: na distribuição da população, nas assimetrias sociais, no abandono e desordenamento de extensas áreas agrícolas e florestais – não obstante o potencial de áreas naturais e, em particular, das zonas classificadas no âmbito da política de conservação da natureza (cerca de 21% da superfície do país) – e na degradação de algumas áreas urbanas, tanto de desenvolvimento recente como núcleos históricos de cidades e vilas.

27. Apesar de o ordenamento do território constituir uma área de competência dos Estados-Membros da UE, têm vindo a desenvolver-se várias acções conjuntas ao nível dos Conselhos de Ministros da tutela, com base em dispositivos de coordenação informal, e dos organismos competentes da Comissão Europeia.

28. Enquanto membro do Conselho da Europa, Portugal participa na Conferência de Ministros responsáveis pelo Ordenamento do Território (CEMAT). Neste âmbito, foram definidos na Conferência de Hanôver os *Princípios Orientadores para o Desenvolvimento Territorial Sustentável do Continente Europeu* (Hanôver 2000):

I. "Promover a coesão territorial através de um desenvolvimento social e económico mais equilibrado das regiões e de uma maior competitividade.

II. Incentivar o desenvolvimento gerado pelas funções urbanas e melhorar a relação cidade-campo.

III. Promover uma acessibilidade mais equilibrada.

IV. Desenvolver o acesso à informação e ao conhecimento.

V. Reduzir os danos ambientais.

VI. Valorizar e proteger os recursos naturais e o património natural.

VII. Valorizar o património cultural como factor de desenvolvimento.

VIII. Explorar os recursos energéticos com segurança.
IX. Incentivar um turismo sustentável e de grande qualidade.
X. Minimizar o impacto das catástrofes naturais".

29. Neste contexto, foram propostas medidas de ordenamento do território para as seguintes "áreas/regiões da Europa", consideradas especialmente sensíveis: paisagens humanizadas, áreas urbanas, zonas rurais, regiões de montanha, regiões costeiras e insulares, eurocorredores, leitos de cheia e zonas inundáveis, zonas industriais e militares desactivadas e regiões fronteiriças.

30. No âmbito da União Europeia foi desenvolvido nos últimos anos um conjunto de iniciativas relevantes para o ordenamento do território (quadro 3). Pela sua importância e incidência directa no ordenamento do território, destaca-se o *Esquema de Desenvolvimento do Espaço Comunitário* (EDEC), que enuncia três grandes objectivos de política: i) coesão económica e social; ii) preservação do património natural e cultural; e iii) uma competitividade mais equilibrada do território europeu.

	Iniciativas
1983	Assinatura da *Carta Europeia do Ordenamento do Território* (Carta de Torremolinos). Conferência Europeia de Ministros responsáveis pelo Ordenamento do Território do Conselho da Europa (CEMAT)
1988	Reforma dos Fundos Estruturais
1988	Criação do Conselho Consultivo das Colectividades Regionais e Locais (88/487/CE), composto por 42 Membros
1991	Publicação do *Europa 2000*
1991	Criação do Comité para o Desenvolvimento Espacial
1992	Criação do Comité das Regiões, que substitui o Conselho Consultivo das Colectividades Regionais
1994	Publicação do *Europa 2000+*
1994	Publicação do documento que constitui a base do *Esquema de Desenvolvimento do Espaço Comunitário* (EDEC)
1997	Lançamento do Programa TERRA – *Laboratório Experimental do Ordenamento do Territóri*, que, em conjunto com os Programas INTERREG IIC, tinham por objectivo avaliar a relevância das opções políticas propostas pelo EDEC antes da sua finalização (1999)
1999	Lançamento do *Esquema de Desenvolvimento do Espaço Comunitário* (EDEC)
2000	Lançamento do INTERREG III, Iniciativa Comunitária com vista à cooperação
2000	Assinatura da Convenção Europeia da Paisagem
2002	Estabelecimento do ESPON Programme 2006 – *European Spatial Planning Observatory Network Programme 2006*

Quadro 3 – Iniciativas no domínio do ordenamento do território
nas últimas duas décadas na Europa

31. As linhas de orientação para o desenvolvimento territorial definidas no EDEC são as seguintes:

- "Desenvolvimento de um sistema de cidades policêntrico e equilibrado, bem como o reforço da parceria entre os espaços urbanos e rurais. Trata-se, neste caso, de ultrapassar a tradicional clivagem cidade/campo, actualmente sem sentido.
- Promoção de sistemas de transportes e comunicações que favoreçam um desenvolvimento policêntrico do território da União Europeia e que constituirão uma condição necessária para a boa integração das cidades e regiões europeias na UEM. A paridade de acesso às infra-estruturas e ao conhecimento deverá ser progressivamente desenvolvida, o que pressupõe a adopção de soluções adaptadas às diferentes regiões.
- Desenvolvimento e preservação do património natural e cultural, através de uma gestão prudente. Isto contribui para a preservação e o desenvolvimento da identidade regional, bem como para a manutenção da diversidade natural e cultural das regiões e cidades da União Europeia na era da globalização".

Fonte: Adaptado de EDEC, 1999
Figura 9: Programa de Cooperação Transnacional no Espaço Europeu

Portugal no mundo 39

32. Na sequência da aprovação do EDEC, desenvolveu-se um Programa de Cooperação Transnacional no Espaço Europeu, no contexto do qual Portugal está associado a três grandes espaços (subprogramas): Atlântico; Sudoeste Europeu; e Mediterrâneo Ocidental e Alpes Latinos (fig. 9). O *European Spatial Planning Observation Network* (ESPON) ganhou também um novo impulso, tendo sido lançado o *ESPON Programme 2006*, cujos estudos e projectos no âmbito do ordenamento do território cobrem os seguintes domínios:

- identificação dos factores decisivos para o desenvolvimento policêntrico;
- desenvolvimento de indicadores e tipologias que permitam caracterizar o território europeu;
- monitorização dos efeitos das várias políticas com vista à obtenção de um território mais equilibrado e policêntrico;
- desenvolvimento de instrumentos de diagnóstico com vista a contornar as fraquezas e a aproveitar as potencialidades das regiões.

33. No âmbito das duas gerações de Programas de Cooperação Transfronteiriça, o da Iniciativa Comunitária INTERREG III e o do futuro período de programação 2007-2013, tem-se desenvolvido sobretudo a cooperação em toda a extensa fronteira comum entre as regiões transfronteiriças de Portugal-Espanha.

34. Entretanto, será necessário promover mais parcerias através da fronteira marítima – Portugal-Europa Atlântica, Portugal-Europa Mediterrânea – e aprofundar as ligações aos países do alargamento. Sendo de assinalar que, no âmbito específico de algumas regiões europeias, Portugal participa nas acções da Conferência das Regiões Periféricas Marítimas (CRPM), desde que esta foi fundada.

35. O alargamento da União Europeia coloca novos desafios a Portugal. Entre as principais vantagens dos países da Europa de Leste, destacam-se: a proximidade e a acessibilidade ao "pentágono" europeu; a oferta de mão-de-obra qualificada a custos mais baixos; o mercado de dimensão considerável e com bom potencial de crescimento (fig. 10).

36. O alargamento da União Europeia obrigará ao ajustamento das políticas de coesão, atendendo ao fosso elevado existente entre os níveis de desenvolvimento de alguns países do alargamento e a UE15. Por outro lado, as desigualdades regionais naqueles países são muito acentuadas,

implicando um elevado esforço em investimento público para correcção das assimetrias. Este processo coloca alguma pressão sobre os Fundos Estruturais e poderá afectar a convergência da economia portuguesa com a União Europeia.

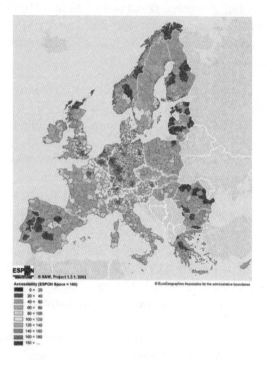

Extraído de: ESPON Project 1.2.1
Figura 10: Acessibilidade potencial multimodal no Espaço Europeu, 2001

Portugal na Península Ibérica

37. No contexto da Europa e do Mundo, a Península Ibérica representa um espaço dotado de uma assinalável unidade e individualidade, potenciadas pela sua projecção externa nas Américas, mercê da história longa de Espanha e Portugal, em certos períodos em cooperação ou mesmo em 'união' (1580-1640: união das coroas de Portugal e de Espanha), mas sempre com fortes traços de autonomia e diferenciação, quando não de manifesta tensão. Hoje, como é sabido, permanecem significativos facto-

res de diferenciação, mas os dois países ibéricos cooperam formalmente no desenvolvimento de relações de cooperação no espaço ibero-americano.

38. A Península Ibérica engloba duas componentes estruturais maiores: o núcleo continental, a Meseta, e as fachadas (orlas) marítimas. A estas há que juntar a dimensão insular, de grande valor estratégico, tanto no Atlântico (Canárias, Açores e Madeira) como no Mediterrâneo (Baleares) (figs. 11 a 14 e quadro 4).

Fonte: *Environmental Systems Research Institute*, 2003
Figura 11: Enquadramento geográfico de Portugal e Espanha

Adaptado de: J.Gaspar, 1999 e 2003
Figura 12: Península Ibérica e grandes conjuntos

42 *Programa Nacional da Política de Ordenamento do Território*

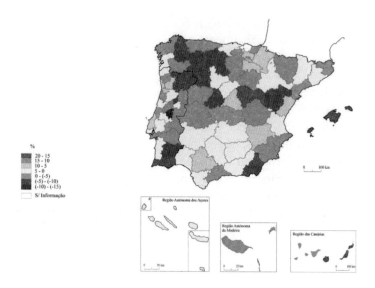

Fonte: INE, RGP, 2001; INE (Espanha), *Cifras de Población de derecho desde 1986 hasta 1995*;
INE (Espanha), *Censos de Población y Viviendas*, 2001
Figura 13: Variação da população por NUTS III de Portugal e Espanha, 1991-2001

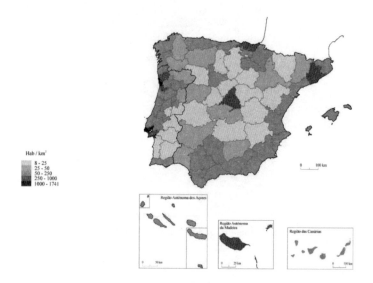

Fonte: INE, RGP, 2001; INE (Espanha), *Censos de Población y Viviendas*, 2001;
Environmental Systems research Institute, 2003
Figura 14: Densidade populacional por NUTS III de Portugal e Espanha, 2001

Portugal no mundo

Quadro 4 – Portugal no contexto da Península Ibérica

	Unidades	Anos	PORTUGAL	ESPANHA	Andaluzia	Catalunha	Madrid	Lisboa e Vale do Tejo
População total	Milhares	2003	10 407	40 809	7 555	6 243	5 236	3 469
Densidade populacional	Hab/km²	1999	110,5	78,5	82,4	191,9	636,3	285,3
Taxa de natalidade	por 1000 habitantes	2002	11,0	10,1	11,1	10,6	11,5	11,5
Taxa de mortalidade	por 1000 habitantes	2002	10,2	8,9	8,3	9,1	7,2	10,2
Taxa de mortalidade infantil	por 1000 habitantes	2002	5,0	3,7	4,1	3,1	4,8	5,0
Esperança de Vida à Nascença H	Nº anos	1998; 2002	73,7*	75,3**	74,0**	75,6**	76,5**	..
Esperança de Vida à Nascença M	Nº anos	1998; 2002	80,5	82,2	81,0	82,6	83,8	..
PIB per capita	Euros	2000	11 493,8	15 247,5	11 224,1	18 531	20 577	15 642,4
População activa total	Milhares	2003	7 024	2 7631	5074	4 252	3 637	2 349
Taxa de actividade	% população total	2003	67,2	67,7	67,2	68,1	69,5	67,7
População activa empregada	% população activa	2003	71,6	61,8	51,9	69,9	66,7	76,8
População activa empregada a tempo inteiro	% população activa empregada	2003	95,7	95,9	95,9	95,5	97,7	95,2
Taxa de desemprego	% população activa	2000	4,0	14,2	25	8,9	11,7	5,4

Fonte: ESPON Database, 2003; *Censos de Población Y Viviendas* 2001; INE, 2002
*Dados referentes a 2002 ** Dados referentes a 1998

39. A adesão simultânea de Portugal e Espanha às Comunidades Europeias deu maior coesão ao espaço europeu e maior coerência ao espaço peninsular. Tal leitura deverá implicar um forte empenho conjunto nos processos de ordenamento do território a todas as escalas. De facto, algo se tem realizado, com consequências diversas mas com resultados mais visíveis às escalas regional/sub-regional e local, nomeadamente através de projectos desenvolvidos no âmbito dos Programas de Cooperação Transfronteiriça (fig. 15).

40. A fronteira luso-espanhola é a mais estável, antiga e extensa da União Europeia e também um dos territórios com níveis de desenvolvimento mais débeis. O efeito de barreira da descontinuidade gerada pela fronteira política dificulta a articulação destes territórios com os grandes centros de ambos os países. Nos últimos cinco anos, as diferentes gerações dos programas de cooperação transfronteiriça desempenharam um papel

chave na inversão dessa tendência ao funcionarem como catalisador do espírito de cooperação e veículo de desenvolvimento e ordenamento deste território.

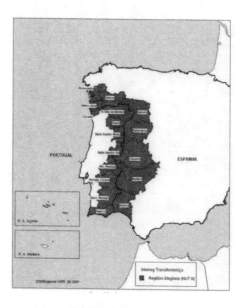

Extraído de: *www.qca.pt*
Figura 15: Cooperação transfronteiriça

41. O processo de cooperação transfronteiriça começou pela multiplicação das interacções entre os dois lados da fronteira mas, à medida que as condições de base eram conquistadas, verificou-se uma alteração da sua qualidade, evoluindo de um aproveitamento unilateral e paralelo das oportunidades abertas pelos Fundos disponíveis para uma cooperação no domínio material tendo em vista permeabilizar a fronteira para, depois, se aprofundar, envolvendo a concepção, a operacionalização e a gestão conjunta das intervenções, com uma componente imaterial mais desenvolvida.

42. O perfil estratégico da cooperação em 2007-2013 vai centrar-se, em especial, na organização territorial e nos recursos comuns tendo em vista o aprofundamento das experiências de cooperação no domínio do desenvolvimento e do ordenamento dos espaços transfronteiriços, pela procura de soluções conjuntas para problemas que são comuns aos dois lados da fronteira.

43. A coerência do ordenamento do conjunto da Península deverá implicar, desde logo, maior cooperação no planeamento estratégico das fachadas marítimas, dotadas de complementaridades mas competindo também em várias frentes. O esforço de cooperação é particularmente necessário no domínio dos valores ambientais, com destaque para a gestão conjunta dos recursos hidrológicos, onde se têm aliás conseguido importantes progressos. Na figura 16 apresentam-se as bacias hidrográficas partilhadas com Espanha.

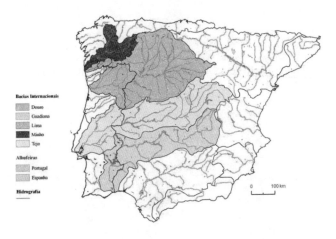

Fonte: INAG
Fig. 16 – Bacias Hidrográficas Internacionais

44. Fundamental para a afirmação de cada um dos países na Península e na União Europeia é o reforço do papel estruturante do eixo central da Península Ibérica (Lisboa-Madrid-Barcelona), estruturado por comboios de alta velocidade (fig. 17).

45. Mas a integração de 1986 veio também proporcionar cooperação e ganhos sinergéticos para as metrópoles com maior afirmação regional ao nível nacional – Valência, Porto, Sevilha, Bilbao, Saragoça – dotadas de especializações económicas e bem inseridas em espaços regionais muito amplos, o que lhes confere um potencial significativo de interacção internacional (fig. 18).

Fonte: XIX Cimeira Ibérica, 2003
Figura 17: Rede de Alta Velocidade da Península Ibérica

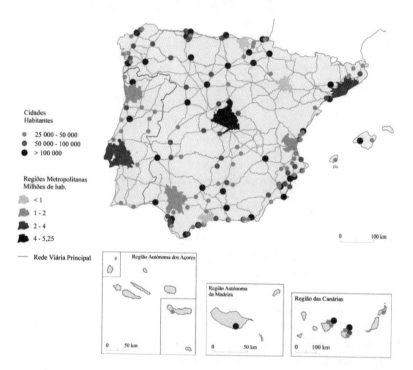

Fonte: INE, RGP, 2001; INE (Espanha), *Censos de Población y Viviendas*, 2001;
Centro Nacional de Información Geográfica (Espanha), 1997; Thomas Brinkhoff:
City Population, http://www.citypopulation.de; 2005 DGOTDU, *As Regiões Metropolitanas no Contexto Ibérico*, 2002
Figura 18: População das Regiões Metropolitanas e Cidades da Península Ibérica

Portugal no mundo

46. O desenvolvimento das cidades médias portuguesas das áreas fronteiriças contribui para dar maior coerência à rede urbana peninsular. O "fim da fronteira" não beneficiou apenas as cidades médias espanholas próximas da fronteira e dotadas de um maior potencial interactivo, resultante da sua população e do nível de concentração de funções públicas e privadas. O dinamismo destas cidades espanholas estimulou o desenvolvimento das cidades portuguesas próximas da fronteira, através do incremento das trocas comerciais, da expansão do turismo e da cooperação técnica, científica e cultural. Assim se passou na fronteira do Minho (Vigo/ /Pontevedra em relação a Viana do Castelo ou Braga), em Trás-os-Montes (Ourense e Chaves, Zamora/Léon e Bragança), na Beira (Salamanca em relação à Guarda e à Covilhã, e Plasência e Cáceres para Castelo Branco), no Alentejo (Cáceres e Portalegre) e no Algarve (Huelva e Sevilha em relação ao "grande Faro").

47. Mas o fim da fronteira estimulou também as ligações entre pólos dos níveis mais baixos da rede de povoamento: pequenas cidades, vilas e aldeias que se aproximaram pela beneficiação das acessibilidades físicas (melhores rodovias e maior número de atravessamentos da fronteira), o que gerou um incremento nas trocas de bens e serviços e na cooperação económica, social e cultural.

48. Entretanto, há ainda muitos domínios em que se podem melhorar as relações de cooperação transfronteiriça, explorando complementaridades e sinergias: na economia produtiva, nas parcerias para empreendimentos no âmbito da cultura, do ambiente e do lazer, tudo convergindo para valorizar as áreas fronteiriças também como destinos turísticos de múltiplas valências.

49. A Espanha representa também para Portugal um espaço de afirmação de ofertas competitivas de bens e serviços, proporcionando a escala necessária para um salto qualitativo de muitas empresas na implementação de estratégias de internacionalização e abrindo um potencial de cooperação na conquista de mercados extra-peninsulares, tanto no âmbito da União Europeia como em mercados terceiros.

50. Impõe-se, pois, um alargamento da cooperação ibérica para além do que é sugerido pelas diversas iniciativas comunitárias. A cooperação bilateral de base territorial, que tem assumido especial relevância no caso do ordenamento dos recursos hidrológicos partilhados, deverá ser transposta e aprofundada em domínios fundamentais, como o da conservação da natureza e da biodiversidade (fig. 19), o sistema de povoamento na sua

dimensão de oferta de serviços públicos, o ensino e investigação, mormente no que se refere ao estabelecimento de redes de cooperação científica e tecnológica, ou o ordenamento dos grandes espaços turísticos passíveis da obtenção de sinergias.

Fonte: DGDR *e t al*, 2001; extraído de *www.ccr-c.pt/cooperaçao*
Figura 19: Rede Natura 2000 Inter-fronteiriça

51. As mobilidades, de bens e de pessoas, deverão ter um papel particularmente relevante na construção de espaços de cooperação a todas as escalas territoriais: as questões associadas aos movimentos migratórios; as redes de transporte transeuropeias, transpeninsulares ou tão só transfronteiriças locais; a dimensão peninsular dos sistemas portuários dos dois países; ou os calendários de construção e os traçados das redes de transporte com reflexos nos espaços dos dois países, são exemplos de domínios onde os esforços a desenvolver devem ser conjugados (fig. 20).

52. A integração das regiões ultra-periféricas dos Açores e da Madeira nos mercados ibérico e europeu constitui um imperativo de coesão económica e social, mas pressupõe um esforço importante com vista à criação de infra-estruturas logísticas e de transporte que reduzam as desvantagens resultantes da descontinuidade territorial, apoiando o desenvolvimento de actividades económicas competitivas e coerentes com as particularidades regionais, ou seja, assentes em bens e serviços de fraca sensibilidade à distância e com alto valor acrescentado. Em particular, nos Açores, dadas as suas características de arquipélago que se estende por 600 km de oceano, deve investir-se na modernização das infra-estruturas de transporte que possibilitem a integração do mercado regional e a atenuação dos desequilíbrios territoriais.

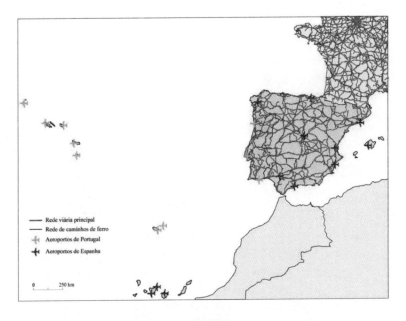

Fonte: *Environmental Systems Research Institute*, 2003
Figura 20: Rede viária principal, rede de caminhos-de-ferro e aeroportos da Península Ibérica

2. ORGANIZAÇÃO, TENDÊNCIAS E DESEMPENHO DO TERRITÓRIO

Portugal: o Território

1. Portugal continental situa-se no extremo sudoeste do continente europeu e representa a componente principal do flanco ocidental da Península Ibérica. Com uma forma rectangular, orientada no sentido Norte-Sul, as suas fronteiras terrestres e marítimas são pouco recortadas. A norte e a este confina com Espanha, o único país com quem Portugal faz fronteira; a ocidente e a sul encontra-se com o Atlântico, o que compensa, de certo modo, a sua posição periférica e de algum isolamento no continente europeu. A superfície de Portugal continental é um pouco inferior a 89 mil km2. A sua extensão em latitude é, no máximo, de cerca de 560 km e a sua largura oscila entre 112 e 218 km.

2. Apesar da sua pequena superfície e da escassa extensão longitudinal, o continente apresenta contrastes climáticos sensíveis, com uma tonalidade mais atlântica no Noroeste e um cariz mediterrânico mais marcado no interior e no Sul, em virtude da conjugação de três factores fundamentais: a latitude; a oposição entre a influência oceânica, a oeste, e a continental, a leste; o contraste entre o Norte, mais acidentado e elevado, com as principais massas de relevo orientadas no sentido NE-SW, e o Sul dominantemente peneplano. As características orográficas na parte central e setentrional do continente determinam, adicionalmente, problemas de acessibilidade e de algum isolamento das áreas mais interiores face à fachada litoral.

Quadro 5 – Portugal: território e população

	Território Terrestre		População Residente			Mar ZEE	
	Área km² (1)	% do Total	mil hab. (2)	% do Total	Hab. por km²	Área mil km² (3)	% do Total
Portugal	**92 117**	**100,0**	**10 356, 1**	**100,0**	**112,4**	**1 731,6**	**100,0**
Continente	88 967	96,6	9 869, 3	95,3	110,9	328,4	19,0
Açores	2 322	2,5	241, 8	2,3	104,1	996,0	57,5
Madeira	828	0,9	245, 0	2,4	295,9	407,2	23,5

(1) – IGP (2005): Carta Administrativa Oficial de Portugal (V.4).
(2) – INE: *Recenseamento Geral da População e da Habitação* (2001).
(3) – Instituto Hidrográfico (2005): valores correspondentes a áreas planimétricas calculadas com base na carta 1001E, projecção Mercator, latitude média 37.° N e escala 1: 2 500 000.

3. A projecção de Portugal no Atlântico é fortemente acentuada pelo seu território insular, composto pelos arquipélagos das Regiões Autónomas dos Açores e da Madeira e que representa cerca de 3,4% da superfície do país e acolhe cerca de 4,7% da população residente em Portugal (quadro 5). Mas o contributo das regiões insulares para definir a identidade nacional e afirmar Portugal no mundo é bem superior. Destaca-se, nomeadamente, a importância decisiva das Zonas Económicas Exclusivas (ZEE) dos Açores e da Madeira, que constituem mais de 80% do território marítimo onde Portugal, nos termos do direito internacional e da Constituição da República, detém direitos soberanos sobre os respectivos recursos, impondo-se designadamente o desenvolvimento de actividades científicas ligadas ao mar tendo em vista o adequado conhecimento, salvaguarda e aproveitamento sustentável desses recursos.

4. O arquipélago dos Açores situa-se a uma latitude semelhante à do continente, mas a uma distância, em longitude, superior a 1400 km. Disperso por nove ilhas, por vezes com grandes distâncias entre si e dispostas no sentido este-oeste, penetra profundamente no Atlântico. Estes traços de dispersão e de marcada atlanticidade, bem patentes no seu clima, e também as fortes sismicidade e actividade vulcânica, resultantes da sua localização na zona de contacto das placas litosféricas americana, africana e euro-asiática, constituem aspectos marcantes do seu ambiente biofísico e território. O isolamento geográfico, a realidade arquipelágica, a qualidade

Organização, tendências e desempenho do território 53

do ambiente e a singularidade da paisagem conferem aos Açores uma forte aptidão para o desenvolvimento de actividades de lazer e turismo.

5. O arquipélago da Madeira localiza-se mais perto de Portugal continental, a cerca de 900 km para sudoeste. Inclui nomeadamente as ilhas da Madeira, que representa mais de 90% da superfície total do arquipélago, e de Porto Santo, as Ilhas Desertas e o grupo de Ilhas das Selvagens. Este último grupo, apesar da sua reduzida extensão, assume um papel relevante quer como Reserva Natural de grande interesse biológico quer do ponto de vista geo-estratégico, constituindo o extremo meridional do território de Portugal e contribuindo para alargar significativamente a dimensão da ZEE nacional. Dada a sua localização e ambiente biofísico, nomeadamente o clima mediterrânico, suavizado pela influência atlântica, a Região Autónoma da Madeira apresenta grandes potencialidades turísticas e um nível de densidade populacional cerca de três vezes superior aos de Portugal continental e da Região Autónoma dos Açores.

6. Uma vez concluída a apresentação dos traços fundamentais definidores do território de Portugal, nas suas componentes continental e insulares, procede-se, no presente capítulo, a uma caracterização das tendências de reorganização dos territórios e das dinâmicas que o compõem e lhe dão vida. Dada a inserção deste exercício no âmbito da elaboração do PNPOT, procura-se compreender as tendências em desenvolvimento e identificar os principais problemas e linhas de força do futuro reordenamento do território.

7. A análise é enquadrada estrategicamente pelo conceito de desenvolvimento sustentável e a organização da exposição segue de perto a sistematização dos conceitos de recursos ambientais e de recursos territoriais, tal como definidos na legislação de base, respectivamente, da política de ambiente e da política de ordenamento do território

8. Numa primeira parte, a atenção foca-se nos temas da sustentabilidade ambiental e da conservação e valorização dos recursos naturais, das transformações do uso do solo e do ordenamento agrícola e florestal.

9. Seguidamente, caracterizam-se as dinâmicas demográficas e de reorganização do povoamento e do sistema urbano.

10. Em terceiro lugar, abordam-se as temáticas do desenvolvimento económico e do emprego, relacionando-as com as transformações estruturais e o desempenho dos territórios, nomeadamente na vertente da sua especialização e competitividade.

11. Depois, analisam-se os vários domínios da infra-estruturação do

território e da distribuição e acessibilidade aos diversos tipos de equipamentos e serviços colectivos.

12. Num quinto momento, aborda-se, numa perspectiva transversal, o estado das paisagens e do património cultural e destaca-se o papel da Arquitectura como actividade de interesse público e recurso fundamental para qualificar o território e desenvolver o país.

13. O capítulo fecha com uma síntese, centrada na identificação dos grandes problemas que Portugal enfrenta no domínio do ordenamento do território e a que deverá dar resposta nos próximos 20 anos, ou seja, no horizonte temporal do PNPOT.

Recursos naturais e sustentabilidade ambiental

Conservação da natureza e valorização ambiental do território

14. Nos últimos 20 anos, verificaram-se significativos progressos no domínio das políticas de conservação da natureza e da qualificação ambiental do território nacional, contribuindo para um desenvolvimento mais sustentável do país. Aumentou também a consciencialização dos portugueses sobre o valor dos recursos naturais e do ambiente e sobre a necessidade da participação dos cidadãos e da intervenção do Estado na sua defesa e melhoria. Contudo, é consensualmente reconhecido o muito que ainda está por fazer neste domínio.

15. A *Lei de Bases do Ambiente*, Lei n.° 11/87, constitui o pilar em que assenta toda a política nacional de ambiente: ali se estabelece o conjunto de conceitos, princípios, objectivos e instrumentos que a orientam e lhe conferem conteúdo material e meios de acção.

16. Em conformidade com a concepção prevalecente na Constituição da República, sintetizada nos seus artigos 9.° e 66.°, a Lei de Bases consagra uma visão amadurecida da *problemática ambiental*, assumindo que a *política de ambiente* tem por desígnio fundamental garantir a todos os cidadãos um ambiente humano e ecologicamente equilibrado e contribuir, assim, para promover a melhoria da qualidade de vida individual e colectiva. Mas considera, igualmente, que a garantia de tais direitos impõe o dever recíproco do Estado e de todos os cidadãos defenderem o ambiente e, em particular, a perenidade e a qualidade das componentes ambientais naturais e a biodiversidade.

Organização, tendências e desempenho do território   55

17. A *política nacional de ambiente* integra, assim, uma dupla preocupação de equilíbrio: primeiro, o equilíbrio ou reciprocidade entre direitos e deveres, de todos os cidadãos e do Estado, face ao ambiente; e, segundo, o equilíbrio ou harmonização dos objectivos de conservação e qualificação das componentes ambientais naturais com a melhoria das componentes ambientais humanas e da qualidade de vida em geral.

18. A *política de conservação da natureza e defesa da biodiversidade* deve, pois, ser compreendida como um dos eixos fundamentais de uma política de ambiente que abrange outras vertentes, mas que constitui um todo coerente e integrado.

19. Com a aprovação, nos anos 70, de Regimes de Protecção da Natureza e das Paisagens e de criação de Parques e de outras Áreas Protegidas e Reservas (Lei n.° 9/70 e Decreto-Lei n.° 613/76), deram-se passos fundamentais para fundar uma política nacional de conservação da natureza. A criação, em 1971, do Parque Nacional da Peneda-Gerês, ainda hoje a mais importante área protegida nacional, representa uma manifestação efectiva e emblemática desse processo.

20. Mas os maiores avanços na *política de conservação da natureza* ocorreram nos anos 90. Para tal contribuiu o reforço, a partir da segunda metade dos anos 80, das políticas de ambiente aos níveis global, europeu e nacional. Em Portugal, a aprovação da Lei de Bases do Ambiente constituiu o mais importante elemento e testemunho desse processo. Nos anos 90, o reforço das políticas ambientais viria a projectar-se em vários domínios, com especial realce para o da conservação da natureza e da defesa da biodiversidade, como ilustram, no plano internacional, os seguintes acontecimentos: primeiro, em 1992, as aprovações da Convenção sobre a Diversidade Biológica, na Cimeira da Terra realizada no Rio de Janeiro, e da Directiva *Habitats* pela União Europeia; e, mais tarde, em 1996 e 1998, respectivamente, a adopção da Estratégia Pan-Europeia de Diversidade Biológica e Paisagística e da Estratégia da Comunidade Europeia em Matéria de Diversidade Biológica (COM, 1998/42).

21. Estimulada por estes desenvolvimentos, a política nacional de conservação da natureza experimentou um grande impulso, primeiro, em 1993, com a actualização do Regime e o alargamento da *Rede Nacional de Áreas Protegidas* (Decreto-Lei n.° 19/93) e, depois, com a progressiva definição da *Rede Natura 2000*: em 1994 foi declarada a primeira Zona de Protecção Especial (ZPE) – Estuário do Tejo; em 1997 estabeleceu-se a 1ª fase da Lista Nacional de Sítios; em 1999, definiram-se as restantes ZPE

e transpuseram-se para o ordenamento jurídico e político nacional as directivas comunitárias 79/409/CEE (Aves) e 92/43/CEE (habitats); e, por último, em 2000 aprovou-se a 2ª fase da Lista Nacional de Sítios.

22. Finalmente, em cumprimento da Lei de Bases do Ambiente e coroando os avanços entretanto concretizados, foi aprovada, em 2001, a *Estratégia Nacional de Conservação da Natureza e da Biodiversidade*, que passou a ser o instrumento fundamental de orientação estratégica e de integração das políticas nacionais nestes domínios.

23. Essa estratégia assume três objectivos gerais: conservar a natureza e a biodiversidade; promover a utilização sustentável dos recursos biológicos; contribuir para a cooperação internacional na área da conservação da natureza, em especial face aos objectivos definidos na Convenção sobre a Diversidade Biológica. Para concretizar esses objectivos são propostas e desenvolvidas 10 opções estratégicas, que se podem agrupar em seis linhas de acção:

1) Constituir a *Rede Fundamental de Conservação da Natureza* (RFCN) e o *Sistema Nacional de Áreas Classificadas* (Opção 2);

2) Desenvolver um conjunto sistematizado e planeado de acções com vista ao conhecimento, conservação e gestão do conjunto de áreas, recursos e valores naturais, com destaque para os incluídos na RFCN (Opções 1 e 3 a 5);

3) Promover a integração da política de conservação da natureza e do princípio da utilização sustentável dos recursos biológicos na política de ordenamento do território e nas diferentes políticas sectoriais (Opção 6);

4) Aperfeiçoar a articulação e a cooperação entre as administrações central, regional e local (Opção 7);

5) Promover a informação, sensibilização, educação e participação do público em matéria de conservação da natureza e da biodiversidade (Opções 8 e 9);

6) Intensificar a cooperação internacional (Opção 10).

24. A *Rede Fundamental de Conservação da Natureza*, proposta no âmbito da opção 2, é uma figura integradora do conjunto de regimes jurídicos e instrumentos políticos de conservação da natureza e da biodiversidade, que inclui:

a) As áreas protegidas de âmbito nacional, regional ou local, que constituem a *Rede Nacional de Áreas Protegidas* (RNAP);

b) Os sítios da lista nacional de sítios e as zonas de protecção especial integrados na *Rede Natura 2000* (Rede Natura);
c) Outras áreas classificadas ao abrigo de compromissos internacionais;
d) A Reserva Ecológica Nacional (REN);
e) O Domínio Público Hídrico (DPH);
f) A Reserva Agrícola Nacional (RAN).

O conjunto das áreas mencionadas nas alíneas a), b) e c) constitui o *Sistema Nacional de Áreas Classificadas* (SNAC).

25. A *Rede Natura* (alínea b) insere-se numa rede ecológica de âmbito europeu, que visa proteger os *habitats* naturais e a fauna e flora selvagens e constitui, assim, um instrumento fundamental da política europeia de defesa da biodiversidade. Compreende os *Sítios* estabelecidos com base nos critérios da Directiva H*abitats*, as áreas classificadas como *Zonas Especiais de Conservação* (ZEC), na sequência do reconhecimento da importância comunitária dos *Sítios*, e as áreas classificadas como *Zonas de Protecção Especial* (ZPE), criadas ao abrigo da Directiva Aves.

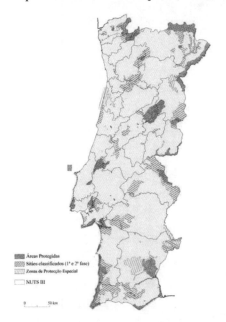

Fonte: ICN, DGA, 2000
Figura 21: Áreas com enquadramento legal de Protecção da Natureza, 2000

26. A *Rede Nacional de Áreas Protegidas* prossegue objectivos coincidentes com os da Rede Natura, o que se reflecte na ampla sobreposição geográfica das respectivas áreas (figs. 20 e 21), e visa ainda proteger e valorizar as paisagens humanizadas e o património natural e construído.

27. Inclui áreas protegidas de interesse nacional, regional ou local, designando-se as duas últimas por áreas de paisagem protegida. As áreas de interesse nacional compreendem as categorias de Parque Nacional, Reserva Natural, Parque Natural e Monumento Natural,

sendo obrigatória a elaboração de um Plano de Ordenamento para cada uma das áreas consideradas nas três primeiras categorias.

28. O conjunto das áreas classificadas ao abrigo da *Rede Natura 2000* e da *Rede Nacional de Áreas Protegidas* representa, em 2005, 21,3% de Portugal continental (fig. 21). Nas NUTS de Alto Trás-os-Montes, Beira Interior Norte, Alto Alentejo, Alentejo Litoral, Baixo Alentejo e Algarve, a importância relativa dessas áreas é superior a 30% da superfície total. Na NUT da Serra da Estrela tais áreas com estatuto especial de conservação ultrapassam mesmo os 50% da superfície total.

29. No ano 2005 estavam classificadas na Região Autónoma dos Açores 31 áreas protegidas, abrangendo um total de 68 432 ha, o que representa cerca de 23% da área total da Região (fig. 22).

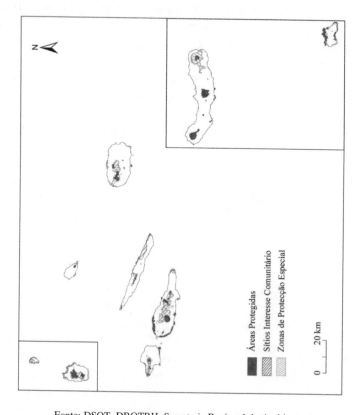

Fonte: DSOT, DROTRH, Secretaria Regional do Ambiente
e do Mar Governo Regional dos Açores, 2005
Figura 22: Áreas Protegidas e Classificadas na Região Autónoma dos Açores

30. Na Região Autónoma da Madeira, a Ilha da Madeira apresenta 60% do território com áreas protegidas e classificadas e a Ilha de Porto Santo 15% do território como Sítio Classificado. Em 1971, o grupo de Ilhas das Selvagens é constituído como a primeira Reserva Natural de Portugal; em 1982, foi criado o Parque Natural da Madeira, cobrindo cerca de dois terços da Ilha e que integra áreas com diferentes estatutos (Reservas Naturais Integrais, Parciais, Paisagens Protegidas, Reservas de Recreio e Montanha, Zonas de Repouso e Silêncio e Zonas de Caça e Pastoreio; integra ainda um dos mais significativos exemplos do património natural da Madeira, a Laurissilva, classificada como Reserva Biogenética do Conselho da Europa e pela UNESCO como Património Mundial Natural); em 1986, foi criada a Reserva Natural Parcial do Garajau, para salvaguarda dos recursos da actividade piscatória; em 1990, foi criada a Reserva Natural das Ilhas Desertas, cujo valor mais importante consiste numa colónia de lobos marinhos em vias de extinção (igualmente classificada como Reserva Biogenética do Conselho da Europa, desde 1992); e em 1997 foi criada a Reserva Natural da Rocha do Navio (fig. 23).

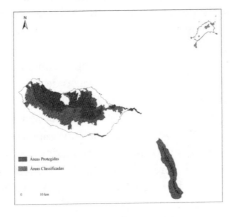

Fonte: Atlas do Ambiente Digital, 2004
Figura 23: Áreas Protegidas e Classificadas na Região Autónoma da Madeira

31. A dimensão e a diversidade dos valores ambientais abrangidos pelo *Sistema Nacional de Áreas Classificadas*, bem como a complexidade do seu ordenamento e da sua gestão, de algum modo reveladas pela extensão e dispersão territorial das respectivas áreas, são corroboradas e ampli-

60 *Programa Nacional da Política de Ordenamento do Território*

ficadas pela circunstância de só nos Sítios e ZPE da Rede Natura ocorrerem, respectivamente, 88 habitats naturais, 81 espécies de flora, 270 espécies de aves e ainda 46 outras espécies animais mencionadas nos anexos das Directivas Habitats e Aves.

32. Como acima referido, a *Rede Fundamental de Conservação da Natureza* inclui também a REN, o Domínio Público Hídrico e a RAN.

33. O *Domínio Público Hídrico* (DPH) compreende os domínios marítimo, lacustre e fluvial, bem como das restantes águas, incluindo-se em qualquer das categorias as águas e os seus leitos e margens. Tem por objecto central a "água", enquanto recurso natural com relevância ambiental e expressão territorial, abarcando um conjunto diversificado de ecossistemas de enorme valia e, frequentemente, de grande sensibilidade ambiental.

34. A *Reserva Agrícola Nacional* (RAN) é o conjunto das áreas que, devido às suas "maiores potencialidades para a produção de bens agrícolas", são objecto de restrições de utilidade pública que determinam a "proibição de todas as acções que diminuam ou destruam essas potencialidades" (cf. Decreto-Lei n.° 196/89, nomeadamente, artigos 1.°, 3.° e 8.°). O regime proibicionista estabelecido na RAN incide sobre um factor fundamental de produção agrícola, o solo vivo, que é também um dos recursos naturais e territoriais de maior sensibilidade e valor. A RAN é, pois, um instrumento de política agrícola que tem, também, efeitos relevantes no ordenamento do território e na conservação da natureza.

35. Tal como a RAN, a *Reserva Ecológica Nacional* (REN) é um regime jurídico de âmbito nacional que determina restrições regulamentares ao exercício do direito de propriedade, no respeitante à faculdade de uso do solo e de outros recursos naturais, fundadas em razões de utilidade pública. Criado em 1983, o regime da REN foi objecto de ajustamentos significativos em 1990 e 1992, embora sem alteração dos seus princípios e objectivos fundamentais.

36. As razões de utilidade pública que fundamentam o regime da REN constam do preâmbulo do Decreto-Lei n.° 93/90 e são clarificadas pelo conteúdo dos seus artigos 1.° e 2.° que se referem, respectivamente, ao conceito e âmbito da REN:

"A [...] REN constitui uma estrutura biofísica básica e diversificada que, através do condicionamento à utilização de áreas com características ecológicas específicas, garante a protecção de ecossistemas e a permanên-

Organização, tendências e desempenho do território   61

cia e intensificação dos processos biológicos indispensáveis ao enquadramento equilibrado das actividades humanas." (art. 1.°);

"A REN abrange zonas costeiras e ribeirinhas, águas interiores, áreas de infiltração máxima e zonas declivosas referidas no anexo I e definidas no anexo II do presente diploma [...]" (art. 2.°).

37. Uma vez caracterizados os instrumentos que integram a *Rede Fundamental de Conservação da Natureza*, importa ainda abordar o conceito de *Estrutura Ecológica* enquanto elemento chave de operacionalização e de articulação das políticas nacionais de ambiente e de ordenamento do território.

38. Na legislação portuguesa, o conceito de *Estrutura Ecológica* é definido nos artigos 10.° e 14.° do Decreto-Lei 380/99, que desenvolve as bases da política de ordenamento do território, como um *recurso territorial* que agrupa as *"áreas, valores e sistemas fundamentais para a protecção e valorização ambiental dos espaços rurais e urbanos, designadamente as áreas de reserva ecológica"*. Tal como os restantes recursos territoriais, esta estrutura deve ser identificada nos instrumentos de gestão territorial.

39. Dado o contexto e o modo como o conceito de *Estrutura Ecológica* foi estabelecido pelo legislador, é através dele e em sede de elaboração e implementação dos instrumentos de gestão territorial que os conceitos fundamentais de *continuum naturale* e de *corredores ecológicos*, definidos, respectivamente, na *Lei de Bases do Ambiente* e na *Estratégia Nacional de Conservação da Natureza e da Biodiversidade*, deverão ser operacionalizados. Além disso, a Estrutura Ecológica, ao integrar também componentes ambientais humanas e todas as *"áreas, valores e sistemas e recursos fundamentais para a protecção e valorização ambiental dos espaços rurais e urbanos"*, assume um papel chave na implementação e articulação das políticas de ambiente e de ordenamento do território.

40. Ao terminar este ponto sobre a política de conservação da natureza e a promoção da qualidade ambiental do território nacional, destacam-se as seguintes reflexões de síntese:

– o conjunto de instrumentos normativos e de gestão territorial definidos no âmbito da política de ambiente, em particular no domínio da conservação da natureza e da biodiversidade, e da política de ordenamento do território é complexo, mas coerente e amadurecido;

- existem amplas áreas de entrosamento destas políticas, verificando-se que vários dos seus mais importantes instrumentos, em particular no domínio do planeamento e do ordenamento do território, prosseguem objectivos que são comuns a todas elas;
- as maiores insuficiências parecem situar-se ao nível da concretização das tarefas de planeamento, de gestão, de administração e de concertação de base territorial que são indispensáveis e estão definidas na lei, mas que, frequentemente, não são concretizadas nos prazos definidos ou são-no de modo deficiente;
- nesse sentido, a elaboração do PNPOT, a realização dos PROT, cobrindo todo o território nacional, e a revisão dos PDM que estão a decorrer conjugadamente, assumem uma grande importância; em simultâneo, interessa completar outras tarefas de planeamento programadas e desencadear acções no domínio normativo e da gestão que permitam simplificar procedimentos e melhorar a eficiência das políticas públicas com incidência territorial;
- a política de conservação da natureza e da biodiversidade determinou que uma parte substancial da superfície de Portugal, desigualmente distribuída, esteja coberta por regimes jurídicos que impõem restrições ou condicionantes ao uso do solo e de outros recursos naturais, comprimindo o conteúdo material e alterando as condições de exercício dos respectivos direitos de propriedade pelos particulares;
- além disso, os territórios dos municípios mais extensamente afectados pela demarcação de áreas resultantes da política de conservação da natureza, que se confrontam não só com aquelas restrições ao uso do solo mas também com exigências administrativas mais pesadas, não têm sido positivamente discriminados pelos sistemas públicos de incentivo ao desenvolvimento;
- esta situação deve ser alterada, introduzindo-se nas políticas públicas com incidência territorial, em particular nos domínios do desenvolvimento regional e rural, mecanismos mais efectivos em favor quer dessas zonas e municípios, quer dos particulares, nomeadamente agricultores e produtores florestais.

Recursos hídricos e política da água

41. Os recursos hídricos, pela sua indispensabilidade para os diversos usos humanos e para o desenvolvimento de actividades económicas, bem como suporte de ecossistemas e de habitats, são uma componente essencial do ordenamento do território e uma condicionante estratégica das opções espaciais de desenvolvimento e da localização de usos e actividades.

42. Em Portugal continental os valores médios anuais da precipitação e evapotranspiração são, respectivamente, de cerca de 960 mm e de 575 mm, determinando um escoamento médio anual da ordem dos 385 mm, mas a variabilidade inter-anual e espacial da precipitação e, por consequência, do escoamento é muito elevada (fig. 24 e caixa anexa).

43. A procura da água caracteriza-se assim por um desajustamento espacial e temporal em relação às disponibilidades hídricas, pelo que a análise quantitativa da sua distribuição constitui uma importante vertente do processo de planeamento dos recursos hídricos.

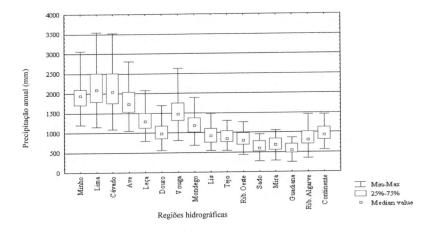

Fonte: Plano Nacional da Água, 2001
Figura 24: Precipitação Anual Média por Região Hidrográfica

> A disponibilidade hídrica, que constitui o volume disponível para escoamento superficial e para recarga de aquíferos, é a diferença entre a precipitação e a evapotranspiração. À escala anual a disponibilidade hídrica é sensivelmente igual ao escoamento.
>
> Embora o escoamento seja, em média anual, da ordem dos 385 mm, em cerca de 25% dos anos ocorrem valores superiores a 550 mm ou inferiores a 250 mm, o que revela bem a sua grande variabilidade inter-anual.
>
> Por outro lado, a aparente riqueza hídrica do nosso país, onde as disponibilidades anuais médias excedem várias vezes as necessidades de água, esconde situações localizadas de escassez que ocorrem ciclicamente durante períodos secos.
>
> Dada a grande variabilidade da disponibilidade de água em Portugal continental, quer em termos anuais quer em termos sazonais, quando se verificam períodos prolongados em que a precipitação é significativamente inferior à média a capacidade de armazenamento disponibilizada pelas albufeiras e pelos aquíferos pode não ser suficiente para garantir a manutenção de abastecimento a todas as utilizações de água.

44. As questões relativas à qualidade da água associam-se às da sua quantidade. Só a integração destas duas valências permite responder a problemas relativos às variações de concentrações de substâncias e traduzir a segurança em relação à potabilidade e à compatibilidade com os usos.

45. No território de Portugal Continental destacam-se dois tipos de problemas com maior gravidade: escassa disponibilidade de água em parte do território, nomeadamente no Sul; contaminação, quer das águas superficiais, quer dos aquíferos. Nas áreas urbanas, as fontes de contaminação são fundamentalmente os efluentes, enquanto nos espaços agricultados os fertilizantes são os principais responsáveis.

46. No Arquipélago dos Açores, destacam-se os problemas decorrentes de poluição difusa, maioritariamente associados à actividade agropecuária (efluentes e fertilizantes), que constituem uma das principais pressões sobre as massas de água superficiais e subterrâneas. Embora o balanço hídrico seja positivo na Região, com disponibilidades elevadas de água na maioria das ilhas, destacam-se ainda alguns fenómenos de intrusão salina nos aquíferos, que afectam a qualidade da água subterrânea e a sua subsequente utilização para consumo humano.

47. Na Região Autónoma da Madeira, a disponibilidade de águas superficiais e subterrâneas é muito diferente nas ilhas da Madeira e do

Porto Santo. O Porto Santo é muito pobre em águas superficiais e subterrâneas, o que se reflecte na paisagem da ilha e obriga a recorrer à dessalinização para o abastecimento público. A Madeira dispõe de importantes recursos hídricos, devido, essencialmente, às suas características geológicas e morfológicas. As ribeiras, com bacias hidrográficas mais extensas e com maior torrencialidade, têm associados riscos de inundações e aluviões em situações de intensa pluviosidade, provocando importantes danos humanos e materiais. As principais causas de degradação que podem afectar a qualidade das águas, do ponto de vista físico-químico e microbiológico, sobretudo na ilha da Madeira, são as descargas de águas residuais domésticas, industriais e de explorações pecuárias; a utilização de fertilizantes, pesticidas e herbicidas na agricultura; as águas residuais da rega; a deposição de resíduos sólidos no solo e águas lixiviantes; a deposição de terras na proximidade de linhas de água; e a excessiva exploração de determinados aquíferos basais subterrâneos, a que acrescem os riscos de salinização.

48. Os últimos 20 anos corresponderam a uma etapa crucial na evolução do planeamento e gestão dos recursos hídricos. Em 1985, a entidade responsável por estes aspectos foi integrada na tutela do ambiente e a Lei de Bases do Ambiente, aprovada em 1987, considera a água como uma das principais componentes ambientais, referindo a sua importância para a conservação da natureza e a integridade dos ecossistemas, destacando os problemas de poluição hídrica e a necessidade de se considerar a bacia hidrográfica como unidade de gestão dos recursos hídricos.

49. A criação, em 1993, do Instituto da Água (INAG) e a produção de um importante "pacote legislativo", em 1994, constituíram etapas fundamentais, ao estabelecerem o processo de planeamento de recursos hídricos e a elaboração e aprovação dos respectivos planos (PlanoNacional da Água e 15 Planos de Bacia Hidrográfica); o regime de licenciamento de utilização do domínio hídrico sob jurisdição do Instituto da Água; e o regime económico e financeiro da utilização do domínio hídrico.

50. O Plano Nacional de Política do Ambiente, aprovado em 1995, considerou várias áreas de actuação no domínio dos recursos hídricos, valorizando, igualmente, a elaboração e implementação do Plano Nacional da Água e dos Planos de Bacia Hidrográfica.

51. Com a aprovação destes Planos no início do século XXI deram-se importantes passos para uma melhor integração entre o planeamento e gestão dos recursos hídricos e o ordenamento do território, clarificando o enquadramento programático e reestruturando o sistema normativo e ins-

titucional desses recursos. Tais planos integram estratégias de conservação e valorização dos ecossistemas aquáticos e ribeirinhos, a par de orientações visando os aspectos ambientais, sociais, económicos e institucionais dos diversos usos e actividades relacionados com os recursos hídricos.

52. A sua finalização coincidiu com um importante marco na política europeia dos recursoshídricos: a aprovação, em 2000, da Directiva-Quadro da Política da Água (Directiva 2000/60/CE), que estabelece objectivos exigentes a adoptar pelos Estados-Membros. Assim, na fase final da elaboração dos planos de recursos hídricos procurou-se integrar, desde logo, alguns desses requisitos inerentes à transposição da Directiva.

53. A Lei da Água, Lei n.º 58/2005, de 29 de Dezembro, constituiu um marco fundamental ao transpor para o direito interno a Directiva comunitária, estabelecendo as bases para uma gestão sustentável dos recursos hídricos e definindo um novo quadro institucional para o sector. Consagra o princípio das regiões hidrográficas como unidades principais de planeamento e gestão das águas, criando-se cinco Administrações de Região Hidrográfica (ARH) com competências de licenciamento e fiscalização dos recursos hídricos e atribuindo-se ao Instituto da Água, enquanto Autoridade Nacional da Água, a representação do Estado como garante a política nacional das águas.

54. Decorrente do mesmo processo de adaptação normativa e institucional, a Lei n.º 54/2005, de 15 de Novembro, estabelece a titularidade dos recursos hídricos (domínio marítimo, lacustre, fluvial e das restantes águas). Segue-se a regulamentação do regime de utilização do domínio hídrico, assim como da aplicação do regime económico e financeiro, através da implementação de um sistema de taxas de recursos hídricos e de tarifas incidentes sobre os serviços da água, tendo em atenção as devidas consequências económicas, sociais e ambientais.

55. Em coerência e complementaridade com este enquadramento estratégico da política da água, as autoridades dos dois países ibéricos reconhecendo a necessidade de coordenação de esforços na gestão das águas das bacias hidrográficas luso-espanholas celebraram, em 1998, a Convenção sobre Cooperação para a Protecção e o Aproveitamento sustentável das suas águas e têm vindo a cooperar neste domínio, com base num enquadramento normativo da partilha e preservação dos recursos hídricos das cinco bacias internacionais (Minho, Lima, Douro, Tejo e Guadiana).

56. O quadro das disposições com especial incidência nos recursos hídricos é vasto e complexo, envolvendo quer a definição de restrições e

Organização, tendências e desempenho do território 67

servidões de utilidade pública, quer instrumentos de ordenamento, planeamento e gestão. A política da água é o principal quadro integrador destas questões, sendo de destacar, a Lei da Água (Lei n.° 58/2005 de 29 de Dezembro) e a Lei da Titularidade dos Recursos Hídricos (Lei n.° 54/2005 de 15 de Novembro). O planeamento e ordenamento dos recursos hídricos processa-se através dos Planos de Gestão de Bacia Hidrográfica e do Plano Nacional da Água. No entanto, algumas das áreas e valores integrantes do Domínio Hídrico constituem também um objecto fundamental dos Planos Especiais de Ordenamento do Território, em particular dos que se reportam à Orla Costeira eàs Albufeiras de Águas Públicas. Estes temas da política da água e do ordenamento da orla costeira serão retomados e aprofundados em pontos seguintes deste Relatório.

Protecção e valorização da zona costeira

57. A costa portuguesa é uma área dinâmica e complexa. Apresenta elevada sensibilidade ambiental, grande concentração de habitats, recursos naturais de elevada produtividade euma importante diversidade biológica. É um espaço onde, ao longo dos séculos, se têm vindo a concentrar aglomerados urbanos e actividades económicas, constituindo ainda local preferido de recreio e um meio de ligação vital para os transportes marítimos e para as trocas comerciais.

58. A intensa e desordenada ocupação do litoral criou pressões e alterações significativas sobre o meio, originando situações de desequilíbrio e de erosão costeira, com graves consequências ambientais e paisagísticas.

59. A erosão no litoral português tem fundamentalmente três causas: a diminuição do afluxo de sedimentos como consequência, entre outros factores, da construção de barragens; a ocupação desregrada da faixa litoral; e a subida eustática do nível do mar em consequência da expansão térmica oceânica. Os troços do litoral submetidos a erosão marinha mais intensa coincidem muitas vezes com locais onde se verifica uma significativa pressão urbana.

60. O Relatório do Estado do Ambiente 2004, com base na análise realizada pelo INAG, assinala como trechos em maior risco os seguintes: Espinho-Ovar e Aveiro-Areão; Caminha à Foz do Douro; e Vilamoura à Foz do Guadiana. O mesmo Relatório, fundamentando-se em dados da Comissão Europeia, "indica que 28,5% da costa portuguesa é afectada

68   *Programa Nacional da Política de Ordenamento do Território*

pela erosão, o que coloca Portugal nos seis primeiros lugares da lista" entre os 25 Estados-Membros.

61. No arquipélago dos Açores, a faixa costeira apresenta uma extensão de aproximadamente 840 km, com um valor médio de 0,3 km de costa por cada km2, em que as questões da zona costeira assumem particular importância do ponto de vista social, pois a quase totalidade dos seus aglomerados urbanos situam-se junto à costa e possuem uma cultura a ela associada.

62. Na Região Autónoma da Madeira, a protecção da costa e a protecção e valorização dos recursos marinhos constituem aspectos de primeira importância. O Porto Santo merece uma referência particular pela sua grande vulnerabilidade e pelo risco de destruição dos equilíbrios naturais e paisagísticos, especialmente devido à sazonalidade do turismo.

63. Dada a importância estratégica das zonas costeiras em termos ambientais, económicos, sociais e culturais, a resolução dos seus problemas é crucial.

64. O reconhecimento destes factos tem vindo a reflectir-se na agenda política comunitária. A Carta Europeia do Litoral, adoptada em 1991, afirmou um conjunto de princípios para salvaguardar e valorizar o litoral europeu. Na sequência, a Comissão Europeia aprovou o Programa de Demonstração sobre Gestão Integrada das Zonas Costeiras, ao qual se seguiu a Recomendação n.º 2002/413/CE, do Parlamento Europeu e do Conselho, indicando os princípios gerais orientadores da estratégia de gestão integrada de zonas costeiras na Europa. Estes princípios vieram a ser desenvolvidos, em 2004, através de recomendações baseadas no Projecto EURSION da Comissão Europeia e da Recomendação 2005/160, segundo a qual os Estados-Membros deverão garantir a protecção, requalificação e desenvolvimento económico e social do seu litoral e a coordenação de políticas com incidência na zona costeira. O documento prevê também que, no prazo de 45 meses, os Estados-Membros apresentem à Comissão os resultados da adopção desta recomendação.

65. Em Portugal, a importância estratégica da faixa costeira e a consciência da necessidade de proceder à sua protecção e gestão integrada foram reconhecidas e suscitaram iniciativas legislativas desde há mais de 30 anos.

66. Em 1971, o Decreto-Lei n.º 468/71, de 5 de Novembro, estabeleceu o regime jurídico dos terrenos do domínio público hídrico, impondo regras para a sua ocupação e permitiu a constituição de uma faixa de protecção ao longo da zona costeira, constituída pelo leito e margem das

Organização, tendências e desempenho do território 69

águas do mar, a qual tem sido fundamental para assegurar a sua protecção, representando uma medida inovadora adoptada posteriormente noutros países europeus.

67. Em 1992, a jurisdição do domínio público marítimo, sem interesse portuário, foi transferida para o Ministério do Ambiente, o que reforçou a assumpção do valor ambiental da zona costeira. Com a aprovação do Decreto-Lei n.° 309/93, de 2 de Setembro, que veio regular a elaboração e aprovação dos planos de ordenamento da orla costeira (POOC), a incidência territorial das acções de planeamento foi ampliada a uma faixa terrestre de protecção de 500 m para além da linha que delimita a margem e a uma faixa marítima de protecção até à batimétrica – 30 m. Esse diploma foi adaptado aos territórios insulares portugueses pelo Decreto Legislativo Regional n.° 18/98/A, de 9 de Novembro, no que se refere à Região Autónoma dos Açores, e pelo Decreto Legislativo Regional n.° 1/2002/M, de 28 de Fevereiro, na Região Autónoma da Madeira.

68. Para efeitos de elaboração dos POOC a zona costeira de Portugal Continental foi dividida em nove troços. Por força do Decreto-Lei n.° 151/95, de 24 de Junho, os POOC são considerados como planos especiais de ordenamento do território, instrumentos normativos da iniciativa da administração directa ou indirecta do Estado, vinculativos para todas as entidades públicas e privadas, devendo com eles ser compatibilizados os planos municipais de ordenamento do território, programas ou projectos de carácter nacional, regional ou local.

69. O Decreto-Lei n.° 380/99, de 22 de Setembro, e a sua adaptação às especificidades das Regiões Autónomas operadas pelos Decretos Legislativos Regionais n.os 14/2000/A, de 23 de Maio, e 8-A/2001/M, de 20 de Abril, assumem a natureza especial destes planos e estabelecem que os mesmos constituem um meio supletivo de intervenção do Governo e dos Governos Regionais tendo em vista a salvaguarda dos recursos e dos valores naturais, de forma a assegurar a utilização sustentável do território.

70. Em 1998, através da Resolução do Conselho de Ministros n.° 86/98, de 10 de Julho, foi aprovada a Estratégia para a Orla Costeira e em 2003 foi lançado o Programa FINISTERRA como instrumento de coordenação e dinamização neste domínio. Pese embora os seus bons propósitos e qualidade, este programa revelou-se inoperacional devido a falhas de natureza institucional.

71. Actualmente, este domínio de intervenção encontra-se na primeira linha das prioridades governativas, traduzindo-se, nomeadamente,

70   *Programa Nacional da Política de Ordenamento do Território*

na definição e implementação de uma Estratégia de Gestão Integrada da Zona Costeira, na elaboração e implementação de todos os POOC e na definição de um "espaço litoral tampão", associado à protecção da Zona Costeira, progressivamente livre de construções fixas, para prevenir e mitigar, entre outros, os efeitos do agravamento dos fenómenos extremos e dos fenómenos de recuo da linha de costa.

72. A Estratégia de Gestão Integrada da Zona Costeira desenvolve-se em coerência com as recomendações comunitárias mencionadas, respeitando, nomeadamente, os princípios da prevenção e precaução, da abordagem sistémica cientificamente fundamentada, da participação e coresponsabilização, e da operacionalidade e eficácia.

Energia e alterações climáticas[1]

73. No domínio da energia Portugal confronta-se com três grandes problemas interligados: alta intensidade (baixa eficiência) energética; forte dependência de fontes de energia não renováveis importadas; elevado impacto no nível de emissões de Gases com Efeito de Estufa (GEE).

74. A elevada intensidade (reduzida eficiência) energética das actividades económicas e dos modelos de mobilidade e consumo constitui um problema de base que se reflecte sobre os restantes, pois implica consumos energéticos desnecessários.

75. Entre 1990 e 2003 o consumo de energia primária aumentou 48%, correspondendo a uma estabilização dos níveis de intensidade energética e portanto a uma ausência de ganhos de eficiência em termos agregados. Assim, Portugal não conseguiu, nesse período, obter o pretendido grau de dissociação (*decoupling*) do crescimento das necessidades energéticas face ao da actividade económica e o consumo de energia por unidade de PIB continuou mesmo a aumentar.

76. Esta fraca performance deveu-se quer ao agravamento das pressões induzidas pelo forte aumento dos consumos de transporte automóvel individual e dos sectores residencial e dos serviços urbanos, quer aos fracos ganhos de eficiência no sistema electroprodutor e na indústria em geral.

---

[1] Neste ponto segue-se, entre outras fontes, a informação facultada pelo *Relatório do Estado do Ambiente 2004*, Instituto do Ambiente, 2005.

77. A distribuição geográfica da procura reflecte a incidência destes factores, verificando-se que o consumo de energia eléctrica segue o padrão de localização das actividades económicas e das grandes concentrações populacionais (fig. 25).

78. Como a energia primária produzida em Portugal assenta apenas em fontes renováveis e a energia primária importada em recursos não renováveis (combustíveis fósseis), as quotas partes no total do consumo de energia primária, respectivamente, da energia importada e das energias não renováveis situam-se na mesma ordem de grandeza (cerca de 85%, em média, no período 2000-2003).

79. Dado o grande aumento do consumo global de energia, esta dupla dependência das importações e de recursos não renováveis tem-se mantido em níveis relativamente estáveis nos últimos anos, apesar do forte ritmo de crescimento da produção interna de energia baseada em recursos renováveis, com destaque para a energia eólica.

80. Neste contexto, assinala-se como especialmente positivo o facto de as energias renováveis, onde se destaca o peso da energia hídrica com cerca de 80%, terem garantido, em 2003, 36% das necessidades do consumo bruto de energia eléctrica quando a meta estabelecida pela UE para Portugal é de 39% em 2010.

81. Além do contributo da energia hídrica, Portugal tem ainda um grande potencial de desenvolvimento de aproveitamento de outras energias renováveis (energia eólica, bio-energia, energias solares, energia das marés-ondas). Este processo de diversificação e endogeneização da produção de energia, que tem vindo a ser apoiado por políticas públicas, assume importância estratégica numa tripla dimensão: aumento da segurança do abastecimento e diminuição da sensibilidade face aos choques

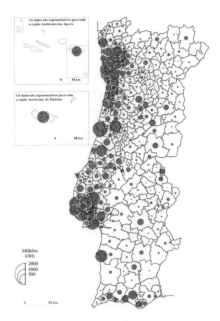

Fonte: DGE, 2003
Figura 25: Consumo total de electricidade por concelho de Portugal Continental, 2001

72 *Programa Nacional da Política de Ordenamento do Território*

exógenos resultantes de alterações dos preços do petróleo; redução da dependência externa; limitação dos impactes negativos sobre o ambiente, em particular por redução das emissões de CO2.

82. Os sistemas eléctricos na Região Autónoma dos Açores são actualmente caracterizados por uma forte componente térmica complementada por alguns aproveitamentos de recursos renováveis, designadamente as energias geotérmica, hídrica e eólica. A estrutura de cada sistema electroprodutor e o nível de penetração das fontes de energia renovável dependem naturalmente da dimensão e dos recursos endógenos de cada ilha.

83. Na Região Autónoma da Madeira, a produção termoeléctrica assegura cerca de 75% dos consumos de energia eléctrica, sendo os restantes 25% de origem hidroeléctrica e eólica. O crescimento da procura será assegurado essencialmente por via termoeléctrica, com base no fuelóleo, com perspectivas de valorização energética de resíduos sólidos urbanos e efluentes, em particular de grandes explorações animais, bem como da valorização energética da biomassa florestal.

84. O desenvolvimento da rede de gás natural embora tenha dado um importante contributo para diversificar as fontes e a origem geográfica do abastecimento de energia primária do país, reduzindo a sua vulnerabilidade, tem naturalmente efeitos mais limitados nas duas últimas dimensões.

85. Embora a capitação de GEE, em CO2 equivalente por habitante, assuma em Portugal um dos valores mais baixos na UE, as emissões globais destes gases aumentaram 37% entre 1990 e 2003, sem incluir a variação das emissões atribuíveis aos incêndios florestais, ultrapassando em 10% a meta de 27% de crescimento no período 1990-2012 estabelecida ao abrigo do Protocolo de Quioto.

86. O dióxido de carbono representa cerca de 80% das emissões de GEE em Portugal. À cabeça das principais fontes de emissão de CO2 e com pesos semelhantes encontram-se a queima de combustíveis fósseis para produção de energia termoeléctrica e o consumo de combustíveis pelos veículos automóveis, representando no conjunto aproximadamente 50% do total. O crescimento de 95%, entre 1990 e 2003, das emissões atribuíveis a esta segunda componente constituiu um dos factores determinantes do agravamento da situação global.

87. Podemos assim concluir que o contributo de Portugal para o combate às alterações climáticas, que ameaçam a humanidade e que em parte se devem às emissões de GEE, depende em grande medida quer da melhoria da eficiência energética do país, assente em alterações profundas

Organização, tendências e desempenho do território 73

nos modelos de produção, consumo, edificação e mobilidade, quer do crescente recurso a fontes de energia renováveis e mais limpas.

Recursos geológicos

88. Os recursos geológicos incluem os depósitos minerais, as massas minerais, os recursos geotérmicos e os recursos hidrominerais e águas de nascente, alguns dos quais são escassos e não renováveis e cuja localização foi ditada pelas leis da natureza.

89. A tomada de consciência da importância do seu aproveitamento tem como principal referência o abastecimento de matérias-primas, numa perspectiva de desenvolvimento económico do país à escala regional e nacional, contribuindo para um maior equilíbrio da balança comercial de Portugal.

90. A indústria extractiva nacional, que inclui os subsectores de minas, pedreiras e águas minerais e de nascente, no período de 1982 a 2002 registou um crescimento acentuado do seu valor de produção, passando de cerca de 73 milhões de euros em 1982 para mais de 1 400 milhões de Euros em 2005.

Uso do solo e ordenamento agrícola e florestal

Evolução da ocupação e uso do solo

91. A análise da evolução da ocupação do solo em Portugal continental baseou-se na informação fornecida pela cartografia CORINE Land Cover de 1990 (CLC90: levantamento de satélite nos anos 1985-87) e de 2000 (CLC2000) (fig. 26).

92. Considerou-se, por um lado, a observação agregada por grandes classes de uso do solo em Portugal continental (Quadro 6) e, por outro, uma interpretação da dinâmica verificada a uma escala mais fina, resultante do cruzamento da escala territorial municipal com o nível de maior detalhe das classes da Nomenclatura CORINE[2].

---

[2] A interpretação da dinâmica verificada a uma escala mais fina baseou-se em resultados de investigação coordenada pela Profª. Doutora Teresa Pinto Correia, com apoio do MADRP.

Programa Nacional da Política de Ordenamento do Território

Quadro 6 – Ocupação e uso do solo em Portugal continental 1985/87-2000

Uso do Solo	1985/87		2000		Variação 1985/87-2000		
	ha	% (a)	ha	% (b)	ha	% (b)-(a)	Δ % (b)/(a)
1. Territórios artificializados	169 168	1,9	238 887	2,7	69 719	0,8	41,2
1.1. Tecido urbano	133 736	1,5	175 055	2,0	41 319	0,5	30,9
1.2. Outros	35 432	0,4	63 832	0,7	28 400	0,3	80,2
2. Áreas agrícolas	4 346 877	48,9	4 266 220	48,0	- 80 657	-0,9	-1,9
2.1. Culturas e pastagens	3 060 586	34,4	3 025 778	34,0	- 34 808	-0,4	-1,1
2.2. Agricultura com espaços naturais e sistemas agro-florestais	1 286 291	14,5	1 240 442	13,9	- 45 849	-0,6	-3,6
3. Povoamentos florestais	2 474 134	27,8	2 437 673	27,4	- 36 461	-0,4	-1,5
4. Outros espaços florestais [#]	832 781	9,4	963 290	10,8	130 509	1,4	15,7
5. Matos e pastagens naturais [##]	790 860	8,9	716 723	8,1	- 74 137	-0,8	-9,4
6. Espaços descobertos ou vegetação esparsa	179 229	2,0	164 849	1,9	- 14 380	-0,1	-8,0
7. Zonas húmidas e massas de água	100 433	1,1	105 847	1,2	5 414	0,1	5,4
Total	8 893 482	100,0	8 893 489	100,0	7	0,0	0,0

Fonte: Cálculos realizados com base nas tabelas estatísticas publicadas em Mário CAETANO et al.
(2005): *Alterações da ocupação do uso do solo em Portugal Continental: 1985-2000*, IA-UN-IGP.
(#) – Em *outros espaços florestais* incluem-se: os espaços florestais degradados e áreas ardidas;
e as áreas de corte e de novas plantações.
(##) – Em *matos e pastagens naturais* inclui-se também a vegetação esclorofítica
(carrascal, esteval, etc.).

93. A análise mais agregada permite caracterizar a repartição da área por grandes classes de uso do solo e a sua evolução no período 1985/87--2000. Assim, no ano 2000, 75,4 % da superfície de Portugal continental era ocupada com áreas agrícolas (48%) e povoamentos florestais (27,4%), tendo ocorrido nos 14 anos antecedentes uma ligeira diminuição do seu peso no total (-1,3%), devido ao decréscimo quer das áreas agrícolas (-1,9%) quer dos povoamentos florestais (-1,5%).

94. Em contrapartida dessa diminuição verificou-se, no mesmo período, um reforço de 1,5% no peso dos outros espaços florestais na área total, imputável no essencial à degradação de áreas florestais devida ao abandono e aos incêndios florestais.

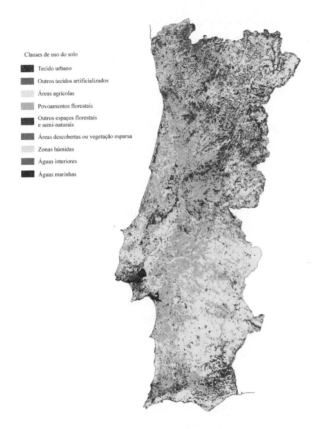

Fonte: Corine Land Cover, IGP, 2005; SIG PNPOT, 2006
Figura 26: Uso do solo em Portugal Continental em 2000

95. Considerando o conjunto da área agrícola, dos espaços florestais e das áreas com matos e pastagens naturais pobres, alcança-se em 2000 um valor equivalente a 94,3% do total (96% em 1985/87), evidenciando-se assim a larguíssima preponderância das áreas utilizadas pela agricultura e florestas ou revestidas por vegetação natural na ocupação do solo de Portugal continental.

96. Os territórios artificializados[3] observaram um crescimento muito

---

[3] Inclui tecido urbano (dominância de habitação) e outros territórios (infra-estruturas e equipamentos económicos; infra-estruturas de transportes e espaços associados; e áreas em construção, de extracção e de deposição de resíduos).

forte, em qualquer das suas componentes, o que determinou um ganho de peso relativo em 2000 face ao verificado em 1985-87 de apenas 0,8 %, ao passar de 1,9% para 2,7%, mas correspondendo a um aumento de 41,2% em relação ao valor de partida.

97. Finalmente, quer os espaços descobertos (praias, dunas e areais; rocha nua) ou com vegetação esparsa, quer as zonas húmidas e massas de água, sofreram ligeiras variações no período em causa, representando em 2000, respectivamente, 1,9% e 1,2% da área de Portugal continental.

98. A passagem a uma escala mais fina de análise permite compreender melhor a extensão e o significado do conjunto de alterações identificadas a nível agregado.

99. Ao estudar-se alterações de uso do solo partindo da sua quantificação ao nível concelhio, verifica-se que entre 1985/87 e 2000 cerca de 11,4% da superfície total registou alterações de tipo de ocupação, o que, para um curto período de 14 anos, revela uma dinâmica muito marcada.

100. As áreas mais dinâmicas foram as envolventes dos centros urbanos de Lisboa e Porto, onde se verificou um maior abandono de ocupação agrícola e uma fragmentação mais intensa das várias manchas de uso. A área urbana, incluindo os espaços de infra-estruturas económicas e territoriais, tem tendência a aumentar em todo o país, havendo no entanto grandes diferenças na intensidade e no modo como este processo se manifesta.

101. Por outro lado, regista-se uma forte alteração em algumas manchas do interior onde domina a floresta, sobretudo regiões montanhosas do Norte. Em geral, o Alentejo revela a ocupação do solo mais persistente, assim como Trás-os-Montes e uma parte da Beira Litoral. Quanto mais importante é o peso da ocupação agrícola, mais persistente se manteve a ocupação do solo.

102. Como observámos acima, o peso do conjunto da área agrícola no total da superfície do continente diminuiu globalmente apenas 0,9%. Mas as classes que compõem essa área apresentaram dinâmicas muito diferentes. As classes que mais diminuíram foram as culturas anuais de sequeiro e a agricultura com espaços naturais. Registou-se um aumento da área de culturas anuais de regadio em detrimento das culturas anuais de sequeiro e houve também um aumento significativo da área de vinha, o que reflecte a intensificação agrícola ocorrida em alguns concelhos. Por outro lado, verificaram-se tendências de extensificação em vários municípios, onde a área de pastagens naturais aumentou.

Organização, tendências e desempenho do território   77

103. Em geral, pode dizer-se que houve uma ligeira perca de importância da agricultura na ocupação do solo, embora se tenha verificado uma forte mudança da sua estrutura interna.

104. A classe da ocupação do solo mais dinâmica é a que inclui a floresta degradada, áreas ardidas e cortes e novas plantações. No conjunto aumentou quase 1,5% da superfície total do continente, mas também 2,9% da superfície total saiu da classe, sendo esta perda compensada por aumentos de extensão noutros sítios. A área ocupada com povoamentos florestais mostrou uma ligeira diminuição de -0,4%, mas registaram-se grandes alterações entre áreas que saíram e entraram na classe, ou entre os vários tipos de floresta.

105. Há uma dinâmica clara de aumento das manchas de floresta degradada, relacionada com a falta de gestão adequada e com os incêndios. É, pois, na floresta que parece haver mais abandono. Mas é também aí que se verificam algumas dinâmicas mais fortes de crescimento ditadas quer pela procura industrial dirigida a espécies de crescimento mais rápido (eucalipto), quer pelo apoio a novas plantações de espécies de crescimento mais lento (montado, pinhal manso) no âmbito dos projectos de florestação das terras agrícolas financiados pela PAC.

106. Os matos e vegetação esclerofítica registaram uma diminuição de – 0,8%, caracterizada por uma acentuada dinâmica, com áreas a entrar e a sair da classe. Os matos sucedem-se a áreas de pastagem e vice-versa, passando frequentemente a floresta degradada, e são as áreas ardidas as que mais se transformam em matos – o que revela a dinâmica de degradação e abandono da floresta, mais do que da agricultura.

107. Em concelhos com características naturais adversas, o peso dos matos é elevado e chega a ser superior a 25% – evidenciando sobretudo a falta de condições para uma ocupação mais produtiva do solo e podendo representar o uso mais sensato e sustentável do solo.

108. Na Região Autónoma dos Açores, em 1995, podiam-se identificar cinco padrões básicos de uso do solo: agrícola/pastagens (65,0%), floresta (9,2%), matos (20.1%), áreas edificadas (4,6%) e outros usos (0.9%). Os usos do solo nos Açores sofreram modificações ao longo do tempo e continuam, no presente, a ser objecto de algumas alterações. A mais significativa deu-se na área ocupada por pastagens, que, ultrapassando os limites da zona silvo-pastoril, invadiu tanto as matas como os terrenos de cultura, atingindo mesmo o litoral. A transformação da área arborizada em pastagem teve maior importância nos finais dos anos 50, enquanto o arro-

78   *Programa Nacional da Política de Ordenamento do Território*

teamento de incultos teve enorme incidência na década 60. Actualmente em termos de paisagem agrária são as pastagens e as florestas de criptoméria que dominam. A área ocupada por outras culturas tem vindo a diminuir continuamente e de forma bastante significativa. Contudo, os terrenos utilizados nas culturas arvenses, hortícolas e industriais desenvolvem-se nas regiões menos declivosas.

109. Na Região Autónoma da Madeira, a ilha da Madeira é caracterizada por uma orografia acidentada, em que cerca de 65% da superfície tem um declive superior a 25%. A prática agrícola só tem sido possível devido à construção de socalcos de reduzidas dimensões, que conferem características únicas à paisagem. Noutros locais da ilha, a cotas mais baixas, verifica-se a proliferação de eucaliptos e acácias, muitas vezes em áreas agrícolas abandonadas e em zonas florestais percorridas por incêndios. No Porto Santo, o coberto vegetal é bastante pobre, apesar dos esforços de florestação, expondo os solos à acção dos agentes erosivos. Nesta ilha, cuja superfície agrícola utilizada representava, em 1989, cerca de 6% do total da Região, embora com uma orografia muito menos acidentada, existem grandes limitações devido à escassez de água. Destaca-se a ocorrência de cheias repentinas e de deslizamentos de terras. Em geral, na Região, a pequena dimensão das explorações e a escassez de água de rega associada a sistemas de irrigação pouco eficientes, têm contribuído para fomentar o abandono de muitas explorações. A par disso, a expansão de áreas urbanas tem levado à perda de alguns terrenos com boa aptidão agrícola. A silvicultura praticada numa óptica sustentável, para além da valência económica, desempenha um papel de protecção muito importante, nomeadamente ao nível da defesa da erosão dos solos e da protecção do ciclo hidrológico.

Agricultura[4] e ordenamento dos espaços rurais

110. Com o declínio da importância económica e social da agricultura, esta deixou de poder garantir o papel central na vida das comunida-

---

[4] Ao longo deste ponto o termo *agricultura* será frequentemente utilizado no sentido mais amplo e multifuncional, incluindo o conjunto das actividades desenvolvidas pelas explorações agrícolas, desde a produção agrícola, pecuária, silvícola e silvo-pastoril à prestação de serviços agro-ambientais e agro-rurais directamente associados a essas funções produtivas ou que aproveitem os recursos e valores ambientais, paisagísticos e culturais presentes nas explorações.

des e dos territórios rurais. Contudo, continua a assegurar funções determinantes e em parte insubstituíveis na gestão dos recursos naturais e do ambiente e paisagens rurais.

111. Tal como em Portugal continental, também no conjunto da UE as áreas ocupadas pela agricultura e silvicultura representam mais de 75% do total (77% em 2001). Esta posição destacada em termos de ocupação do espaço e de uso do solo é também válida no que se refere ao recurso água, não só porque o solo e o respectivo coberto vegetal constituem factores determinantes da quantidade e qualidade dos aquíferos, mas também porque a agricultura é o principal utilizador deste recurso.

112. Esta posição nuclear da agricultura na gestão dos recursos solo e água é enfatizada no âmbito do 6.° programa comunitário em matéria de ambiente (Decisão N.° 1600/2002/CE) e, em particular, no quadro de duas estratégias focadas na conservação desses recursos. É elucidativo que, num total de oito, as seguintes seis grandes ameaças à conservação do solo identificadas na estratégia temática de protecção do solo tenham relação directa com a agricultura: erosão; diminuição da matéria orgânica; contaminação difusa; compactação; diminuição da biodiversidade; salinização.

113. Na óptica da conservação da natureza e da biodiversidade, a agricultura surge também como uma realidade incontornável dado que grande parte dos ecossistemas e espécies a preservar dependem quer da manutenção de sistemas de agricultura com elevado valor natural, quer do controlo e mitigação de relações de potencial conflitualidade entre certas práticas agrícolas e os objectivos de conservação.

114. Ainda na óptica dos impactes ambientais, a agricultura e as florestas desempenham um papel chave no ciclo do carbono e no controlo das emissões de Gases com Efeito de Estufa (GEE). Como a matéria orgânica do solo desempenha um papel importante na captura do carbono e a agricultura constitui uma das principais fontes de emissão de dois dos GEE (CH_4 e N_2O), as práticas agrícolas podem ter um efeito relevante no nível de emissões. Ainda mais saliente é o papel a desempenhar pelas florestas como sumidouro do carbono, função que tem vindo a ser contrariada pelas emissões de CO_2 resultantes da dramática dimensão dos incêndios florestais dos últimos anos em Portugal.

115. A estas várias dimensões da relação entre a agricultura e a preservação do ambiente e recursos naturais acresce o seu contributo fundamental para a conservação e valorização paisagística dos espaços abertos e de outras amenidades rurais.

80 Programa Nacional da Política de Ordenamento do Território

116. O reconhecimento desta complexa e estreita inter-ligação agricultura-ambiente conduziu ao progressivo desenvolvimento de políticas públicas, nomeadamente a nível comunitário e sobretudo a partir de 1992, baseadas em três grandes tipos de instrumentos: condicionalidade da atribuição das ajudas aos agricultores ao cumprimento de normas ambientais obrigatórias (eco-condicionalidade); contratualização de apoios plurianuais às explorações agrícolas como contrapartida de compromissos ambientais que excedam o cumprimento dessas normas e das boas práticas agrícolas (medidas agro-ambientais); e apoios a investimentos na agricultura ou silvicultura com objectivos de requalificação ou valorização ambiental.

117. Contudo, no quadro da PAC tem também vindo a ser reduzido o nível de suporte aos preços, compensando-se essa redução por ajudas directas ao rendimento dos agricultores, as quais a partir de 2003 foram diminuídas e quase totalmente desligadas da produção e integradas numPagamento Único associado a direitos históricos.

118. Em parte devido a esta reorientação política, mas sobretudo à diversidade estrutural dos territórios rurais e às transformações sociais ocorridas nas últimas décadas, tem-se vindo a reforçar, nomeadamente em Portugal, a consciência de que a resposta coerente aos desafios do ordenamento dos espaços rurais, da sustentabilidade ambiental e da viabilidade económica da agricultura deve envolver uma abordagem territorial que valorize a multifuncionalidade da agricultura e a diversificação das opções dos territórios.

119. Nesta perspectiva, os estudos mais recentes de tipificação dos espaços rurais em Portugal têm permitido identificar situações muito contrastadas quanto às potencialidades e trajectórias possíveis de desenvolvimento territorial e às funções da agricultura nesse contexto.

120. Em esboço, podem assinalar-se e caracterizar-se cinco situações-tipo com significativa representação no território nacional:

1 – Presença relevante de agricultura competitiva;
2 – Domínio da agricultura extensiva com potencial agro-ambiental;
3 – Agricultura diversificada e multifuncional em zonas interiores;
4 – Agricultura em áreas peri-urbanas;
5 – Territórios socialmente fragilizados e com predomínio de espaços florestais.

Organização, tendências e desempenho do território 81

121. Na **primeira situação-tipo**, as favoráveis condições naturais e estruturais justificam que a agricultura apresente bons resultados e perspectivas de desenvolvimento competitivo agro-comercial, mesmo no quadro da progressiva eliminação das políticas de suporte aos preços e rendimentos agrícolas (por exemplo: zonas de aluvião da Lezíria do Ribatejo; regadios no Sul com condições naturais e estruturais mais favoráveis; melhores manchas vinhateiras no Douro, Alentejo e outras áreas do país). Neste contexto territorial, a agricultura, além da valia económica e social que representa, pode também desenvolver as vertentes de prestação de serviços ambientais e rurais, mas a sua viabilidade económica não assenta nestes factores.

122. Grande parte dos territórios rurais do Alentejo e da Beira Interior Sul e uma parcela substancial do Ribatejo, além doutras zonas mais localizadas do continente, enquadram-se na **segunda situação-tipo**, caracterizada pela conjugação das seguintes circunstâncias: baixa densidade e envelhecimento populacional; largo predomínio de grandes e médias explorações agrícolas com sistemas de produção extensiva (agrícola, pecuária e florestal), nem sempre competitivos num contexto agro-comercial mais concorrencial, mas em regra com boas condições de desenvolvimento de serviços agro-ambientais e rurais que se baseiem na abundância e qualidade do ambiente natural e da paisagem (por exemplo, conservação da natureza e da biodiversidade, actividade cinegética, turismo de natureza e outras actividades de lazer e educativas).

123. A **terceira situação-tipo** corresponde a áreas afastadas das principais aglomerações urbanas, mas com elevado interesse paisagístico e vincada identidade cultural e onde uma agricultura diversificada, em termos de produtos e de sistemas de uso do solo, ocupa uma fracção significativa da população residente. Reúnem-se aqui boas oportunidades de desenvolvimento de produtos e serviços com elevada tipicidade (qualidade específica) e potencial de valorização quer no mercado local, associado ao desenvolvimento do turismo, quer em mercados distantes. Estas são as zonas cuja vitalidade e sustentabilidade mais dependem de um desenvolvimento que promova a multifuncionalidade e a qualidade específica da agricultura e, com ela, de todo o território. A ocorrência destas situação-tipo verifica-se em diversas áreas do continente, desde o Alto Minho a Trás-os-Montes, à Cova da Beira, a Dão-Lafões ou ao Norte Alentejano, verificando-se aliás várias dinâmicas e experiências locais de desenvolvimento baseadas nas oportunidades mencionadas.

82   *Programa Nacional da Política de Ordenamento do Território*

124. Nas áreas urbanas ou peri-urbanas – **quarta situação-tipo** – a percentagem de população ligada à agricultura é muito reduzida, a economia é diversificada, existem várias outras oportunidades de emprego, o solo rural é fortemente disputado para usos urbanos e frequentemente fragmentado pela implantação de infra-estruturas, os mercados e os residentes urbanos estão próximos. Esta conjugação densa e complexa de circunstâncias tem implicações contraditórias para a agricultura, pois ao mesmo tempo que determina um grande pressão sobre os seus recursos e aumenta os respectivos custos (reais e de oportunidade), acresce a sua valia ecológica e as suas oportunidades económicas. Quando as condições naturais e culturais favorecem uma agricultura economicamente viável e diversificada, como acontece, por exemplo, em parte do Oeste e da Península de Setúbal, e as opções de ordenamento do território lhe são também propícias, podem desenvolver-se modelos de agricultura multifuncional que incorporem os serviços rurais, dirigidos em particular aos residentes mais próximos. Se essas condições não forem tão favoráveis ou o espaço peri--urbano estiver desordenado e fragmentado, condições estas dominantes na maior parte das aglomerações urbanas nacionais, o papel da agricultura será intersticial e residual, mas poderá desempenhar, desde que devidamente apoiado, um papel relevante nos domínios ecológico e do ordenamento do território.

125. A **quinta situação-tipo** assume uma dimensão especialmente crítica dado que corresponde a territórios com condições naturais adversas, por vezes de difícil acessibilidade, com tecidos económicos e sociais frágeis, e uma ocupação do solo dominada por espaços florestais, em grande parte mal ordenados, degradados e recorrentemente afectados pelo flagelo dos incêndios. Nestes territórios, a agricultura é residual e encontra--se sobretudo em redor das povoações e em algumas manchas mais férteis, nomeadamente nos vales. Contudo, a sua manutenção será fundamental para garantir a descontinuidade das manchas florestais e preservar a qualidade ambiental e paisagística necessária à qualidade de vida. As circunstâncias descritas encontram-se largamente representadas no continente, nomeadamente nas montanhas do Minho, Trás-os-Montes, Beira Alta e Cordilheira Central (Pinhal Interior) e na Serra Algarvia. A preservação do tecido social e dos recursos naturais e paisagísticos destas áreas exigirá profundas alterações nos modelos de ordenamento e gestão florestais e acções específicas de apoio público à sua sustentabilidade e desenvolvimento. Nalgumas áreas de montanha, com maior qualidade e atractividade

Organização, tendências e desempenho do território 83

paisagística, os serviços rurais, nomeadamente turísticos, poderão constituir também uma vertente importante desse desenvolvimento.

126. Na Região Autónoma dos Açores, a agricultura é um dos principais sectores de produção de riqueza, marcada pelo sector agro-pecuário através de uma progressiva especialização da produção leiteira em substituição das culturas tradicionais. A importância económica específica desta actividade no arquipélago é devida não só ao seu peso no PIB, mas também ao facto da indústria existente na Região estar em grande parte dependente, directa ou indirectamente da agricultura. Em 2001, o sector agroflorestal era responsável por 7,3% da riqueza gerada (VAB) e ocupa ainda cerca de 21,3% dos activos empregados, valores muito superiores aos nacionais. Não obstante, a agricultura açoriana comunga das dificuldades sentidas noutras regiões do país, com algumas características específicas que obstam ao seu desenvolvimento. Para além da pulverização da estrutura fundiária, é possível identificar outras características que dificultam a produtividade regional, como a orografia das ilhas, que dificulta a mecanização, e o baixo grau de instrução dos activos agrícolas.

127. A protecção do ambiente rural assume uma grande importância na Região Autónoma da Madeira. Os habitats naturais têm problemas específicos de grande complexidade, associados à viabilidade económica da actividade agrícola. Essa viabilidade, contudo, tem de ser encarada numa perspectiva mais ampla, que contemple a importância do ambiente rural para a preservação da riqueza paisagística e cultural da Região. Na agricultura, o problema actual de maior dimensão e de resolução mais difícil não tem a ver com a prática da actividade agrícola em si, mas com o seu abandono, principalmente no que diz respeito à degradação da paisagem, ao desenvolvimento de espécies infestantes e aos riscos de propagação de incêndios.

128. Concluída a identificação e caracterização sintética de situações-tipo representativas da diversidade dos problemas e potencialidades dos espaços rurais de Portugal, torna-se patente a necessidade de promover abordagens territoriais adaptadas a essa diversidade e que valorizem de modo coerente a multifuncionalidade da agricultura não só como factor da sua viabilização económica mas também como um elemento-chave do seu ordenamento e desenvolvimento sustentável.

População, povoamento e sistema urbano

129. A evolução da população residente em Portugal tem-se caracterizado por uma significativa instabilidade resultante, sobretudo, dos movimentos migratórios.

130. De facto, desde meados dos anos 50 e até 1973-74 processaram-se intensos movimentos migratórios inter-regionais, tendo por base fundamental o êxodo agrícola e rural dirigido, sobretudo, no plano interno, para a área metropolitana de Lisboa, e no plano externo, para a Europa e, em particular, para França, Benelux e, mais tarde, Alemanha. Em consequência, entre 1960 e 1970 assiste-se a uma diminuição significativa da população residente.

131. Com a eclosão da crise económica internacional e na sequência da descolonização, Portugal acolheu em 1975-76 mais de meio milhão de pessoas provenientes das ex-colónias, um movimento migratório também de enorme dimensão mas de sentido inverso aos anteriores, em simultâneo com a drástica redução dos fluxos emigratórios de Portugal para o exterior.

132. Depois dessas duas décadas de acentuada instabilidade demográfica do território, nos anos 80 a evolução da população portuguesa passou a ser mais influenciada pela dinâmica demográfica natural. Esta situação altera-se de novo na década de 90 com a inversão dos movimentos migratórios, passando Portugal a ser um país de imigração. A imigração, que começou a assumir expressão na década de 80 e ultrapassou a emigração no decénio seguinte, permitiu a Portugal retomar nesta última década um elevado crescimento demográfico. Os imigrantes concentraram-se sobretudo na Área Metropolitana de Lisboa, verificando-se recentemente uma maior dispersão geográfica, incluindo áreas do interior do País.

133. Esta evolução quantitativa é acompanhada pela quebra sensível da natalidade e da fecundidade, por um lado, e pelo aumento da esperança de vida, por outro, convergindo estes factores no sentido de um rápido envelhecimento da população, o que representa um dos acontecimentos mais relevantes na transformação da sociedade portuguesa nas últimas décadas

134. Neste contexto, é de sublinhar a grande descida do índice sintético de fecundidade para níveis abaixo da capacidade de substituição das gerações, isto é, 2,1 filhos por mulher (3,1 filhos por mulher em 1960 e apenas 1,5 em 2000). Portugal, partindo de uma situação mais favorável, convergiu, assim, para um índice de fecundidade idêntico ao valor muito baixo do conjunto da UE15 (2,6 em 1960 e 1,5 em 2000). Em virtude desta

Organização, tendências e desempenho do território

evolução e, também, de outras alterações das estruturas familiares diminuiu sensivelmente a dimensão média das famílias (cerca de 4 pessoas em 1960 e de 2,8 em 2001).

135. A esperança de vida à nascença não parou de aumentar, situando-se hoje a elevados níveis (em média 77 anos em 2002; cerca de 74 para os homens e de 81 para as mulheres). Esta evolução expressa, também, os progressos alcançados na saúde pública. Assim, e por exemplo, registou-se uma evolução muito positiva da mortalidade infantil, que em 1960 atingia 77,5 ‰ e em 2001 apenas 5‰ (fig. 27).

136. O crescimento natural é ainda positivo mas pouco expressivo e, numa perspectiva de futuro, face à actual estrutura demográfica só o aumento dos índices de fecundidade e, complementarmente, a ocorrência de saldos migratórios externos positivos poderão assegurar a manutenção ou o crescimento da população residente em Portugal. Apenas como breve indicação prospectiva, assinale-se um dos cenários de evolução futura da população portuguesa, construído pelo INE, no qual um valor de 10,5 milhões de habitantes em 2020, ou seja, um valor próximo do actual, pressuporia um aumento gradual dos índices de fecundidade e uma imigração da ordem dos 10 mil indivíduos por ano.

137. A grande instabilidade demográfica das últimas décadas não induziu alterações sensíveis na dimensão da população residente em Portugal, dados os efeitos de compensação entre movimentos populacionais de sinal contrário. Numa análise a escalas territoriais inferiores o panorama é, no entanto, muito diferente. De facto, enquanto algumas regiões e áreas revelaram uma sistemática e forte capacidade de atracção e crescimento populacional, outras sofreram elevadas e continuadas perdas de população, o que se traduziu numa alteração muito sensível da estrutura de distribuição da população no território nacional.

138. A tendência mais determinante e persistente que moldou essa alteração foi a do êxodo agrícola e rural, determinado por forças de atracção e repulsão impulsionadas principalmente por factores e motivações de carácter económico: dinamismo muito diferenciado do crescimento do produto e da criação (destruição) de emprego nos vários sectores e regiões, e aumento continuado e generalizado das expectativas sociais nos domínios das condições de trabalho, remunerações, níveis de vida e bem-estar material.

139. Assim, os espaços de atracção e que se reforçam são os mais dinâmicos economicamente e os mais especializados na indústria e nos

serviços de carácter urbano, o que, no caso do território continental de Portugal, significa fundamentalmente uma faixa litoral de escassas dezenas de quilómetros polarizada, em primeiro lugar e principalmente, pelas áreas metropolitanas de Lisboa e do Porto e, em segundo lugar e complementarmente, por sistemas urbanos intermédios que, do Noroeste ao Algarve, mantêm algum dinamismo próprio e uma certa autonomia em relação àqueles áreas, embora no quadro de uma estreita interdependência.

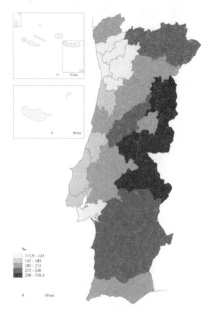

Fonte: RGP, INE, 2001
Figura 27: População com mais de 65 Anos por NUTS III de Portugal, 2001

140. Compreende-se, deste modo, que a análise da evolução da distribuição sub-regional da população portuguesa evidencie, no continente, uma tendência persistente de reforço dos pesos absolutos e relativos da Grande Lisboa, Grande Porto, Península de Setúbal e Algarve, em contraste com as perdas muitos sensíveis das sub-regiões do interior do Norte, do Centro e do Alentejo.

141. Das tendências assinaladas resultou uma sensível redistribuição geográfica da população, acentuando-se o padrão muito contrastado litoral/ /interior e a divergência entre espaços urbanos e rurais, esta última reflectida também ao nível intra-regional numa forte quebra do número de residentes nas áreas rurais e num crescimento regular da população urbana, nomeadamente em cidades capitais de distrito e, em particular, nas que beneficiaram da localização de Universidades.

142. Como resultado das dinâmicas demográficas e económicas gerais e, em particular, do êxodo rural e do crescimento dos centros urbanos, aumentaram as grandes disparidades territoriais da densidade populacional e reforçou-se o papel do sistema urbano no ordenamento e no desenvolvimento do território nacional (fig. 28).

143. Nos Açores o crescimento populacional registado na última década (1,7%), apesar de ligeiro, inverteu a tendência registada nas três

décadas anteriores de consecutivas perdas populacionais. Nesta Região as décadas de 60 e 70 foram fortemente marcadas pela emigração. O movimento natural da população e a capacidade de atracção deste território, sobretudo nesse período, manifestaram-se incapazes de superar a saída de residentes por motivos de emigração. Em 2001, o peso relativo da população mais jovem era superior ao valor médio nacional, acontecendo o contrário com a população idosa, pelo que os Açores era a região portuguesa menos envelhecida. A perda relativamente acentuada da população de localidades de menor dimensão ou mais afastadas dos centros com funções marcadamente terciárias é contemporânea e não muito pronunciada. Esta perda de população rural, que em boa parte

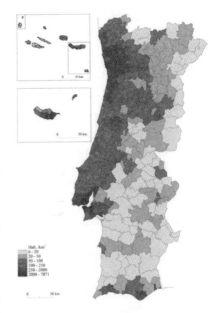

Fonte: RGP, INE, 2001
Figura 28: Densidade populacional por concelho de Portugal, 2001

se deveu à emigração, não deu lugar a um aumento populacional das cidades e vilas, sedes de concelho, mas sim a um adensamento de freguesias contíguas àqueles aglomerados urbanos ou semi-urbanos.

144. Entre 1995 e 2000, verificou-se uma diminuição dos quantitativos demográficos na Região Autónoma da Madeira, com efeitos directos na densidade populacional, tendo a Região conhecido uma tendência demográfica expansiva no período temporal mais recente (2000-2004). No que respeita à evolução da população residente por grupos etários, a redução ocorrida entre 1995 e 2000 resultou da dinâmica verificada nos estratos populacionais mais jovens – que aliás continuam a marcar tendencialmente os percursos etários subsequentes (assinalando-se assim o crescimento entre 2000 e 2004 dos residentes com idades superiores a 25 anos).

145. A evolução do sistema de povoamento tem como pano de fundo duas tendências complementares: despovoamento de vastas áreas rurais e urbanização das populações. Em 2001 mais de 3/4 da população residente no Continente concentrava-se em *áreas* com características *predominante-*

88   *Programa Nacional da Política de Ordenamento do Território*

mente urbanas. O ritmo de urbanização foi particularmente intenso nas décadas de 60 e 70 (fig. 29).

146. O processo de urbanização conduziu à configuração de um sistema urbano caracterizado por:

- Duas áreas metropolitanas (Lisboa e Porto), com dinamismos e processos de estruturação interna diferenciados, que aliam uma grande dimensão (populacional e física) em termos nacionais com uma frágil projecção funcional em termos internacionais;
- Uma extensa mancha litoral de urbanização difusa onde emergem alguns sistemas urbanos polinucleados e se destacam diversos centros urbanos de maior dimensão e dinamismo, embora sem o tamanho demográfico de cidade média de acordo com os padrões europeus;
- Uma urbanização linear ao longo da costa algarvia;
- Uma rede de pequenas e médias cidades no interior, nalguns casos configurando eixos e sistemas urbanos multipolares.

147. As dinâmicas territoriais recentes traduziram-se, a nível do sistema urbano na afirmação de quatro grandes tendências: estabilização do peso das áreas metropolitanas no total da população residente; reforço das cidades médias, com destaque para os centros urbanos do litoral; afirmação do dinamismo de alguns centros do interior em contexto de despovoamento rural; reforço do policentrismo funcional e da suburbanização no interior das áreas metropolitanas.

148. Na década de 90, confirmou-se a tendência de estabilização do peso das Áreas Metropolitanas no total da população residente, dado que acompanharam o ritmo decrescimento da população do País. A Área Metropolitana de Lisboa, depois de ter aumentado em 8 pontos percentuais o seu peso relativo entre 1960 e 1981, na década de 90 cresceu apenas um pouco acima da média do País, tendo o seu peso passado de 27,1% para 27,2% da população residente no Continente. A Área Metropolitana do Porto mantém taxas de crescimento superiores à média nacional, mas o aumento do seu peso relativo continua adesacelerar. No conjunto, estas duas Áreas Metropolitanas representavam cerca de 40% da população do Continente.

149. Internamente as áreas metropolitanas continuaram os processos de suburbanização, com as cidades de Lisboa e Porto a perderem popula-

ção residente e alguns centros periféricos a reforçarem a sua capacidade polarizadora. Este fenómeno, aliado ao aumento de mobilidade, promoveu o alargamento das bacias de emprego e a afirmação de complementaridades funcionais favoráveis a um maior policentrismo.

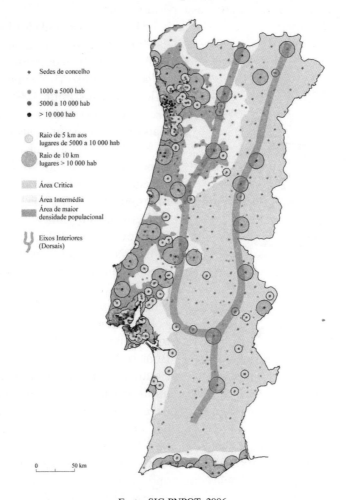

Fonte: SIG PNPOT, 2006
Figura 29: Povoamento e eixos interiores no Continente

150. Nas décadas de 80 e 90, observou-se um reforço da rede de cidades médias e da rede complementar, correspondendo ao aumento da sua

dimensão populacional e ao alargamento das suas áreas de influência. O processo de crescimento das pequenas e médias aglomerações foi acompanhado pela expansão dos perímetros urbanos (tecido urbano mais difuso e descontínuo) e pela dispersão geográfica de funções (nomeadamente a residencial nas coroas suburbanas e periurbanas).

Fonte: RGP, INE, 2001
Figura 30: População residente nas cidades de Portugal Continental, 2001

151. O peso das cidades localizadas fora das aglomerações metropolitanas de Lisboa e do Porto no total da população urbana aumentou significativamente. Entre 1991 e 2001, as cidades com ritmos de crescimento mais elevados foram as algarvias, as da área de Leiria-Marinha Grande e os centros urbanos do Norte Litoral. Os subsistemas a norte da Área Metropolitana de Lisboa registaram também um crescimento demográfico elevado (fig. 30).

152. No interior, a população da generalidade das áreas urbanas (cidades e suas periferias próximas) cresceu, por vezes de modo significativo. Foi o aumento da população de centros como Viseu, Guarda, Castelo Branco, Vila Real, Bragança, Évora e outros de menor dimensão que permitiu colmatar o declínio populacional associado aos intensos processos de despovoamento dos espaços rurais.

153. As alterações na estrutura do povoamento conduziram ao reforço da posição das cidades em termos demográficos e como pólos de emprego, particularmente enquanto centros de serviços, alargando a sua área de influência muito para além dos limites concelhios. Este padrão, que decorre também do aumento da motorização e da utilização do automóvel no quotidiano, abre novas possibilidades para explorar formas de cooperação inter-urbana susceptíveis de reforçar o papel dos sistemas urbanos sub-regionais.

Organização, tendências e desempenho do território

154. Para além do crescimento populacional e económico, as cidades evidenciaram um grande crescimento físico em resultado de elevados acréscimos na oferta de alojamentos que levaram o nosso país a um número de alojamentos por 1000 habitantes superior à média da UE-15.

155. O aumento do número de alojamentos acompanhou o crescimento demográfico e as transformações nas estruturas familiares e ocorreu, designadamente, na faixa litoral de Viana do Castelo a Aveiro – expandindo-se até Felgueiras, Guimarães e Braga – no eixo Leiria-Marinha Grande, Alcobaça, Caldas da Rainha, na Área Metropolitana de Lisboa, no Alentejo Litoral, no Algarve e também nas cidades do interior.

156. Observa-se ainda um aumento significativo de alojamentos de uso sazonal em resultado da aquisição para uso próprio e da expansão da oferta no mercado turístico. Distribuem-se por duas áreas distintas: ao longo do litoral, em particular no Algarve e no Alentejo Litoral, e desde Alto Minho a Trás-os-Montes até ao Alto Alentejo. Nas duas áreas metropolitanas são de destacar, pelo importante peso relativo das habitações sazonais, Sesimbra e Póvoa do Varzim. Outros concelhos na faixa litoral a norte de Lisboa com peso ainda significativo dos alojamentos sazonais são Peniche, Nazaré, Figueira da Foz, Mira, Murtosa e Esposende.

157. A estruturação de ocupação urbana dos Açores está marcada por dois factores específicos fundamentais: as condições biofísicos e climáticas das ilhas e a influência histórica dos processos de povoamento. O condicionamento bioclimático é o motivo porque encontramos na maior parte das ilhas uma ocupação concentrada nas faixas litorais e um território interior de altitudes superiores a 350 metros e quase sempre despovoado. O carácter de povoamento colonizador, dependente do mar como via de comunicação privilegiada, levou à fundação de povoamentos nas zonas costeiras, desenvolvendo-se nas mais amplas e abrigadas baías as funções administrativas, comerciais e portuárias. Hoje, a pressão urbanística pode ser classificada como intermédia (102,8 hab.km2) apresentando sete ilhas densidades populacionais inferiores a 100 hab. por km2, mantendo ainda características eminentemente rurais. No conjunto da Região Autónoma dos Açores, existem hoje 5 centros urbanos com o estatuto de cidade, destacando-se de entre estes Ponta Delgada (20.113 habitantes) e Angra do Heroísmo (12.348) por ultrapassarem os 10 mil habitantes (fig. 31).

158. A ocupação do território na Ilha da Madeira permite verificar que a sua utilização urbana tem particular significado no litoral sul, de forma especialmente intensa na mancha contínua que se localiza entre a

aglomeração do Funchal e o extremo oriental da Ilha; esta forma de ocupação ocorre de modo mais disperso no restante território, seja utilizando as localizaçõesmais propícias no litoral sul, seja de forma muito concentrada no litoral norte. É todavia particularmente significativa a expressão territorial da ocupação relativa a espaços florestais e naturais, no âmbito dos quais as áreas protegidas em virtude da ocupação por Laurissilva adquirem manifestamente grande relevância e correspondem a potencialidades e a oportunidades muito significativas. A Ilha do Porto Santo conserva uma parcela importante do seu território com essa característica, mesmo verificando-se que a ocupação urbana adquire já algum significado. Salienta-se que as Ilhas Desertas e Selvagens se mantêm como reservas naturais (fig. 32).

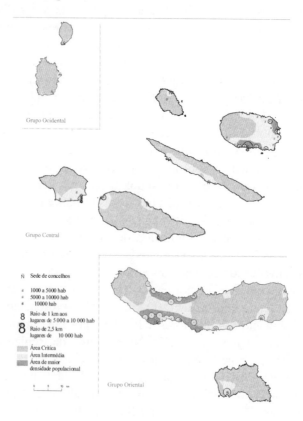

Fonte: DROTRH, 2006
Figura 31: Povoamento na Região Autónoma dos Açores

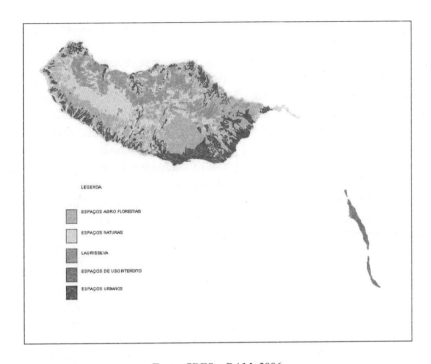

Fonte: SRES – RAM, 2006
Figura 32: Ocupação do território nas ilhas da Madeira e Desertas

Economia, emprego e competitividade dos territórios

159. Nas três últimas décadas verificaram-se em Portugal profundas mudanças estruturais que transformaram a sua geografia económica e social. Entre os factores dessas mudanças destacam-se: o regresso maciço de residentes nas ex-colónias; a institucionalização do Poder Local e a criação de mecanismos redistributivos inter-territoriais através da Legislação sobre Finanças Locais; as políticas cambiais favoráveis aos sectores tradicionais virados para a exportação, que vigoraram até ao início dos anos 90; a adesão à CE em 1986; os programas vultuosos de investimento público, em particular no domínio das acessibilidades; a selectividade territorial nos sistemas de incentivo ao investimento privado; o alargamento da rede regional do ensino superior; a difusão das novas tecnologias informação e comunicação e; e a alteração dos padrões de consumo, associada a uma

tendência de forte crescimento económico e de melhoria do rendimento médio das famílias.

160. No longo prazo, a economia portuguesa revelou elevadas taxas médias de crescimento anual do PIB. Em termos reais, a taxa média de crescimento anual nas duas décadas que terminaram em 2000 foi de cerca de 3,3% e a correspondente ao período pós-adesão à CE foi de cerca de 4%.

161. Entre 1980 e 2000 o potencial da economia portuguesa foi, em termos reais, multiplicado por 1,9 e o PIB *per capita* foi, nesse mesmo período, multiplicado por 1,8. A produtividade cresceu a uma taxa média anual de 2,5% no período 1980-1999. As transformações estruturais então ocorridas tiveram um visível impacte territorial, ainda que não se tenha modificado significativamente o mapa das posições relativas das diversas parcelas (NUTS III) do território nacional (fig. 33).

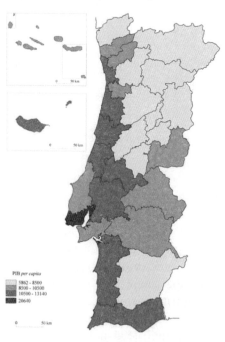

Fonte: INE, Contas Regionais, 1995-2001; INE, RGP, 2001
Figura 33: PIB a preços de mercado *per capita* por NUTS III de Portugal, 2001

162. O crescimento assentou basicamente nos bens e serviços não transaccionáveis (externamente) e no sector financeiro, tendo o peso das exportações de bens e serviços descido de cerca de 33% do PIB no período 1986--1991 para perto de 30% no período 1995-2001.

163. A estrutura das exportações de Portugal registou uma transformação sensível, com elevados ganhos do peso das máquinas e, sobretudo, do material de transportes. O comércio externo português concentrou-se mais fortemente na União Europeia, destacando-se nesse contexto um assinalável incremento da integração das economias de Portugal e de Espanha, a qual assumia anteriormente uma escassa importância, revelando a insularidade económica de Portugal antes da sua integração na CE.

164. A estrutura produtiva evoluiu no sentido de uma forte terciarização, combinando uma redução das actividades primárias com a diminuição do emprego na indústria transformadora e a modernização de segmentos específicos dos serviços, com destaque para os serviços financeiros, actividades imobiliárias, serviços às empresas e telecomunicações (fig. 34). Refira-se, porém, que Portugal continua a ter uma percentagem de população empregada no sector terciário inferior à média europeia, em particular nos segmentos mais qualificados.

165. As actividades que constituem o complexo agro-florestal (agricultura, silvicultura e indústrias transformadoras de produtos agrícolas e silvícolas) têm perdido importância no conjunto da economia portuguesa. Contudo, a sua importância em Portugal continua a ser das mais elevadas no seio da Comunidade: 11% do produto e 15,4% do volume de trabalho no ano 2000. A tendência temporal decrescente deve-se sobretudo à agricultura e silvicultura, em perda acelerada e que representavam naquele ano apenas 3,5% e 10%, respectivamente, do valor daquelas variáveis.

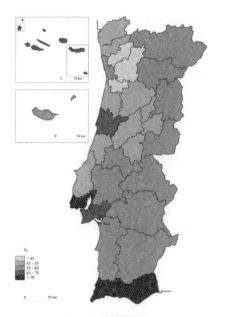

Fonte: RGP, INE, 2001
Figura 34: População activa e empregada no sector terciário por NUTS III de Portugal, 2001

166. A deterioração dos preços na agricultura relativamente aos do resto da economia foi o principal factor da redução da contribuição da agricultura para o produto total a preços de mercado correntes. Em termos reais, tal diminuição surge menos acentuada.

167. Com efeito, a partir da década de 90 do século passado, com o fim da etapa de transição na adesão à União Europeia, assistiu-se à diminuição progressiva dos preços dos produtos agrícolas, o que, aliado ao bom desempenho alcançado na generalidade dos restantes sectores, induziu a repulsão da agricultura e a atractividade das actividades não agrícolas.

96 *Programa Nacional da Política de Ordenamento do Território*

168. Em termos regionais, observam-se situações muito diferenci-adas, nomeadamente no que se refere ao peso da agricultura e silvicultura, o qual variava entre 0,2% e 16,1% do PIB regional, respectivamente nas sub-regiões (NUTS III) da Grande Lisboa e da Lezíria do Tejo.

169. Os modelos de exploração agrícola criaram grandes dicotomias inter-regionais de competitividade na agricultura. A norte do Tejo apenas encontramos agricultura competitiva nalgumas bolsas territoriais, com destaque para as zonas vinhateiras e os hortícolas, pomares e culturas industriais em pequenas áreas do interior.

170. Nesse espaço ocorrem importantes obstáculos (renovação e for-mação da população activa na agricultura e pulverização da propriedade, por exemplo) à competitividade empresarial da actividade agrícola. Há, no entanto, experiências muito interessantes e bem sucedidas quando se com-binam escala e tecnologia apropriadas, recursos humanos qualificados, iniciativa empresarial, diferenciação de produto e capacidade de o afirmar e valorizar nos mercados.

171. No Ribatejo e no Alentejo as condições estruturais são, em regra, mais propícias a níveis elevados de produtividade do trabalho agrí-cola e de rendibilidade empresarial. Apesar da ocorrência de ritmos eleva-dos de crescimento da produtividade média do trabalho na agricultura, a qual duplicou na década de 90, ela é, contudo, com excepção do Alentejo, ainda inferior a metade da produtividade média da economia portuguesa.

172. O aumento da produtividade média do trabalho agrícola foi o resultado de grandes alterações tecnológicas e estruturais. Efectivamente, observou-se um aumento do peso dos estratos de maior dimensão econó-mica, nos quais os ganhos de produtividade foram mais notórios. Aquela evolução média resultou, pois, da conjugação de dois elementos parcial-mente correlacionados: primeiro, a saída ou a diminuição da actividade de agricultores com produtividades muito baixas; e, segundo, o aumento da intensidade capitalística na generalidade dos segmentos da agricultura (observou-se uma subida de mais 40% do rácio "bens de capital/volume de trabalho").

173. Na indústria, as transformações mais relevantes nos últimos 15 anos do século passado foram o declínio das indústrias de base, acompa-nhado por uma transferência de propriedade para investidores externos, e a afirmação do pólo automóvel e de componentes. Realce-se também uma dinâmica, ainda incipiente, no domínio das indústrias electrónicas e alguma melhoria da posição das indústrias exportadoras nas cadeias de valor.

Organização, tendências e desempenho do território 97

174. Um dos aspectos mais marcantes do padrão espacial da indústria é a significativa concentração em parcelas reduzidas do território nacional, muitas vezes fortemente especializadas, o que favorece a ocorrência de vantagens de aglomeração e o estabelecimento de parcerias, mas torna esses espaços muito sensíveis a choques específicos sobre esses sectores. Nos anos 90, a distribuição territorial da indústria caracterizou-se por alguns aspectos fundamentais:

- Uma profunda repercussão territorial da perda de emprego na indústria, que incidiu principalmente nas indústrias têxteis e do calçado e, em consequência, atingiu intensamente os espaços de forte localização destas indústrias no Norte Litoral. Em paralelo, assistiu-se ao aumento da concentração destes sectores, evidenciando uma maior resistência das áreas onde se situa o *core* destas actividades.
- A afirmação do *cluster* automóvel, revelando uma razoável distribuição pelo território. Com um padrão de localização que parece pouco sensível às condições materiais dos diferentes territórios, são deste *cluster* algumas das indústrias que têm presença marcante em concelhos do interior.
- A continuação da saída da indústria do centro das áreas metropolitanas, acompanhada por crescimentos significativos nalguns espaços suburbanos e periurbanos.
- A afirmação de um eixo de grande dinamismo industrial entre Leiria e Aveiro, que se estende para o interior em direcção a Viseu e espaços envolventes.
- Algum alastramento, em mancha de óleo, no Norte Litoral para as áreas adjacentes aos espaços de mais forte industrialização, nomeadamente em direcção a alguns concelhos do Minho-Lima e do Tâmega.
- A continuação do crescimento do emprego industrial em grande parte dos concelhos do interior, apesar da fraca expressão da indústria nestas áreas, à excepção de situações pontuais de presença de empresas de dimensão significativa.
- A manutenção da importância e competitividade das fileiras industriais associadas à floresta, embora por vezes com acentuadas modificações no seu perfil interno: robustecimento do sector papeleiro, quase desaparecimento do sector dos resinosos, desapareci-

mento de um grande número de pequenas indústrias de serração localizadas em áreas de menor acessibilidade, migração interna de actividades.

175. Os serviços ligados à administração e de natureza social, embora tenham evoluído no sentido de uma menor diferenciação do território, têm uma distribuição marcada pelo efeito administrativo e por limiares que em áreas de menor densidade lhes dão um forte peso no tecido produtivo local, em boa medida por subdesenvolvimento das demais actividades económicas. Em termos relativos, é evidente o seu menor peso em áreas do litoral com estruturas produtivas mais densas e diversificadas, à excepção dos espaços metropolitanos e dos principais centros administrativos.

176. Os serviços de natureza económica estão fortemente concentrados nas áreas metropolitanas de Lisboa e Porto, sendo estas, bem como o Algarve, as únicas que se afirmam como "exportadoras" líquidas de serviços para outros espaços do País. Nos anos 90, as áreas do Litoral externas a Lisboa e Porto tiveram crescimentos muito elevados do emprego nestes serviços, mas espaços como Minho-Lima, Cavado, Ave e Tâmega – bem como, mas com outro significado, a maior parte das NUTS do interior – têm *ratios* de emprego nestes serviços relativamente à população que se situam à volta de metade da média nacional.

177. No turismo manteve-se a forte especialização e a projecção internacional do Algarve e da Madeira, mas verificou-se um notável reforço da posição da Grande Lisboa e das áreas envolventes. Algumas áreas afastadas da zona costeira têm participado no crescimento do turismo, em particular, em Trás-os-Montes, no Douro, em Dão-Lafões, na Cova da Beira e no Médio Tejo (fig. 35).

178. A Área Metropolitana de Lisboa é o principal pólo de concentração de actividades avançadas de ciência e tecnologia, assumindo um papel destacado como localização das instituições e recursos do Sistema Científico e Tecnológico Nacional (SCTN). Ainda que com menos relevo, emergem no mapa da ciência e da tecnologia em Portugal, além do Porto, as cidades médias com universidades de maior expressão: Coimbra, Braga/Guimarães, Aveiro, Évora e Faro, bem como Viseu, Vila Real, Bragança e Leiria. Embora com uma dinâmica positiva recente, a capacidade limitada do SCTN reflecte-se num apoio insuficiente às dinâmicas de inovação e *clusterização* da economia.

179. A terciarização da economia, as dinâmicas de internacionalização e o dinamismo de algumas actividades como o turismo e o comércio alteraram as necessidades de espaço e levaram a uma forte dinâmica do imobiliário, suportada também em grande parte por alterações no padrão de procura habitacional por parte das famílias e por mecanismos especulativos e de refúgio de poupanças.

180. Permaneceram as disparidades de crescimento entre os diversos territórios, mas o maior dinamismo deixou nos anos 90 de pertencer às áreas metropolitanas de Lisboa e do Porto, transferindo-se para outros espaços das faixas litorais. No entanto, as transformações na organização espacial das actividades económicas são visíveis, sobretudo, na distribuição geográfica da população activa.

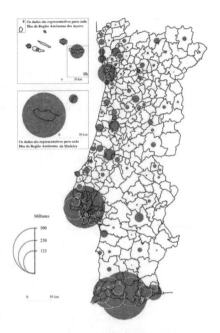

Fonte: Anuários Estatísticos Regionais, INE, 2002
Figura 35: Dormidas em estabelecimentos hoteleiros por concelho de Portugal, 2001

181. O forte decréscimo dos activos no sector primário foi o principal factor de alteração da distribuição territorial da população. O sector secundário e, sobretudo, o terciário tiveram um comportamento mais equilibrado e cresceram (em número de activos) também em áreas do interior, embora de forma mais localizada no caso da indústria.

182. As transformações ocorridas na distribuição territorial dos activos parecem ter envolvido sobretudo os sectores de baixa produtividade, pelo que aquelas transformações não se repercutiram de modo proporcional no padrão espacial de produção de riqueza. Algumas áreas de forte crescimento do emprego, sobretudo do Norte Litoral, tiveram, na década de 90, crescimentos mais modestos no que respeita ao produto.

183. No período mais recente, o Norte Litoral evidenciou as dificuldades atravessadas pelos sectores tradicionais e, à excepção do Cávado e Entre Douro e Vouga, teve crescimentos do PIB inferiores à média nacio-

100   *Programa Nacional da Política de Ordenamento do Território*

nal no período posterior a 1995. Em contrapartida, as NUTS III adjacentes a esta faixa (Tâmega e Dão-Lafões) revelam um desempenho favorável no contexto do País.

184. Permanecem disparidades significativas do PIB *per capita* entre as diferentes sub-regiões (NUTS III), embora a evolução de longo prazo tenha sido no sentido da sua redução. Neste contexto, a oposição litoral-interior adquiriu novos contornos, embora se mantenha relevante em vários domínios.

185. A capitalidade de Lisboa no quadro nacional e europeu, associada a uma base económica onde se reforçou o peso dos serviços de nível hierárquico superior e alguns sectores industriais com elevado valor acrescentado, contribuíram para que, entre 1988 e 2001, a Região de Lisboa e Vale do Tejo passasse em termos do PIB *per capita* de 76,3% para 94,7% da média da UE-15 (103,9% da média UE-25).

186. No entanto, a evolução do PIB *per capita* e de outros indicadores revela que o território de Portugal é, progressivamente, menos heterogéneo no que respeita a níveis de desenvolvimento sócio-económico e às condições de vida das populações, mas mais desigual no que respeita à densidade da ocupação humana.

187. No período 1995-2003, o PIB da Região Autónoma dos Açores representava, em média, 1,8% do PIB português. No período em análise e segundo as Contas Regionais, o emprego cresceu a uma taxa média anual de 2,1%. O sector dos serviços mantém-se como o mais importante para a economia regional, correspondendo em 2003 a 74,2% do VAB e a 56,1% do emprego. Esta elevada terciarização não é invulgar em regiões insulares de pequena dimensão demográfica, onde a combinação da insularidade com a reduzida dimensão do mercado doméstico dificulta a modernização e a industrialização. É limitada a relevância das actividades transformadoras de bens transaccionáveis, fortemente concentradas nas indústrias alimentares, das bebidas e do tabaco. Observa-se recentemente a dinâmica emergente das actividades de alojamento e restauração ligadas ao turismo. As actividades ligadas ao sector primário continuam a perder relevo, não representando mais de 9,5% do VAB da Região.

188. A evolução recente da situação económica e social da Região Autónoma da Madeira foi marcada pelo significativo crescimento do PIB. Entre 1995 e 2003, o PIB regional registou um crescimento médio anual de 7,5%, como reflexo do dinamismo económico da Região neste espaço temporal. A evolução do VAB regional, em volume, acompanhou esse cres-

Organização, tendências e desempenho do território 101

cimento, no mesmo período. Predomina o sector dos serviços, característica já intrínseca e sucessivamente consolidada na economia regional. Destaca--se a importância que o ramo associado às actividades imobiliárias, alugueres e serviços prestados às empresas tem vindo a assumir nos últimos anos, constituindo-se, em 2003, como o ramo de actividade com maior peso relativo na estrutura económica regional. Os ramos associados aos serviços da administração pública e ao comércio destacam-se também pelo peso determinante que têm na economia regional. Estes três ramos representaram, em conjunto, 44% do Valor Acrescentado Bruto criado na Região em 2003. O peso relativo das actividades de alojamento e restauração (9,4%) e das actividades financeiras (9,8%), em 2003, são também demonstrativos da sua importância na produção da riqueza ao nível regional.

Infra-estruturas e equipamentos colectivos

Abastecimento de água, saneamento básico e tratamento de resíduos e efluentes

189. Perante os baixos níveis de atendimento em serviços públicos de águas e de resíduos, nos anos 1990 investiu-se fortemente em infra-estruturas de captação, de tratamento e abastecimento de água, de drenagem e tratamento de efluentes e de recolha, depósito e tratamento de resíduos, com apoios expressivos dos Fundos Comunitários.

190. Esta evolução positiva coexiste com uma dispersão e multiplicidade de sistemas de abastecimento de água de pequena dimensão. Apesar do aumento do nível de atendimento observado nas últimas duas décadas no domínio do abastecimento de água às populações persistem significativas assimetrias regionais: em 2001 cerca de 99% da população estava servida com água ao domicílio nas regiões de Lisboa e Vale do Tejo e dos Açores, enquanto na Região Norte apenas 78% da população tinha acesso a este serviço público.

191. Os indicadores de recolha e tratamento de águas residuais urbanas reflectem uma evolução significativa do número de habitantes ligados às redes públicas de drenagem. Em 1981, os alojamentos servidos por rede pública de esgotos rondavam os 5% no Baixo Vouga, Pinhal Interior Norte, Entre Douro e Vouga e Pinhal Interior Sul (no Tâmega este valor era de 1,8%), enquanto as NUTS do sul registavam valores superiores (Alentejo

30-50%, Península de Setúbal 75% e Grande Lisboa 85%). Em 2001, a percentagem de população do continente servida com sistemas de drenagem era de 64%, mas apenas 42% com algum tipo de tratamento de águas residuais. As áreas de povoamento concentrado estão melhor servidas pelos sistemas de drenagem de águas residuais: é o caso das NUTS do Alto Alentejo (79%), Alentejo Central (80%) e Baixo Alentejo (94%). Na Grande Lisboa e na Península de Setúbal, a rede de esgotos estendia-se já a 93% e 84% dos alojamentos, respectivamente.

192. No que respeita à drenagem de águas residuais globais, os níveis de atendimento aumentaram expressivamente (Região Norte: 59% em 1999 e 36% em 1990; Região de Lisboa e Vale do Tejo: 89% em 1999 e 79% em 1990).

193. A prioridade dada à criação de condições de planeamento da gestão adequada de resíduos no País permitiu dar início a estratégias para a resolução dos problemas associados à gestão, quer dos resíduos domésticos, quer dos hospitalares, industriais e agrícolas (fig. 36).

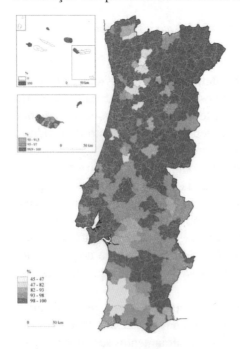

Fonte: Anuários Estatísticos Regionais, INE; 2002
Figura 36: População servida pelo sistema de recolha de resíduos por concelho de Portugal, 2001

194. Na década de 90, procedeu-se ao encerramento das 300 lixeiras no continente e, em seu lugar, foi instalada uma rede coerente de infra-estruturas para a gestão adequada de resíduos sólidos urbanos, nomeadamente, aterros sanitários, ecopontos, estações de transferência e de triagem. Em 1993, 93% da população beneficiava da recolha dos resíduos domésticos, mas em 1994 apenas eram tratados de uma forma apropriada os resíduos de 42% da população. No final da década, em 1999, a taxa de atendimento para a recolha de resíduos domésticos era de 98%.

195. Na sequência do esforço de ampliação de equipamentos para gestão adequada de resí-

duos, nos finais da década de 1990 procede-se à sua concentração nas Áreas Metropolitanas de Lisboa e Porto, embora a rede cubra eficazmente todo o território, evidenciando a existência de eficientes sistemas de gestão integrados.

Redes de transportes e logística

196. Nos últimos 20 anos, a transferência de fundos comunitários acelerou o processo de infra-estruturação do território. O país passou por profundas alterações das redes de infra-estruturas e de equipamentos, com reflexos positivos nos níveis de bem-estar dos portugueses.

197. O grande desenvolvimento da rede rodoviária, que tem constituído o principal instrumento de estruturação do território, contribuiu para uma melhoria assinalável das acessibilidades internacional, inter-regional e inter-urbana. A aprovação dos Planos Rodoviários Nacionais de 1985 (PRN 1985) e de 2000 (PRN 2000) (fig. 37) reflectiu as preocupações de construir um conjunto de vias que unissem as principais cidades do país e ligassem o litoral com o interior e o norte com o sul do país, assegurando ainda boas ligações às principais fronteiras terrestres. Da mesma forma, o desenvolvimento da rede rodoviária insular tem suportado a estruturação do território nas Regiões Autónomas, no sentido de uma aproximação dos principais aglomerados de cada ilha (fig. 38).

Fonte: IEP, 2004
Figura 37: Plano Rodoviário Nacional 2000 de Portugal Continental

198. Observa-se actualmente uma maior densidade de IP e IC no litoral, não só em correlação com as densidades demográficas mas também como resultado do processo de implementação do PRN, estando, todavia, asseguradas as ligações ao interior e a Espanha. A densidade da

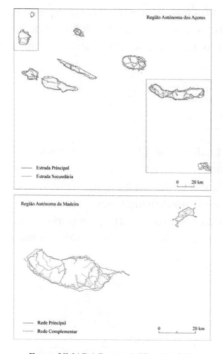

Fonte: VMAP 1 Portugal, IGeoE, 1998; Direcção Regional de Estradas, Secretaria Regional do Equipamento Social e Transportes, 2004
Figura 38: Rede viária das Regiões Autónomas dos Açores e da Madeira

malha definida no PRN é bastante elevada, mesmo em comparação com países europeus mais desenvolvidos, assegurando uma cobertura adequada de todo o território do continente. As redes de expressão local articulam-se com as variantes e circulares nos centros urbanos para dar acesso à rede fundamental.

199. As redes de transporte rodoviário de passageiros contêm vários tipos de serviços (expresso, alta qualidade, inter-regionais, intermunicipais e urbanos), sendo necessário dispor, para a sua integração eficiente, de infra-estruturas adequadas nos principais nós dessas redes. Verifica-se ainda que, face à evolução da procura no sentido da dispersão urbana e da motorização privada e num contexto de passividade das autoridades públicas no domínio regulamentar, os operadores têm apresentado crescente dificuldade em oferecer serviços regulares nalgumas componentes das suas redes, designadamente nas zonas de baixa utilização fora dos principais eixos interurbanos.

200. Ao longo da última década, o total da extensão das linhas ferroviárias em operação tem vindo a diminuir (menos 302,8 km entre 1991 e 2001). Ainda assim, a extensão de linhas electrificadas aumentou significativamente (mais 443,7 km entre 1991 e 2001), demonstrando o esforço para tornar este modo de transporte mais eficiente em áreas de grande procura e maior densidade populacional, onde ainda compete com a rodovia.

201. Porém, as melhorias em várias linhas de longo curso não chegam ainda para atribuir ao caminho de ferro um papel suficientemente dinâmico na mobilidade da população e no domínio do transporte de mercadorias, situação que se alterará, mormente no transporte de passageiros,

Organização, tendências e desempenho do território 105

com a introdução da alta velocidade, sobretudo pelo papel potencial de articulação do sistema urbano da Península Ibérica.

202. O transporte ferroviário revela-se competitivo à escala urbana e suburbana, onde consegue competir com a rodovia, embora a amplitude dos valores do transporte rodoviário urbano ultrapasse em muito a do modo ferroviário. É notória a grande dificuldade do transporte ferroviário de mercadorias em competir com o transporte rodoviário.

203. O papel estruturante dos portos de Leixões, Aveiro, Lisboa, Setúbal e Sines permitiu um crescimento sustentado tanto nos granéis como na carga contentorizada. No entanto, tem havido dispersão de investimentos e as produtividades obtidas na maior parte dos casos são ainda baixas, comprometendo a competitividade do modo de transporte marítimo no comércio externo nacional.

204. Os aeroportos nacionais têm tido crescimentos de tráfego, quer doméstico quer internacional, em linha com os padrões dominantes do sector à escala europeia. Parecendo claro que a transportadora TAP busca a sua viabilização económica através da constituição de uma plataforma (*hub*) em Lisboa, com ligações de longo curso especializadas para o Brasil e a África lusófona, essa posição tem merecido bom acolhimento por parte dos sucessivos governos.

205. O funcionamento da economia das Regiões Autónomas está especialmente dependente das actividades que compõem o sector dos transportes, armazenagem e comunicações, no respeitante quer às ligações com o exterior dos arquipélagos quer às ligações inter-ilhas. Existe assim a necessidade de garantir a existência e funcionamento das infra-estruturas necessárias (portos e aeroportos) nas diversas ilhas, em circunstâncias de procura que dificultam a sua sustentabilidade económico-financeira. Por outro lado, as Regiões Autónomas oferecem uma localização estratégica com elevado interesse quer para si próprias, quer para o país no seu todo, no domínio dos transportes marítimos e aéreos. As companhias aéreas das Regiões Autónomas têm tido um papel estratégico nos sistemas de transporte regionais e no desenvolvimento da actividade turística registado nos últimos anos.

206. Os ganhos de eficiência das cadeias logísticas, correspondentes às reduções das perdas de tempo e dos custos de descontinuidade na cadeia de criação de valor dos produtos, têm vindo a ser obtidos exclusivamente por acção de operadores logísticos ao serviço de clientes de média e grande dimensão e com impacto limitado no conjunto da economia nacional.

106 *Programa Nacional da Política de Ordenamento do Território*

207. O papel do Estado no domínio da logística deve ser, antes do mais, o de estimular as associações sectoriais no reconhecimento dos ganhos de competitividade a obter na organização das cadeias logísticas multi-cliente. Para que haja ganhos de eficiência significativos, e dado que as exigências de processamento das mercadorias são diferentes entre sectores, convém recorrer a equipamentos especializados de manipulação e armazenagem de cargas, bem como à instalação de empresas diferenciadas de prestação de serviços da valor acrescentado. Assim, interessa tanto discutir a localização das plataformas logísticas como os sectores de actividade a que se destinam e os seus requisitos funcionais.

208. A localização de operadores logísticos concentra-se em áreas de elevada acessibilidade às principais redes de transporte internacional e aos centros de consumo nacionais mais importantes. Os canais preferenciais de localização no interior são, por isso, o IP5 e o IP3. A sul há uma preferência pelas localizações ao longo do IP7. A área envolvente de Faro apresenta também alguma concentração. O Plano Operacional de Acessibilidades e Transportes, em execução no período 2000-2008, define cinco plataformas logísticas prioritárias de iniciativa pública, asituar nas Áreas Metropolitanas de Lisboa e do Porto, no porto de Sines e nos aeroportos internacionais de Lisboa e do Porto. Além destas, é também necessário ordenar melhor as importantes áreas logísticas existentes, como sejam as localizadas no norte da AMP e em eixos da AML (Carregado-Azambuja, Bobadela-Alverca e Coina-Palmela).

A oferta do serviço por mais do que um operador na mesma Região, pode implicar a múltipla cablagem de um mesmo alojamento.

Comunicações e info-estruturas

209. Desde os anos 1990 que tem constituído objectivo de diferentes governos a concretização da sociedade da informação, com destaque para a Unidade de Missão para a Inovação e Conhecimento (UMIC) e a Iniciativa Nacional para a Banda Larga (INBL). No seguimento desta política, no 1.º trimestre de 2005 o país registava uma taxa de penetração de acesso à *internet* de 56%, independentemente do tipo de acesso utilizado, e o acesso à *internet* banda larga representava 5% do total de acessos, dos quais 25% eram de tipo ADSL (fig. 39).

Equipamentos colectivos

210. As redes de equipamentos colectivos experimentaram um desenvolvimento assinalável nas últimas décadas, fruto do aprofundamento das preocupações sociais, do crescente voluntarismo da administração central e local, e dos significativos apoios financeiros ao investimento disponibilizados pelos Quadros Comunitários de Apoio.

211. Apesar disso, persistem certas carências quantitativas e qualitativas em vários domínios, e algumas deficiências de articulação intra e inter-sectorial e desfasamentos das redes face às dinâmicas de ocupação do território e da evolução demográfica, económica e social.

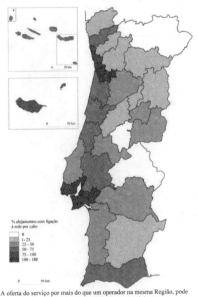

A oferta do serviço por mais do que um operador na mesma Região, pode implicar a múltipla cablagem de um mesmo alojamento.

Fonte: ANACOM, 2005

Figura 39: Percentagem de alojamentos cablados por NUTS III no 1.º trimestre de 2005

Redes de educação pré-escolar e do ensino básico, secundário e superior

212. O sistema educativo nacional abrange a totalidade da população jovem, tendo-se verificado uma rápida expansão da frequência do ensino básico, secundário e superior. Porém, apesar dos progressos verificados (40,3% de analfabetos em 1960 e 9% em 2001 – fig. 40), a população portuguesa evidencia ainda níveis de formação escolar muito insatisfatórios (em 1960, 0,6% da população portuguesa havia terminado o ensino superior; em 2001, este valor subiu para 10,8%).

213. A baixa qualificação dos recursos humanos constitui, de resto, o principal obstáculo ao desenvolvimento económico e social do país: em 2001, 62,4% da população com 25-29 anos possuía um grau de escolaridade inferior ao secundário e apenas 23,3% tinha como qualificação mínima o ensino secundário.

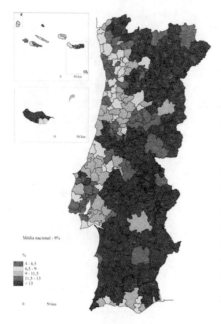

Fonte: RGP, INE, 2001
Figura 40: Taxa de analfabetismo por concelho de Portugal, 2001

214. A rede existente de equipamentos de ensino é muito alargada, diversificada e, nalguns níveis de ensino, muito dispersa, tendo sido a sua evolução pautada por sucessivas reformas do sector e diversos ciclos de voluntarismo político de investimento.

215. A rede de educação pré-escolar tem experimentado nas últimas duas décadas um rápido desenvolvimento, atingindo, em 2001, 6,2 milhares de estabelecimentos, dos quais 67% são públicos. Mas, no geral, ainda se revela insuficiente face às necessidades. No Alentejo alcançam-se as taxas mais elevadas de pré-escolarização (superiores a 75%), enquanto no Norte se denota reduzida aderência (menos de 50%).

216. A rede de ensino básico é extensa e atomizada (cerca de 13,9 milhares de estabelecimentos em 2001, dos quais 91% públicos, sustentando uma procura da ordem de 1,1 milhão de alunos), mas territorialmente muito desequilibrada, sobretudo devido à rede do 1.º ciclo (que corresponde a 67% da oferta), a qual inclui um excessivo número de estabelecimentos em meio rural com reduzidíssimos níveis de frequência, em consequência das tendências de despovoamento e de envelhecimento. Está em curso um processo de recomposição territorial da oferta de 1.º ciclo do ensino básico, que conduzirá ao encerramento de escolas com limiares de procura económica e pedagogicamente insustentáveis.

217. De referir ainda a rede de 31 Centros de Formação Profissional de Gestão Directa do IEFP e de 26 Centros de Formação Profissional de Gestão Participada, em regra geridos em parceria entre o IEFP e associações patronais ou sindicais, que se desenvolveu por todo o território nas últimas décadas e que abrangeu em 2005, no continente, cerca de 134.000 activos em formação, dos quais 27.000 jovens em acções de formação inicial.

218. A oferta de ensino secundário é assegurada por 6,4 centenas de estabelecimentos (dos quais cerca de 77% são públicos), envolvendo cerca de 380 mil alunos no ano lectivo 2001/2002. Trata-se de uma rede com dificuldade de resposta eficaz e equitativa às várias procuras. Por um lado, porque ausente num grande leque de concelhos portugueses, sobretudo das áreas de maior ruralidade, e, por outro lado, porque emergem já situações de excessiva oferta no coração das cidades de Lisboa e Porto e respectivas áreas metropolitanas, em virtude das alterações ocorridas nas estruturas demográficas locais. O previsível alargamento da escolaridade obrigatória vai, por certo, criar novas procuras e obrigar a uma reorganização territorial da rede.

219. No que respeita à rede do ensino superior, sublinha-se a sua grande expansão e dispersão territorial nas últimas décadas, quer dos estabelecimentos universitários, públicos e privados, quer dos estabelecimentos de ensino politécnico. Em 2001, existiam 301 estabelecimentos no País (dos quais 56% no sector público), envolvendo cerca de 381 mil estudantes (58% no ensino universitário e 42% no ensino politécnico) (fig. 41).

220. Falta, porém, coerência territorial à oferta pública, sendo de salientar deficiências de articulação com a rede urbana, com as dinâmicas demográficas e com as necessidades nacionais e regionais dos processos de desenvolvimento. Incoerência agravada nos últimos anos com o progressivo esbatimento de distinções entre ensino universitário e politécnico, quer em termos dos respectivos papéis nacionais e regionais, quer em termos dos respectivos critérios de programação territorial.

221. Além disso, o acelerado crescimento da oferta privada e a manutenção de restrições no acesso à oferta pública começam a originar graves problemas de sustentabilidade económica de vários cursos oferecidos pelos estabele-

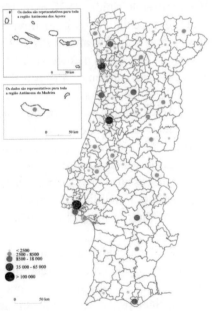

Fonte: Anuários Estatísticos, INE, 2002
Figura 41: Alunos matriculados em estabelecimentos de ensino superior, público e privado em Portugal, 2001

Programa Nacional da Política de Ordenamento do Território

cimentos oficiais, sobretudo nas áreas não tecnológicas, onde a procura se tem reduzido drasticamente.

Equipamentos e serviços de saúde

222. A melhoria notável dos valores de indicadores sintéticos da saúde dos portugueses é revelada, por exemplo, no aumento da esperança de vida e na drástica redução da taxa de mortalidade infantil, colocando Portugal nos padrões médios dos países de elevado desenvolvimento. Estes resultados devem-se quer à elevação dos níveis de vida e bem-estar geral quer à melhoria dos equipamentos e na prestação dos serviços de saúde. Um exemplo: os partos sem assistência médica diminuíram de 81,6‰, em 1960, para 1,1‰, em 2001.

223. Relativamente aos equipamentos de saúde, em 2001 existiam em Portugal, no quadro do Sistema Nacional de Saúde (criado em 1979), 364 centros de saúde, 1820 extensões de centros de saúde e 90 hospitais gerais e especializados com uma lotação total de 23861 camas. Nesse mesmo ano trabalhavam no SNS 115,5 milhares de profissionais de saúde, dos quais 20% eram médicos e 27% enfermeiros.

224. Basicamente, a oferta do SNS estrutura-se a dois níveis: cuidados de saúde primários e cuidados de saúde diferenciados ou hospitalares. Ao nível dos cuidados de saúde primários, que devem constituir a base efectiva do sistema, existe uma rede prestadora bastante densa, mesmo em meio rural, mas que na maioria dos casos não está dotada das valências pertinentes e dos recursos humanos e meios auxiliares de diagnóstico necessários para um correcto desempenho. Acresce ainda a inadequada funcionalidade de muitas instalações, problema que se agudiza nas áreas metropolitanas de Lisboa e Porto, dada a magnitude das procuras.

225. Nos cuidados de saúde hospitalares, pese embora o esforço de investimento e de recomposição interna e territorial realizado nas últimas décadas, a rede continua a apresentar fortes desequilíbrios. Desde logo, no que respeita à pirâmide organizacional, a qual revela um excessivo peso de camas ao nível central face aos níveis regional e sub-regional; mas também em termos da estruturação territorial, na medida em que não acompanhou satisfatoriamente as dinâmicas de urbanização do País, em particular a metropolização das áreas de Lisboa e do Porto e a emergência das

cidades médias, detectando-se vários casos de incongruência no que respeita à localização e ao dimensionamento das unidades hospitalares.

Redes de solidariedade e de segurança social

226. A rede de equipamentos de solidariedade e segurança social do continente era composta, em 2001, por 6,4 milhares de estabelecimentos (85% pertencentes à chamada rede solidária ou não lucrativa). Cerca de metade deste total destinava-se ao apoio de idosos (fig. 42) e 37% ao apoio da infância e juventude. Quase um terço da oferta existente estava concentrada nos distritos de Lisboa e Porto.

227. As desigualdades da distribuição do rendimento nacional colocam Portugal numa posição desfavorável no plano europeu. A manutenção de fortes desigualdades na repartição do rendimento revela-se em bolsas de pobreza e de exclusão nas áreas urbanas e de forma difusa nas áreas rurais mais periféricas.

228. A crescente feminização do emprego, a progressiva desagregação da família tradicional, o envelhecimento de algumas estruturas demográficas locais, a expressão da exclusão social associada a vários problemas como a toxicodependência, o SIDA e a deficiência mental e motora, tendem a acentuar a pressão sobre as diversas tipologias de equipamentos e serviços de solidariedade e segurança social, cuja modelação territorial nem sempre se ajusta à magnitude e à especificidade das procuras reais e potenciais. Efectivamente, quer nas grandes metrópoles de Lisboa e Porto quer no resto do País as carências são ainda bastante grandes e diversas, exigindo desde reforços infra-estruturais a novos conceitos de prestação de alguns serviços, mormente a idosos e a incapacitados.

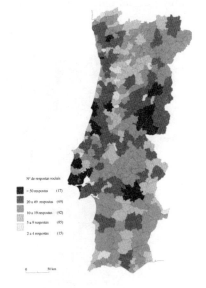

Fonte: extraído da Carta Social, MSST, 2001
Figura 42: Distribuição da oferta de equipamentos de apoio à população idosa por concelho de Portugal Continental, 2001

Equipamentos culturais

229. Os equipamentos e actividades culturais registaram um desenvolvimento intenso nas últimas quatro décadas, quer ao nível da oferta quer da procura. Para tal têm contribuído vários factores, como a expansão da rede de equipamentos e serviços culturais, a valorização social e económica dos tempos de lazer cultural, o aumento dos rendimentos familiares, a realização de mega-eventos e o dinamismo de novas instituições. Sublinhe-se que a oferta de equipamentos culturais passou de cerca de 1,1 milhares de unidades em 1960 (entre recintos de espectáculos, bibliotecas e museus) para aproximadamente 2,4 milhares em 2001 (registando, assim, um crescimento na ordem dos 120%).

230. Todavia, mau grado o desenvolvimento infra-estrutural experimentado, em diversas áreas do país, com destaque para o interior, detectam-se ainda carências de equipamentos culturais. Nuns casos, sobretudo em algumas áreas rurais, tais carências ocorrem ao nível da oferta básica, como bibliotecas e salas de espectáculos. Noutros casos, sobretudo em cidades médias, registam-se carências de equipamentos estruturantes e potenciadores de competitividade interurbana.

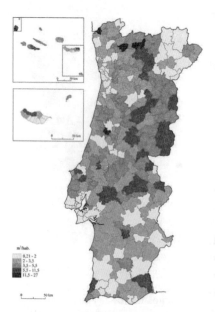

Fonte: Centro de Estudos e Formação Desportiva, 2001; Carta das Instalações Desportivas Artificiais, 1998.
Figura 43: Cobertura da área desportiva útil por habitante, 1998*

Equipamentos desportivos

231. A partir de 1974, e particularmente no seguimento da adesão de Portugal à Comunidade Europeia, verificou-se uma grande expansão da rede de equipamentos desportivos (fig. 43). Actualmente, existem em Portugal cerca de 11,5 milhares de instalações desportivas, das quais cerca de 40% destinadas a apoiar os "pequenos jogos" ao ar livre e perto de 30% para "grandes jogos".

Organização, tendências e desempenho do território   113

232. Na generalidade dos concelhos do País estão satisfeitas as necessidades infra-estruturais desportivas, tendo-se por isso entrado num ciclo de crescente diversificação e qualificação da oferta. Apesar disso, é preciso ter em atenção que a *ratio* área desportiva útil por habitante, mesmo nas principais cidades, é ainda insuficiente face às metas recomendadas pela União Europeia, e que a pressão sobre a oferta de equipamentos desportivos se vai acentuar globalmente em virtude da crescente propensão da população, sobretudo a urbana, para a motricidade e práticas desportivas formais e informais.

Os dados da Região Autónoma dos Açores e da Região Autónoma da Madeira reportam-se a 2001

Paisagem, património cultural e arquitectura

O estado das paisagens

233. A paisagem constitui uma dimensão fundamental caracterizadora do território e do seu ordenamento. Ela é apreendida pelo indivíduo como uma síntese multidimensional do território que se constrói através do contacto cognitivo e sensorial: o que se vê, mas também o que se ouve, o que se cheira e o que se sente. A paisagem tem um valor de identidade e, por isso, é fundamental para a sustentabilidade do povoamento.

234. É ainda necessário ter presente que a paisagem, enquanto valor cultural e societal, constitui uma realidade dinâmica. Por essa razão, a paisagem não é passível de tipificações datadas nem de processos de cristalização: os usos alteram-se, assim como as relações dos habitantese dos visitantes com os territórios. É fundamental saber incorporar subtilmente as mudanças, mantendo ou reforçando os valores de identidade, de memória e de uso.

235. A paisagem é também um recurso, com valor intrínseco e de usufruto para todos aqueles que habitam ou visitam os territórios. Elemento dinâmico do território, ela assume-se hoje como uma mais-valia que, associada a formas de turismo e lazer, pode constituir um motor de desenvolvimento, nomeadamente, em áreas remotas mais sujeitas à depressão demográfica e económica.

236. O território nacional apresenta uma grande multiplicidade de paisagens (fig. 44) e a consciencialização acerca do seu valor tem aumentado, tal como o número de acções que visam a sua conservação, integração e legibilidade.

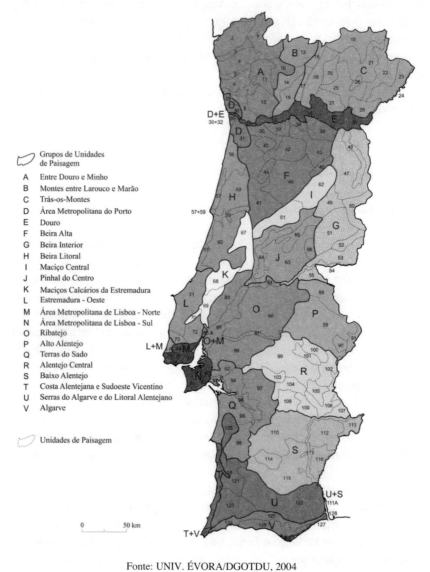

Fonte: UNIV. ÉVORA/DGOTDU, 2004
Figura 44: Unidades e grupos de unidades de paisagem em Portugal Continental

Organização, tendências e desempenho do território 115

237. Mas as nossas paisagens estão bastante danificadas, mesmo em áreas onde menos se esperaria que tal sucedesse dada a rarefacção da população e a raridade dos visitantes. Aí se encontram, amiúde, a ausência de limpeza das matas e os espaços agrícolas abandonados, como em certo sentido seria expectável, mas também, e mais incompreensivelmente, o desleixo nos caminhos, as lixeiras e os vazadouros esporádicos.

238. As "paisagens fossilizadas", os "esqueletos" do que foram belas paisagens humanizadas, que deram personalidade a este ou àquele território, e que hoje se apresentam descaracterizadas e degradadas, constituem um forte motivo de sensibilização e alerta para a necessidade de intervenções mais activas e inovadoras que saibam recriar, de forma adequada aos novos contexto societais, paisagens igualmente características, ordenadas e humanizadas.

239. O crescimento desordenado dos aglomerados e a urbanização difusa ou alinhada ao longo das vias de comunicação são factores determinantes da descontinuidade das ocupações agrárias bem como do aumento de espaços expectantes, contribuindo para degradar as paisagens. Assim, nas áreas onde a pressão para urbanizar e edificar é maior, sobretudo na faixa litoral do país, o abandono das terras agrícolas, antes cultivadas com culturas aráveis temporárias ou permanentes (olivais, pomares e vinhas), e dos espaços florestados é também uma das situações que mais choca na paisagem.

240. Contudo, é nas áreas urbanas e nos espaços periurbanos que encontramos as situações mais agressivas de perda de valores e identidades, sendo por vezes difícil vislumbrar processos de requalificação capazes de suscitar a afirmação de novas paisagens, de novas identidades e de novos recursos.

241. O abandono é, também aqui, um factor muito negativo. Mas o mais difícil de recuperar, a exigir por isso intervenção prioritária, são os atropelos às regras do ocupar, do edificar e do habitar: a nova dispersão urbana, a ocupação de fundos de vales e de encostas sem critérios que respeitem o ambiente natural e sem capacidade para gerar ambientes humanizados atraentes, os ruídos, os maus cheiros, os pisos irregulares e agressivos de passeios e de outros espaços públicos, e as barreiras à acessibilidade dos deficientes.

242. O estado das paisagens deve preocupar todos os agentes, e com particular acuidade a Administração Central e as Autarquias Locais, nomeadamente, os Municípios. As situações mais críticas são:

116 Programa Nacional da Política de Ordenamento do Território

i) Ao nível nacional:

– as que decorrem do abandono da prática agrícola e dos incêndios florestais;
– as que resultam da destruição dos espaços periurbanos, em particular nas áreas mais urbanizadas e/ou sujeitas à pressão do turismo e das residências secundárias.

ii) Ao nível regional:

– Noroeste – conflito de interesses entre espaços agrícolas, pecuários e urbano-industriais, que se traduz no abandono a que são votados não só os espaços agrícolas e silvícolas como as áreas edificadas obsoletas, dos lugares de emigração às implantações industriais desactivadas;
– Douro Interior – pressão por parte do turismo e da economia residencial sobre os recursos naturais e os espaços agrícolas;
– Nordeste – situação relativamente controlada, com os grandes problemas concentrados nos pólos urbanos, cujo rápido crescimento ao longo das últimas décadas gerou fortes disfunções;
– Centro Litoral – situação melindrosa em várias frentes: floresta abandonada, destruída ou desadaptada; agricultura desordenada; caos na ocupação urbano-industrial dos espaços periurbanos e rurais; problemas ambientais decorrentes de unidades industriais desactivadas e de pecuárias intensivas;
– Centro Interior – problemas mais graves concentrados em três tipos de situações: estado caótico da maior mancha silvícola do país; crescimento desordenado de alguns dos principais centros urbanos, bem como de outros centros de menor dimensão, embora existam sinais de acções de recuperação e reabilitação, talvez mais eficazes nos espaços consolidados e menos nas periferias suburbanas e periurbanas; e, por último, abandono de áreas agrícolas de elevado valor paisagístico na bordadura e nos vales dos principais relevos ou nas bacias sedimentares do interior;
– Área Metropolitana de Lisboa (AML) – destruição de importantes valores paisagísticos, pelo crescimento urbano desordenado e pelo descuido na aplicação de medidas de minimização de impactos negativos de vários empreendimentos. Além das pressões sobre algumas áreas de paisagem protegida e de outros valores ambien-

tais, devem assinalar-se: impacto da Ponte Vasco da Gama em espaços da Península de Setúbal mais directamente afectados; destruição progressiva das chamadas "matas" de Sesimbra, apesar de algumas iniciativas empresariais com vista à sua valorização ambiental/paisagística; destruição parcial do rico e extenso montado que domina na parte oriental da Península de Setúbal; abandono de solos agrícolas nas duas margens da AML, resultado da deficiente integração da dimensão agrária no ordenamento destes territórios; má qualidade das paisagens urbanas, ressalvando-se os esforços de reabilitação de centros históricos e outros espaços urbanos consolidados;

– Alentejo e Vale do Tejo – exceptuando-se as áreas mais próximas da AML, as pressões são menores e o controlo tem sido mais eficaz, mesmo nas periferias urbanas. No domínio do ordenamento dos espaços agrícolas e florestais, a evolução de um sistema baseado nas produções agrícolas vegetais e na silvo-pastorícia para uma economia com maior peso da pecuária foi, apesar de tudo, controlada. Uma das principais mudanças na ocupação do solo resultou do plantio de extensos vinhedos em diferentes áreas – do vale do Sorraia às terras de Reguengos, de Portalegre a Estremoz e à margem esquerda do Guadiana, Vidigueira e Évora – que trouxeram, em geral, uma valorização da paisagem, além de uma maior sustentabilidade económica. O mesmo, embora a outra escala, se passa com a renovação e expansão do olival. No montado de sobro detectam-se maiores problemas, mormente os que decorrem do seu estado sanitário. Por último, têm vindo a manifestar-se diversas preocupações com os eventuais impactos do Empreendimento de Fins Múltiplos de Alqueva, embora estejam a ser implementadas medidas, de vários tipos, no sentido de que o resultado global seja positivo, tanto no plano económico e social como no ambiental e paisagístico;

– Algarve – grandes problemas no que respeita à recuperação, manutenção e valorização dos recursos paisagísticos, decorrentes de duas tendências que têm algumas raízes comuns mas que se manifestam de modo contrastado e com resultados também diferentes. Por uma lado, deparamo-nos com a dinâmica avassaladora de ocupação urbana e edificação desordenada do litoral, com impactos muito negativos nas últimas três décadas e que, entretanto, se projectou para o barrocal e também para alguns núcleos da serra. Por outro lado, deparamo-nos com uma tendência de abandono e de mau ordenamento dos espaços agrícolas e florestais, que se manifesta com maior incidência na serra mas que também alastra ao barrocal e ao litoral, se bem que por razões algo distintas e com efeitos diferenciados. Não obstante a ocorrência dessas duas tendências, mercê de uma política de classificação das Áreas Protegidas o Algarve ainda dispõe de extensos trechos, tanto no litoral (Ria Formosa, Costa Vicentina) como no interior, bem preservados e com condições de sustentabilidade, desde que se promova o seu bom ordenamento. Entretanto, é a sustentabilidade da economia turística – uma chave fundamental do sucesso económico e social do Algarve – que exige a preservação de paisagens mediterrâneas tradicionais, dos pomares e hortas aos campos e espaços silvo-pastoris: sem a produção de riqueza a partir da terra não há paisagem mediterrânea;

– A paisagem açoriana resulta de uma profunda humanização que decorreu ao longo de cinco séculos com dinâmicas influenciadas por acontecimentos históricos, cujos efeitos na evolução cultural e tecnológica foram nalguns casos retardados pela insularidade (fig. 45). Dessa evolução fizeram parte grandes transformações da paisagem baseadas em longos ciclos dominados por algumas culturas como os cereais, o anil, a vinha, a laranja, o chá, o ananás, a criptoméria ou as pastagens. Em tempos mais recentes, assiste-se a transformações mais intensivas e rápidas, mas também mais localizadas, como sejam a construção de grandes infra-estruturas (aeroportos, portos, rodovias) ou expansões urbanas dos principais centros. Pese embora as problemáticas associadas a estas transformações, as paisagens açorianas mantêm um carácter muito particular, inigualável no contexto continental e bastante distinto relativamente a outras ilhas e arquipélagos atlânticos. Esta especificidade permite que os Açores possam afirmar-se como uma região demonstrativa de um adequado ordenamento e gestão da paisagem, conciliando e tirando partido das suas componentes ambiental, sócio-económica e cultural.

– A paisagem rural, na Região Autónoma da Madeira, em particular na ilha da Madeira, é muito marcada pela actividade agrícola, nomeadamente pelas manchas verdes de determinadas culturas e pelos socalcos que suportam as terras e constituem, também, um

Organização, tendências e desempenho do território

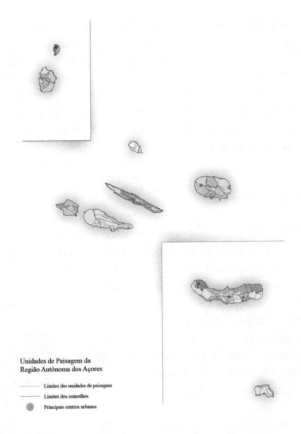

Fonte: Universidade de Évora/SRAM/DROTRH, 2005
Figura 45: Unidades de paisagem da Região Autónoma dos Açores

meio eficaz de combate à erosão pelos ventos e pelas chuvas. O abandono dos terrenos agrícolas e de culturas tradicionais, contribuiu para a degradação da paisagem, propiciando, ainda, o desenvolvimento de espécies infestantes e a propagação de incêndios. Para esse abandono contribuem ainda factores como a pequena dimensão das explorações e a escassez de água de rega associada a sistemas de irrigação pouco eficientes. O crescimento do número de estufas tem vindo a alterar a paisagem, constituindo um impacte negativo. A expansão das áreas urbanas, por outro lado, tem levado à perda de alguns terrenos com boa aptidão agrícola, que não estão devidamente inventariados e protegidos através da sua inclusão na Reserva Agrícola Nacional. A protecção da costa e a protecção e valorização dos recursos marinhos constituem também aspectos de primeira importância, a considerar na implementação de políticas de ambiente e de ordenamento do território, face aos riscos de destruição dos equilíbrios naturais e paisagísticos, especialmente devido à sazonalidade e intensidade das actividades turísticas.

Património cultural

243. As acções para a salvaguarda e valorização do património cultural aumentaram bastante nos últimos decénios, traduzindo-se num crescimento muito acelerado do número de bens classificados (fig. 46). Entre 1980 e 2003 aumentou cerca de 85%, o que correspondeu a um ritmo médio de 65 novas classificações por ano. A maior parte delas incidiram no património arquitectónico dos núcleos históricos urbanos, se bem que, nomeadamente em áreas rurais, tenha também aumentado o património arqueológico classificado. Há a salientar como áreas de maior concentração de património classificado o Norte Litoral (sobretudo Cávado e Ave), a Área Metropolitana do Porto com extensão para o Douro, a Beira Interior, a Área Metropolitana de Lisboa (com extensões para o Vale do Tejo) e ainda o Alto Alentejo e o Alentejo Central, com grande peso do património arqueológico.

244. Não obstante, a atenção pelo património cultural centra-se ainda demasiado na conservação do monumento isolado ou em conjuntos singulares de especial valor histórico-arquitectónico, não tendo os elemen-

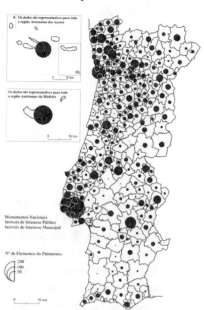

Fonte: IPPAR, 2003
Figura 46: Património classificado por concelho de Portugal, 2003

Organização, tendências e desempenho do território 121

tos da designada arquitectura menor merecido até à data a atenção necessária. Assim, por comparação com outros países europeus verifica-se que se encontra muito pouco difundida a prática de recuperação de imóveis, correspondendo esta a uns escassos 5% dos investimentos totais realizados no sector da habitação.

245. Importa realçar os riscos a que o património arqueológico está sujeito, nomeadamente nas áreas urbanas e rurais sujeitas a acções que envolvam o revolvimento de solos, assim como o património submerso. A especificidade do património arqueológico recomenda que se prossiga e acelere o processo da sua inventariação.

Arquitectura

246. A defesa da arquitectura é uma incumbência constitucional do Estado português. A Constituição da República reconhece que cabe ao Estado "promover, em colaboração com as autarquias locais, a qualidade ambiental das povoações e da vida urbana, designadamente no plano arquitectónico e da protecção das zonas históricas" (art. 66.º, 2, alínea e).

247. Por Resolução do Conse-lho Europeu de 12 de Fevereiro de 2001, relativa à qualidade arquitectónica em meio urbano e rural (2001/C73/04) e aprovada durante a Presidência portuguesa, foram os Estados-Membros convidados a "intensificarem esforços para um melhor conhecimento e promoção da arquitectura e da concepção urbanística, bem como para uma maior sensibilização e formação das entidades comitentes e dos cidadãos para a cultura arquitectónica, urbana e paisagística" e ainda a "promoverem a qualidade arquitectónica através de políticas exemplares de construções públicas".

248. A Arquitectura é hoje reconhecida como uma actividade de interesse público e um recurso para o desenvolvimento, por razões culturais (identidade, património, distinção e notoriedade dos países e das cidades), económicas (valor acrescentado na qualidade da construção civil, do ambiente urbano e do território), sociais (espaços públicos, equipamentos colectivos, qualidade de vida, imagem urbana, coesão social) e ambientais (eficiência energética, valorização paisagística). Também não pode ser esquecida a necessidade de proteger e revitalizar o património da arquitectura popular, no quadro de uma política de conservação da natureza e salvaguarda do património ambiental, a fim de combater a desertificação e a morte de extensas zonas do nosso território.

249. A compreensão da arquitectura e do urbanismo reforça o sentido cívico e deverá constituir um elemento imprescindível da cultura territorial no nosso país.

Portugal: os grandes problemas para o Ordenamento do Território

250. As dinâmicas de organização e transformação espacial configuram um conjunto complexo de problemas para o ordenamento do território. Apresenta-se em seguida uma lista daqueles que, tendo uma dimensão territorial explícita, se considera assumirem maior importância e acuidade, sem prejuízo do reconhecimento de que outros – como a qualificação dos recursos humanos ou o potencial de inovação – são igualmente relevantes para o desenvolvimento do território nacional.

251. Os problemas seleccionados agrupam-se em seis domínios:

a) insuficiente salvaguarda e valorização dos recursos naturais e ineficiente gestão de riscos;

b) expansão urbana desordenada e correspondentes efeitos na fragmentação e desqualificação do tecido urbano e dos espaços envolventes;

c) ineficiência e insustentabilidade ambiental e económica nos domínios dos transportes e da energia;

d) insuficiência das infra-estruturas e sistemas de apoio à competitividade, conectividade e projecção internacional da economia do país;

e) inadequação da distribuição territorial de infra-estruturas e de equipamentos colectivos face às dinâmicas de alteração do povoamento e das necessidades sociais;

f) ausência de uma cultura cívica de ordenamento do território e ineficiência dos sistemas de informação, planeamento e gestão territorial.

252. O elenco de problemas identificados estabelece o "pano de fundo" para se definirem as políticas de desenvolvimento territorial, balizar a sua ambição e qualificar o esforço a efectuar. Fica claro que o ordenamento do território faz um forte apelo à transversalidade das políticas e à cidadania: para enfrentar os problemas de ordenamento do território não bastam os instrumentos de gestão territorial, são igualmente necessários os contributos de outras políticas e instrumentos, bem como a participação activa dos cidadãos.

Organização, tendências e desempenho do território 123

24 problemas para o Ordenamento do Território

a) Recursos naturais e gestão de riscos

1. Degradação do solo e riscos de desertificação, agravados por fenómenos climáticos (seca e chuvas torrenciais) e pela dimensão dos incêndios florestais.

2. Degradação da qualidade da água e deficiente gestão dos recursos hídricos.

3. Insuficiente desenvolvimento dos instrumentos de ordenamento e de gestão das áreas classificadas integradas na Rede Fundamental de Conservação da Natureza.

4. Insuficiente consideração dos riscos nas acções de ocupação e transformação do território, com particular ênfase para os sismos, os incêndios florestais, as cheias e inundações e a erosão das zonas costeiras.

b) Desenvolvimento urbano e rural

5. Expansão desordenada das áreas metropolitanas e de outras áreas urbanas, invadindo e fragmentando os espaços abertos, afectando a sua qualidade e potencial ecológico, paisagístico e produtivo, e dificultando e encarecendo o desenvolvimento das infra-estruturas e a prestação dos serviços colectivos.

6. Despovoamento e fragilização demográfica e socioeconómica de vastas áreas e insuficiente desenvolvimento dos sistemas urbanos não metropolitanos e da sua articulação com os espaços rurais envolventes, enfraquecendo a competitividade e a coesão territorial do país.

7. Degradação da qualidade de muitas áreas residenciais, sobretudo nas periferias e nos centros históricos das cidades, e persistência de importantes segmentos de população sem acesso condigno à habitação, agravando as disparidades sociais intra-urbanas.

8. Insuficiência das políticas públicas e da cultura cívica no acolhimento e integração dos imigrantes, acentuando a segregação espacial e a exclusão social nas áreas urbanas.

c) Transportes, energia e alterações climáticas

9. Subdesenvolvimento dos sistemas aeroportuário, portuário e ferroviário de suporte à conectividade internacional de Portugal, no quadro ibérico, europeu, atlântico e global.

10. Deficiente intermodalidade dos transportes, com excessiva dependência da rodovia e do uso dos veículos automóveis privados e insuficiente desenvolvimento de outros modos de transporte, nomeadamente do ferroviário.

124   *Programa Nacional da Política de Ordenamento do Território*

11. Elevada intensidade (reduzida eficiência) energética e carbónica das actividades económicas e dos modelos de mobilidade e consumo, com fraco recurso a energias renováveis, conduzindo a uma estreita associação dos ritmos do crescimento económico com os do aumento do consumo de energia e das emissões de Gases com Efeito de Estufa (GEE).

12. Elevada dependência de fontes de energia primária importadas (petróleo, carvão e gás natural), com forte concentração das origens geográficas e pesadas implicações no défice externo, agravada pela volatilidade e tendência estrutural de aumento dos preços desses recursos não renováveis e de natureza estratégica.

d) Competitividade dos territórios

13. Forte dispersão geográfica das infra-estruturas económicas e dos equipamentos terciários mais qualificantes, com perdas de escala e atrofia das relações de especialização e complementaridade geradoras de maior rendibilidade social e económica.

14. Ausência de um sistema logístico global, que tenha em conta os requisitos dos diferentes sectores de actividade e a inserção dos territórios nos mercados globais.

15. Insuficiente projecção externa das funções económicas das principais aglomerações urbanas, dificultando a participação de Portugal nos fluxos de investimento internacional.

16. Reduzida extensão das cadeias de valor e insuficiente exploração das condições e dos recursos mais diferenciadores dos territórios, e correspondente debilidade das relações económicas inter-institucionais e inter-regionais no espaço económico nacional.

e) Infra-estruturas e serviços colectivos

17. Expansão e intensa alteração da estrutura da procura social de serviços colectivos e de interesse geral, pelo efeito conjugado de mudanças demográficas (envelhecimento, imigração e migrações internas), económicas e culturais.

18. Desajustamento da distribuição territorial e da qualidade da oferta de infra-estruturas colectivas e dos serviços de interesse geral face a essa expansão e alteração estrutural das procuras sociais.

19. Deficiente programação do investimento público em infra-estruturas e equipamentos colectivos, com insuficiente consideração dos impactes territoriais e dos custos de funcionamento e manutenção.

20. Incipiente desenvolvimento da cooperação territorial de âmbito supra-municipal na programação e gestão de infra-estruturas e equipamentos

Organização, tendências e desempenho do território

colectivos, prejudicando a obtenção de economias de escala e os ganhos de eficiência baseados em relações de associação e complementaridade.

f) Cultura cívica, planeamento e gestão territorial

21. Ausência de uma cultura cívica valorizadora do ordenamento do território e baseada no conhecimento rigoroso dos problemas, na participação dos cidadãos e na capacitação técnica das instituições e dos agentes mais directamente envolvidos.

22. Insuficiência das bases técnicas essenciais para o ordenamento do território, designadamente nos domínios da informação geo-referenciada sobre os recursos territoriais, da cartografia certificada, da informação cadastral e do acesso em linha ao conteúdo dos planos em vigor.

23. Dificuldade de coordenação entre os principais actores institucionais, públicos e privados, responsáveis por políticas e intervenções
com impacte territorial.

24. Complexidade, rigidez, centralismo e opacidade da legislação e dos procedimentos de planeamento e gestão territorial, afectando a sua eficiência e aceitação social.

3. AS REGIÕES: CONTEXTO E ORIENTAÇÕES ESTRATÉGICAS

Regiões de Portugal Continental

Região Norte

O contexto estratégico

1. A Região Norte estende-se por mais de 21 mil quilómetros quadrados, representa mais de 1/3 da população residente em território nacional e é marcada por fortes contrastes entre o litoral e o interior. A um litoral denso, urbanizado e industrial opõe-se um interior maioritariamente em processo de despovoamento e de matriz sobretudo rural. Dos elementos caracterizadores da região e dos processos em curso merecem destaque, numa perspectiva estratégica de organização do território:

1.° A presença da única cidade e área metropolitana que, além de Lisboa, tem dimensão europeia em termos populacionais e funcionais;

2.° A importância da conurbação urbana do litoral, de natureza policêntrica mas centrada na cidade do Porto, que concentra cerca de 1/3 da população do País num raio da ordem dos 60 kms, evidenciando a relevância da estruturação desta região metropolitana;

3.° A inserção num espaço de crescente cooperação e interdependência com a vizinha Galiza, colocando à organização do território a necessidade de ter em conta o contexto transfronteiriço e dando sentido a estratégias de afirmação no quadro de uma euro-região;

4.° A forte exposição à concorrência internacional da estrutura económica, com predomínio de actividades de baixa intensidade tecnológica e competitividade baseada no factor trabalho, o que sujeita o tecido económico a processos profundos de abandono de actividades e de reestruturação;

5.° O dinamismo demográfico do Noroeste, que, sobretudo em cenários de baixo crescimento económico, poderá traduzir-se por uma força de trabalho excedentária, implicando elevados níveis de desemprego ou volumes significativos de migrantes;

6.º O valioso património cultural da região que, aliado aos demais recursos do território, justifica uma forte aposta no desenvolvimento do turismo;

7.º A valia de um paisagem fortemente humanizada, que nuns casos importa proteger das agressões da urbanização difusa e noutros valorizar como património de relevância nacional e mundial;

8.º Uma rede densa de instituições de ensino superior e de importantes infra-estruturas científicas e tecnológicas, com potencial para suportarem o desenvolvimento das actividades mais intensivas em conhecimento e dos *clusters* competitivos que se vêm afirmando na região;

9.º As potencialidades da região para o desenvolvimento quer de produções agro-pecuárias competitivas, nomeadamente de leite, hortícolas, vinho, carne e frutos, quer de sistemas agro-silvo-florestais.

2. No litoral, o modelo de industrialização dispersa, frequentemente rural, e de urbanização difusa não fez emergir aglomerações urbanas com capacidade efectiva de polarização, enquanto no interior o desenvolvimento das cidades, apesar da crescente concentração urbana, foi limitado pelas dinâmicas regressivas da população e pelos processos de despovoamento verificados nas áreas envolventes.

3. A estrutura de povoamento e o modelo de industrialização explicam também os sérios défices ambientais que a região ainda enfrenta, sobretudo nos domínios de abastecimento de água e tratamento de efluentes, bem como a sub-dotação e a dispersão de equipamentos colectivos, nalguns casos sem respeito pelos limiares de uso e eficácia e com consequências na qualidade dos serviços prestados.

4. Ao mesmo tempo, e apesar de algumas operações exemplares, as principais aglomerações confrontam-se com problemas de degradação física, sobretudo nos centros históricos, e de exclusão social, que necessitam de acções consistentes de revitalização urbana.

Região Norte – Opções estratégicas territoriais

• Estruturar o sistema urbano e reforçar o policentrismo, envolvendo: a qualificação funcional do Porto e da sua área metropolitana, o desenvolvimento de

As regiões: contexto e orientações estratégicas   129

polarizações estruturantes na conurbação do litoral e o reforço dos pólos e eixos urbanos no interior;
- Valorizar as infra-estruturas aeroportuárias e portuárias de internacionalização e inserir a região nas auto-estradas do mar de ligação ao Norte da Europa, com uma aposta forte nas infra-estruturas e nos serviços de logística;
- Reordenar e qualificar os espaços de localização empresarial na lógica de disponibilização de espaços de qualidade e de concentração de recursos qualificados, para maior atractividade de investimento directo estrangeiro, de fomento de economias de aglomeração e de densificação das interacções criativas e inovadoras;
- Estruturar a rede de Instituições de Ensino Superior, de I&D, Centros Tecnológicos e Áreas de Localização Empresarial tendo em vista consolidar pólos de competitividade articulados pelas novas condições de acessibilidade;
- Organizar o sistema de acessibilidades de forma a reforçar o papel dos pontos nodais e a valorizar o futuro serviço de comboio de alta velocidade na cidade do Porto, incluindo a ligação a Vigo, no sentido de aumentar o seu potencial na organização das cidades do Noroeste peninsular;
- Reforçar a rede ferroviária convencional que estrutura os actuais serviços "suburbanos" nas suas ligações quer à cidade do Porto a partir das sub-regiões envolventes com maiores problemas de mobilidade, quer das principais cidades da região entre si, no sentido de diminuir a pressão automóvel sobre os principais centros urbanos, e também como forma de potenciar a utilização do futuro eixo ferroviário norte-sul em altas prestações na fachada atlântica do Noroeste peninsular;
- Reforçar a cooperação transfronteiriça e transnacional, valorizando especializações, complementaridades e sinergias para o desenvolvimento de projectos de dimensão europeia;
- Valorizar o património cultural, em particular as sinergias resultantes dos valores culturais inscritos na Lista do Património Mundial (UNESCO): Centros Históricos do Porto e Guimarães, Alto Douro Vinhateiro, Sítios de Arte Rupestre do Vale do Côa;
- Proteger a paisagem e ordenar os espaços protegidos como um pilar fundamental de desenvolvimento, de sustentabilidade e de expansão da actividade turística;
- Preservar as condições de exploração das produções agro-pecuárias de qualidade;
- Desenvolver o *cluster* florestal, estruturando a rede de empresas e outras organizações que operam em actividades relacionadas com os recursos florestais e que se pretende que venham a constituir uma rede estratégica de base tecnológica;

130 Programa Nacional da Política de Ordenamento do Território

> • Assumir como prioridade estratégica a recuperação dos défices ambientais;
> • Garantir a concretização de reservas estratégicas de água, com especial incidência na Bacia Hidrográfica do Douro;
> • Explorar as potencialidades no domínio das energias renováveis, em particular de produção de energia eólica, e da eficiência energética;
> • Incentivar o aproveitamento de forma ambientalmente sustentável da riqueza em termos geológicos, nomeadamente rochas industriais e minérios metálicos.

Os espaços da Região

1. Região urbano-metropolitana do Noroeste

5. Utiliza-se esta designação para o espaço integrando as NUTS de Cávado, Ave, Grande Porto, Tâmega e Entre Douro e Vouga. Trata-se de um espaço caracterizado por uma forte dispersão de povoamento e uma industrialização difusa, concentrando 30% da população e 1/4 da economia do País. É a área de maior crescimento demográfico em todo o território nacional, apoiado num saldo natural ainda positivo. A dinâmica natural da população poderá permitir até 2020 um crescimento da população em idade activa eventualmente superior às necessidades do tecido económico.

6. Com efeito, a marcada orientação exportadora deste espaço, representando mais de 40% do valor dos produtos exportados, mas com uma estrutura de exportações onde dominam produtos de actividades de baixa intensidade tecnológica e com competitividade baseada no factor trabalho, implica que o crescimento da actividade industrial tenha de assentar em ganhos de produtividade, podendo no horizonte de 2020 haver uma diminuição significativa do emprego na indústria. No entanto, a indústria continuará a ter um peso significativo no crescimento destas áreas, em particular das NUTS do Ave e do Entre Douro e Vouga.

7. No período mais recente, o Norte litoral vem já evidenciando as dificuldades sentidas pelos sectores tradicionais, tendo crescimentos do PIB inferiores à média nacional a partir de 1994, comportamento de que são responsáveis as evoluções ocorridas nas NUTS do Grande Porto e do Ave.

8. Recentemente, os equipamentos, a electrónica, os moldes, o automóvel (componentes) e as actividades de informação e comunicação têm, nalguns casos com elevado dinamismo, contribuindo para uma imagem de maior diversificação da economia deste território.

As regiões: contexto e orientações estratégicas 131

9. Mas são reais as ameaças que pesam sobre os sectores tradicionais, podendo no imediato traduzir-se em situações muito difíceis em termos de mercado de trabalho. Este espaço regional irá estar sujeito uma acentuada instabilidade, com uma problemática tensão entre emprego e produtividade. No pior dos cenários económicos considerados é possível que a população diminua, embora o cenário demográfico de base aponte um crescimento para 3,1 milhões de habitantes em 2020.

10. Os serviços estão claramente subdesenvolvidos face ao peso económico e industrial deste território. A evolução recente dos serviços não vai no sentido da correcção deste défice. Este espaço do Norte litoral ocupa a segunda posição nacional em termos de equipamentos tecnológicos, infra-estruturas de investigação e espaços para acolhimento de actividades intensivas em conhecimento e tecnologia. As infra-estruturas de transportes aqui localizadas fazem desta área a segunda plataforma de internacionalização do País. Trata-se de uma forte concentração de actividades industriais muito expostas à concorrência internacional e base de operações industriais de alguns grupos globais. No entanto, isso não se traduz no equivalente grau de internacionalização das funções urbanas nem na projecção internacional da cidade do Porto.

11. As características da industrialização, em termos de processo produtivo e de lógica de industrialização difusa, colocam sérios problemas ambientais, agravados por uma estrutura de povoamento que não facilita a eficiência das soluções. Os défices de abastecimento de água e de saneamento de águas residuais são particularmente acentuados nas NUTS do Tâmega, Ave e Entre Douro e Vouga.

Programa Nacional da Política de Ordenamento do Território

**Região urbano-metropolitana do Noroeste
– Opções para o Desenvolvimento do Território**

- Reforçar o papel da metrópole Porto no sentido da sua afirmação como principal centro terciário do Noroeste peninsular, desenvolvendo as acessibilidades, as funções aeroportuárias, portuárias e de plataforma logística intermodal e as funções ligadas à ciência e à cultura, explorando o potencial das novas tecnologias e qualificando os serviços urbanos em geral;
- Ordenar o território e estruturar o policentrismo, criando âncoras para o desenvolvimento de um terciário avançado, dando prioridade, para além da afirmação da metrópole Porto, ao reforço e organização do triângulo Braga-Guimarães-Vila Nova de Famalicão e apoiando a emergência de sistemas urbanos sub-regionais, em especial nas áreas mais críticas para a estruturação do território;
- Reordenar e qualificar os espaços industriais para a transformação das estruturas empresariais, apostando em espaços de qualidade e em relações de proximidade e forte interacção, o que implica uma ruptura com o modelo actual de unidades dispersas e estruturas industriais locais fortemente especializadas;
- Consolidar uma rede de espaços qualificados de acolhimento de actividades inovadoras e de base tecnológica;
- Criar redes de cooperação inter-urbana capazes de promoverem a reorganização espacial dos serviços não mercantis, de forma a permitir ganhos de eficácia (escala, especialização, multifuncionalidade) e de qualidade;
- Organizar o sistema territorial de mobilidades, de modo a reforçar polarizações urbanas e a estruturar sistemas urbanos sub-regionais, e conciliar o serviço público de transporte rodo e ferroviário com a racionalização do uso do automóvel;
- Qualificar as periferias da AMP, ordenar a implantação de equipamentos e infra-estruturas de referência e promover a operacionalização das redes necessárias à superação dos défices ambientais;
- Controlar os impactes ambientais da urbanização difusa e dos previsíveis processos de abandono de algumas instalações industriais, através da valorização do património e dos espaços públicos.

---

2. Douro e Alto Trás-os-Montes

12. Espaço em despovoamento, com perdas (as maiores do País) de população que acumulam valores negativos no crescimento natural e nos saldos migratórios. A perda global de população é acompanhada por um

As regiões: contexto e orientações estratégicas 133

processo de concentração urbana. Os principais centros urbanos tiveram crescimentos populacionais elevados, contribuindo para reduzir o declínio da região. O despovoamento foi particularmente intenso nos espaços rurais.

13. Estas duas NUTS encontram-se entre as posições mais baixas em termos de PIB *per capita*. A evolução de longo prazo tem sido para uma perda continuada de peso na economia do País, não representando no conjunto mais de 2,7% do PIB nacional.

14. Apesar de uma redução nos últimos 20 anos paralela à média nacional, o emprego no sector primário tem ainda um peso entre três e quatro vezes superior à média do País. Há grandes manchas de agricultura potencialmente competitiva (vinho, azeite, pomares). No Douro e Trás-os-Montes tem vindo a ser feito um esforço bem sucedido de qualificação dos vinhos. É, ainda, uma zona importante na produção de azeite e frutos, identificando-se investimentos relevantes na produção de castanha e na valorização da cereja e de outros frutos.

15. A economia do Douro e Trás-os-Montes tem uma grande dependência dos serviços colectivos e da administração pública. O recente dinamismo da actividade turística evidencia a importância de uma aposta forte neste domínio, que valorize os recursos do património natural e cultural.

16. O cenário demográfico de base aponta para que continue a perda de população, podendo registar-se até 2020 uma redução de cerca de 20% em relação aos actuais 445 mil habitantes. Este declínio é incompatível com crescimento económico, apontando os cenários de baixa expansão do PIB para que a população não desça muito abaixo dos 430 mil habitantes, o que coloca a questão da capacidade deste território atrair e fixar população em idade activa.

17. Os cenários de desenvolvimento económico apontam para que a agricultura, a silvicultura e a pecuária, embora com ligeira perda, mantenham um peso decisivo na estrutura económica da região. A indústria transformadora terá um peso diminuto no crescimento do VAB, devendo-se essa contribuição sobretudo às indústrias alimentares. Para além da valorização das potencialidades agro-pecuárias, as apostas centrais de desenvolvimento terão de focalizar-se no turismo e na dinamização desencadeada por esta actividade nos restantes serviços.

134 *Programa Nacional da Política de Ordenamento do Território*

Douro e Alto Trás-os-Montes
– Opções para o Desenvolvimento do Território

- Inserir este território nas grandes redes de transportes internacionais, concluindo os principais IP que servem a região, com especial relevância para a ligação do IP4 à rede Europeia de Auto-estradas através de Zamora e do IP3 à Autovia das Rias Baixas através de Chaves;
- Desenvolver o *cluster* do turismo, explorando as múltiplas potencialidades existentes: património mundial (Douro Vinhateiro e Arte Rupestre em Foz Côa), rio Douro, quintas, solares, paisagens, identidade cultural das aldeias e pequenas cidades, termalismo, produtos de qualidade;
- Reforçar o sistema urbano, potenciando os eixos ao longo do IP3 (Lamego--Régua, Vila Real e Chaves) e ao longo do IP4 (Vila Real-Mirandela--Bragança), incluindo centralidades potenciais num quadro de cooperação intermunicipal e de qualificação das cidades;
- Reforçar a cooperação transfronteiriça, promovendo a cooperação inter--urbana para liderar projectos de valorização do território transfronteiriço e de exploração dos mercados de proximidade;
- Proteger os produtos regionais de qualidade, preservando os territórios e o quadro ambiental da sua produção, nomeadamente o Vinho do Porto, produto único com marca de prestígio mundial;
- Organizar uma rede de centros de excelência em espaço rural, notáveis pela qualidade do ambiente e do património, pela genuinidade e qualidade dos seus produtos, pela sustentabilidade de práticas de produção e pelo nível dos serviços acessíveis à população;
- Acelerar os planos de ordenamento das áreas protegidas, transformando-as em elementos estratégicos de desenvolvimento territorial;
- Assegurar a sustentabilidade dos serviços colectivos e de administração numa óptica de equidade social e de combate ao despovoamento, reforçando a dimensão funcional dos principais aglomerados numa perspectiva de especialização, complementaridade e cooperação.

---

3. Minho-Lima

18. Espaço intermédio entre a "região urbano-metropolitana do noroeste" e a Galiza, o Minho-Lima apresenta, num contexto de diversidade interna, uma densidade populacional ligeiramente mais alta do que a média do País, mas sensivelmente abaixo dos outros espaços do Noroeste. E, também ao contrário destes espaços, atingiu já uma situação de saldos

As regiões: contexto e orientações estratégicas 135

fisiológicos negativos que, na década de 90, ainda conseguiu compensar através de um saldo migratório positivo. Mas a população desta área decresceu de 1981 para 2001, embora tendo estabilizado na última década. O Minho-Lima representa apenas 2,4% da população residente em Portugal. A dinâmica demográfica conduzirá, na ausência de movimentos imigratórios, a uma diminuição da população em idade activa. A qualificação da mão-de-obra é ligeiramente inferior à média nacional, tendo o índice relativo das qualificações progredido durante a década de 90.

19. A "base económica" assenta nas indústrias de material de transporte (*cluster* automóvel e construção naval, incluindo náutica de recreio), de equipamentos eléctricos e electrónicos, do papel e cartão e alimentares, com alguma presença do têxtil e vestuário.

20. Depois de um período de alguns ganhos de posição, a tendência após 1995 foi para uma perda de peso relativo no VAB nacional. Representando apenas 1,5% do PIB do País, esta área encontra-se entre as NUTS III com mais baixo PIB *per capita*.

21. O peso dos activos no sector primário é mais do dobro da média nacional, mas a contribuição deste sector para o VAB regional não chega a atingir 4%. A evolução do VAB do sectores secundário e terciário foi, entre 1995 e 2001, inferior à média. A situação de região de transição e o "efeito sombra" do Porto não permitiram grandes ganhos no sector dos serviços, encontrando-se este sector subdesenvolvido quando se compara o produto do sector terciário com o volume da população regional. Viana do Castelo teve um crescimento modesto face ao que se verificou noutras áreas urbanas do Norte Litoral.

22. A localização privilegiada no eixo Porto-Vigo-La Coruña pode tornar esta área uma localização vantajosa para actividades industriais (sobretudo de segmentos dos sectores de máquinas e material de transporte) articuladas com os *clusters* do Norte litoral e da Galiza, bem como para a implantação de actividades de comércio e turismo. Nesta perspectiva, a cooperação transfronteiriça será uma dimensão fundamental das estratégias de desenvolvimento territorial.

23. Assim, e apesar do "efeito sombra" de Porto e de Vigo, esta área poderá recuperar parte do défice actual de dotação de serviços, para o que será fundamental a dinâmica urbana, sobretudo de Viana do Castelo e dos centros de fronteira.

24. O turismo é outro sector onde o Minho-Lima dispõe de grandes oportunidades. A paisagem, o ambiente, o património histórico e a cultura

Programa Nacional da Política de Ordenamento do Território

são elementos que poderão suportar um nicho turístico de elevada qualidade.

25. O Minho-Lima confronta-se ainda com níveis de atendimento relativamente baixos em matéria ambiental, principalmente no domínio do tratamento de águas residuais.

26. Os cenários construídos apontam para que o Minho-Lima cresça mais lentamente do que a economia nacional. O risco de a economia desta sub-região continuar fortemente dependente dos serviços não mercantis e da construção civil exige o reforço do papel da indústria e das actividades exportadoras. A população pode baixar de 250 mil habitantes para cerca de 230 mil. No melhor dos cenários económicos, haveria um ligeiro acréscimo da população residente.

Minho-Lima – Opções para o Desenvolvimento do Território

- Reforçar o papel de Viana do Castelo, e consolidar os sistemas urbanos polinucleares do Vale do Minho até Valença e do Vale do Lima até Ponte de Lima/Ponte da Barca;
- Explorar o novo quadro de acessibilidades de Viana do Castelo e valorizar a sua dimensão marítima nas componentes portuária (comercial e de recreio), da indústria naval, da pesca e da aquicultura;
- Assumir o carácter estratégico da cooperação transfronteiriça, dando-lhe tradução no modelo de organização do território, incluindo a integração do Caminho de Santiago português, e nas redes de infra-estruturas e equipamentos;
- Criar, num quadro de cooperação transfronteiriça, uma rede de espaços de qualidade de aglomeração de parques empresariais e tecnológicos que se insiram nos *clusters* do Norte litoral e da Galiza;
- Preservar as condições naturais de produção e a viabilidade das explorações de produtos agro-pecuários competitivos e do sistema agro-silvo-florestal de montanha;
- Superar os défices ambientais, com prioridade para as situações mais graves em termos de qualidade de vida e de diminuição das potencialidades de valorização turística dos territórios;
- Promover a consolidação e estabilização das actividades e usos nas áreas de montanha e a sua valorização ambiental e turística, com destaque para o PNPG – Parque Nacional da Peneda-Gerês;
- Desenvolver acções que explorem a localização privilegiada no eixo Porto--Vigo-La Coruña, em particular de reforço da capacidade de atracção de novas funções para os centros urbanos de fronteira.

Região Centro

O contexto estratégico

27. Ocupando 1/4 da superfície do País e abrangendo 17% da respectiva população, a Região Centro é um território muito diversificado do ponto de vista dos recursos naturais, da estrutura económica e da distribuição da população e apresenta um conjunto vasto de elementos estratégicos para o ordenamento do território nacional, dos quais se destacam:

1.º A posição geográfica estratégica nas ligações entre o Norte e o Sul e com a Europa, permitindo apostas inovadoras no aproveitamento das oportunidades que podem ser abertas por uma nova geografia de fluxos nos contextos nacional, ibérico e europeu;

2.º A elevada densidade de população, de centros urbanos e de actores empresariais nas unidades territoriais do litoral da região, onde emergem alguns *clusters* com forte potencial competitivo, permitindo afirmar estes espaços como estratégicos para a internacionalização da economia nacional;

3.º Uma rede urbana multipolar e estruturada em sistemas urbanos sub-regionais com potencial para sustentarem um desenvolvimento regional policêntrico, merecendo destaque, para além dos que estruturam o espaço litoral, os sistemas urbanos que constituem âncoras fundamentais do desenvolvimento do interior: o eixo urbano Guarda-Belmonte-Covilhã-Fundão-Castelo Branco e o sistema de Viseu que inclui Mangualde, Nelas, S. Pedro do Sul e Tondela, podendo ainda considerar-se o sistema formado por Oliveira do Hospital-Seia-Gouveia;

4.º O sistema científico-tecnológico, envolvendo um diversificado tecido institucional (Universidades, Institutos Politécnicos, Centros Tecnológicos, Laboratórios de Investigação, etc.) que tem vindo a consolidar o seu papel na dinamização das actividades económicas regionais;

5.º Os recursos hídricos, nos quais a Região Centro dispõe das principais reservas com origem exclusivamente nacional e que colocam os desafios do seu aproveitamento e da recuperação da sua qualidade;

6.º Os recursos florestais, que justificam a presença significativa de actividades do *cluster* floresta/papel mas que, afectados por problemas estruturais, de que se destacam os associados à estrutura da propriedade e à falta de planeamento e de gestão responsável e sustentável, estão na origem da ausência de investimentos na floresta e da catástrofe dos fogos florestais;

138   *Programa Nacional da Política de Ordenamento do Território*

7.º A paisagem e o património, que constituem recursos estratégicos pelas suas valias e singularidades.

28. Mas a Região Centro é também uma região com elevados riscos naturais, designadamente de incêndio e de erosão costeira, e das que regista níveis mais elevados de poluição dos recursos hídricos. A região possui passivos ambientais cuja abordagem integrada se impõe face aos riscos que representam, mas também face às potencialidades que os novos modelos de regeneração ambiental podem assumir para a revitalização da actividade económica.

29. A diversidade de recursos naturais e agro-florestais que caracteriza a região coexiste com duas realidades distintas mas que, em ambos os casos, revelam uma elevada pressão sobre os recursos. No litoral, o desenvolvimento urbano-industrial coexiste com uma agricultura e uma pecuária intensivas, com a consequente pressão sobre o uso do solo e sobre as principais bacias hidrográficas. No interior, o despovoamento de territórios rurais e o abandono da agricultura e da floresta têm contribuído para o aumento do risco de incêndio, enquanto nas áreas onde se concentra a actividade industrial ainda se registam elevados níveis de poluição dos recursos hídricos.

30. Estas duas realidades reflectem os diferentes modelos e intensidades com que o fenómeno urbano se tem manifestado nos vários espaços sub-regionais, desde a urbanização difusa do litoral, onde o fenómeno urbano ultrapassa largamente a cidade tradicional, à concentração urbana no interior convivendo com a rarefacção demográfica dos territórios envolventes.

31. Novas configurações urbanas resultaram quer da expansão da cidade tradicional quer dos fenómenos complexos de transformação urbana que ocorrem na faixa litoral. Os processos de conurbação nas zonas de urbanização difusa e o crescimento das cidades para as periferias misturaram diferentes funções e vocações de uso do solo, ao mesmo tempo que os centros históricos sofreram processos de abandono e degradação.

32. A desregulação das dinâmicas de transformação espacial resultou num desordenamento territorial que condiciona a qualidade de vida das populações e o desenvolvimento urbanístico e ambiental sustentável da região. Estes aspectos são particularmente visíveis nos elevados níveis de poluição da água e do ar que caracterizam as zonas urbano-industriais mais densas, na descaracterização da paisagem, na carência de espaços públicos

As regiões: contexto e orientações estratégicas 139

e na degradação dos núcleos históricos. Subsistem problemas relacionados com a origem e qualidade da água no abastecimento às populações. No saneamento básico registam-se ainda baixas taxas de cobertura nalguns concelhos, mas o problema fundamental reside no atraso da entrada em funcionamento dos sistemas de recolha e tratamento de águas residuais.

33. Com um PIB de cerca de 14% do PIB nacional, a região apresenta uma estrutura produtiva multivariada em que a existência de nichos de especialização de sectores mais avançados, quer ao nível da tecnologia (telecomunicações) quer dos serviços (*software*, saúde), convive com a predominância de sectores ditos tradicionais, cuja competitividade assenta em baixos salários e reduzidas qualificações da mão-de-obra.

Região Centro – Opções estratégicas territoriais

- Reforçar os factores de internacionalização da economia regional e a posição estratégica da região para a articulação do território nacional e deste com o espaço europeu;
- Promover o carácter policêntrico do sistema urbano, consolidando os sistemas urbanos sub-regionais que estruturam a região;
- Reforçar o potencial estruturante dos grandes eixos de comunicação, de forma a estimular complementaridades entre centros urbanos, em particular nas áreas do interior, e a assegurar as ligações intra – regionais relevantes para a coesão regional;
- Promover redes urbanas de proximidade que potenciem dinâmicas de inovação e suportem novos pólos regionais de competitividade, consolidando as dinâmicas dos *clusters* emergentes;
- Promover a coesão, nomeadamente dinamizando as pequenas aglomerações com protagonismo supra-local e estruturando o povoamento das áreas de baixa densidade;
- Promover o potencial turístico, dando projecção internacional ao património natural, cultural e paisagístico;
- Mobilizar o potencial agro-pecuário e valorizar os grandes empreendimentos hidroagrícolas da região;
- Valorizar os recursos hídricos e recuperar a qualidade da água, concluindo os projectos integrados de despoluição;
- Assumir como prioridade estratégica a protecção, valorização e gestão sustentável dos recursos florestais;
- Incentivar o aproveitamento de forma ambientalmente sustentável da riqueza em termos geológicos, nomeadamente rochas industriais e minérios metálicos;
- Explorar o potencial para a produção de energias renováveis;
- Proteger e valorizar o litoral e ordenar as dinâmicas urbanas nestas áreas;
- Ordenar os territórios urbanos e, em particular, qualificar as periferias das cidades e revitalizar os centros históricos;
- Ordenar a paisagem, salvaguardar as áreas agrícolas ou de valia ambiental da pressão do uso urbano /industrial e implementar estruturas ecológicas de âmbito regional e local;
- Ordenar as Áreas Protegidas, articulando níveis elevados de protecção dos valores naturais com o uso sustentável dos recursos, com benefícios económicos e sociais para a população residente.

Os espaços da Região

1. Centro Litoral

34. A coerência deste espaço resulta de uma forte presença industrial, incluindo indústrias como a cerâmica e vidro, automóvel, metalomecânica ligeira, moldes e plástico, madeira e papel, e química (complexo de Estarreja).

35. Afirmando-se como um eixo de grande dinamismo industrial – entre Leiria e Aveiro e estendendo-se para o interior em direcção a Viseu e espaços envolventes – e com um crescimento económico a longo prazo (1988-2003) superior à média do País, este espaço representa cerca de 9% do PIB nacional (para 9,4% da população e 6,1% da área), cerca de 13% do valor dos produtos exportados e uma quota de exportações em crescimento.

36. Um dos grandes problemas do Centro Litoral reside no insuficiente desenvolvimento dos serviços. No período mais recente algumas unidades empresariais têm-se afirmado em domínios inovadores e intensivos em conhecimento (com maior incidência em Coimbra e Aveiro), permitindo perspectivar uma base de excelência em domínios como as telecomunicações, a produção de soluções informáticas, as tecnologias da saúde e o desenvolvimento de novos produtos e de novos materiais. As instituições de ensino superior e institutos e centros de investigação e desenvolvimento tecnológico vêm dinamizando a investigação e actividades de ligação ao tecido empresarial. No entanto, o dinamismo de um segmento, ainda frágil, de serviços avançados não foi suficiente para que o VAB terciário crescesse mais rapidamente do que a média nacional.

37. Os cenários construídos apontam para um reforço do peso desta área no VAB industrial do País, podendo esse peso vir a atingir uma percentagem de 16% em 2020. Mas o crescimento industrial terá de basear-se de ganhos elevados de produtividade, sendo de admitir que no horizonte de 2020 se venha a registar uma diminuição significativa do emprego na indústria transformadora. A posição intermédia entre as áreas metropolitanas de Lisboa e do Porto poderá não facilitar, sem políticas activas, o desenvolvimento e a sofisticação dos serviços.

38. O emprego poderá no horizonte de 2020 sofrer ligeiras alterações, positivas ou negativas, implicando, em qualquer caso, face a uma dinâmica natural negativa, um défice de população em idade activa (entre as 27 mil e as 60 mil pessoas) que terá de ser compensado pelo afluxo de

migrantes. A população poderá estabilizar nos 975 mil habitantes (no pior cenário) ou crescer para 1020 mil.

Centro Litoral
– Opções para o Desenvolvimento do Território

- Reforçar as dinâmicas industriais que valorizem competências em sectores de alto valor acrescentado e susceptíveis de elevados ganhos de produtividade;
- Valorizar o novo quadro de acessibilidades resultantes dos investimentos na construção, melhoramento ou conclusão de infra-estruturas de transporte e logística, nomeadamente relacionados com o comboio de alta velocidade, os portos da Figueira da Foz e Aveiro (incluindo a plataforma logística em Cacia) e a A17;
- Promover a estrutura policêntrica dos sistemas urbanos do litoral, reforçando os eixos urbanos centrados em Leiria-Marinha Grande e Coimbra-Figueira da Foz e a constelação urbana de Aveiro;
- Promover a cooperação interurbana de proximidade para criar a escala e a integração funcional necessárias ao desenvolvimento e sofisticação dos serviços e valorizar o novo quadro de acessibilidades para concorrer com as actividades terciárias instaladas em Lisboa e Porto;
- Fomentar o desenvolvimento do eixo de ensino, ciência e inovação tecnológica de Aveiro-Coimbra-Leiria como elemento fundamental para sustentar dinâmicas de competitividade e inovação territorial;
- Valorizar os grandes projectos hidroagrícolas do Baixo Mondego, Baixo Vouga e do Liz e promover o desenvolvimento do *cluster* horticultura de acordo com os princípios de bom ordenamento e de preservação dos recursos naturais;
- Compatibilizar o modelo de urbanização e de industrialização difusas com a preservação e valorização do potencial de desenvolvimento das actividades agro-pecuárias, dos sectores da pesca e da aquicultura e do turismo e com a salvaguarda dos valores ambientais, patrimoniais e paisagísticos;
- Favorecer o reordenamento industrial, sobretudo nas áreas do Pinhal Litoral e do Baixo Vouga, no sentido de criar espaços de localização empresarial que contribuam para o reforço da estrutura policêntrica do sistema urbano e que promovam factores potenciadores da inovação e do desenvolvimento tecnológico;
- Promover a valorização integrada dos recursos do litoral e gerir a pressão urbano-turística na zona costeira, de forma a assegurar a exploração sustentável dos recursos naturais, a qualificação da paisagem e a adequada prevenção dos riscos;
- Valorizar os recursos hídricos e concluir os projectos de despoluição integrada das bacias do Liz, do Mondego e do Vouga e ainda da Ria de Aveiro.

As regiões: contexto e orientações estratégicas

2. Dão-Lafões

39. Viseu é a aglomeração estruturante deste território e, embora inserida num espaço de muito fraca dinâmica demográfica, faz parte do conjunto das áreas urbanas que na década de 90 apresentaram os mais elevados crescimentos populacionais. A capacidade de Viseu estruturar uma aglomeração urbana alargada (Mangualde, S. Pedro do Sul, Tondela, Nelas) será determinante para a dinâmica de desenvolvimento desta área.

40. Dão-Lafões tem vindo a revelar uma tendência de reforço do seu peso na economia nacional, mas não ultrapassa os 1,7% do PIB (para 2,8% da população e 3,8% de área) e encontra-se entre as 6 NUTS III de mais baixo PIB *per capita* (63% da média nacional). A agricultura apresenta uma grande fragilidade competitiva e o peso ainda significativo do sector secundário deve-se em grande parte à dimensão relativa da construção civil. Recentemente, este território revelou algum dinamismo nas indústrias de componentes para automóveis e de máquinas, equipamentos e produtos metálicos, com instalação de unidades ligadas a capitais estrangeiros, e das madeiras.

41. Os cenários de crescimento económico apontam para um problema de suporte à base económica deste território. No horizonte 2020, a indústria representará apenas uma pequena parcela do crescimento, que será, deste modo, essencialmente terciário. No entanto, o crescimento do sector terciário, sobretudo na sua componente mercantil, poderá não ser viável sem uma maior capacidade exportadora da indústria, sem o desenvolvimento de serviços com procura extra-regional (turismo, serviços empresariais) ou sem a expansão de serviços financiados a partir do exterior (serviços sociais de financiamento público, ensino superior).

42. O reforço do peso de Dão-Lafões na economia nacional, para que apontam as dinâmicas da última década, exige uma boa articulação de medidas de suporte ao crescimento dos serviços com políticas dirigidas ao reforço da base industrial. A população total continuará a diminuir, excepto nos cenários económicos mais optimistas, em que poderá haver um ligeiro crescimento. O cenário demográfico de base aponta para uma perda de 10% da população entre 2001 e 2020.

144 *Programa Nacional da Política de Ordenamento do Território*

Dão-Lafões – Opções para o Desenvolvimento do Território

- Sustentar o dinamismo de Viseu, reforçando a sua articulação com as cidades do Centro Litoral, e valorizar o seu papel estratégico para a estruturação de um eixo de desenvolvimento que se prolongue para o interior até à Guarda;
- Reforçar a dinâmica industrial do sistema urbano sub-regional, de forma a suportar a base económica do "território de Viseu";
- Assegurar que a aposta de Viseu no ensino superior conduz à exploração de sinergias entre as suas várias componentes (universitário, politécnico, público e privado) para estimular um ambiente favorável à investigação e ao empreendedorismo e para desenvolver infra-estruturas de suporte a actividades intensivas em conhecimento e tecnologia, em articulação com as Universidades do litoral e das regiões fronteiriças de Espanha;
- Explorar a posição estratégica de Viseu na rede de transportes nacional e transeuropeia;
- Preservar as condições de genuinidade dos produtos regionais de qualidade e reforçar a sua projecção e imagem nos mercados nacionais e internacionais;
- Fomentar o turismo através da criação de um produto turístico sub-regional que combine o potencial existente nas múltiplas vertentes: cultura e património, natureza e paisagem, turismo activo, termalismo e turismo de saúde, enoturismo, gastronomia;
- Estruturar o sistema urbano sub-regional, apostando na especialização e na complementaridade de equipamentos, infra-estruturas e funções urbanas, suportadas por soluções eficientes e inovadoras de mobilidade.

---

3. Beira Interior

43. Incluem-se nesta sub-região as unidades territoriais da Beira Interior Norte, Cova da Beira, Serra da Estrela e Beira Interior Sul. Tratam-se de espaços com níveis de desenvolvimento muito inferiores à média nacional, em forte perda demográfica (à excepção de alguns concelhos localizados nos principais eixos de comunicação) e com estruturas demográficas muito envelhecidas.

44. Este espaço representa apenas 2,3% do PIB nacional (3,1 % da população e 11 % da área) na sequência de uma continuada perda de peso relativo que, apesar de parecer ter estabilizado a partir de 1998, irá continuar a verificar-se de acordo com todos os cenários trabalhados. Segundo esses cenários, o emprego irá diminuir. Mas, apesar disso, poderá verifi-

As regiões: contexto e orientações estratégicas 145

car-se um défice de activos, implicando a necessidade de um afluxo líquido de migrantes em idade activa. Os cenários demográficos apontam para que este espaço perca cerca de 50.000 habitantes (15%) entre 2001 e 2020. Mesmo os cenários económicos mais favoráveis são coerentes com a perda de população.

45. Trata-se, por outro lado, de uma sub-região com um vasto, diversificado e qualificado património cultural e ambiental gerador de fluxos turísticos que pela sua dimensão assumem um impacto significativo na economia. A paisagem, a natureza e a neve, em que o pólo aglutinador é o Parque Natural da Serra da Estrela, e o património histórico-cultural cuja expressão mais marcante é o Vale do Côa (património da humanidade) e a Rede das Aldeias Históricas de Portugal justificam que se implemente um programa de desenvolvimento turístico integrado que valorize a imagem e a identidade sub-regionais.

46. Estão em curso mudanças importantes das acessibilidades que alteram profundamente a inserção nacional deste território. A A23 e a modernização da linha da Beira Baixa estabelecem uma orientação preferencial de fluxos em direcção a Lisboa, ao mesmo tempo que a transformação do IP5 em auto-estrada vem complementar a modernização da linha da Beira Alta, favorecendo as ligações da parte norte ao Centro Litoral e à Área Metropolitana do Porto. Este novo quadro de acessibilidades está já a influenciar as opções estratégicas. Na Guarda encontra-se em adiantada fase de projecto uma plataforma logística que pretende explorar o novo posicionamento da cidade. Com efeito, na Guarda confluem dois eixos de desenvolvimento (o eixo Guarda-Belmonte-Covilhã--Fundão-Castelo Branco e o eixo Viseu-Mangualde-Celorico da Beira-Guarda) que importa dinamizar e cujo impacte se revela já no comportamento demográfico recente de concelhos como a Guarda e a Covilhã ou Celorico da Beira, Fundão e Belmonte.

Beira Interior
– Opções para o Desenvolvimento do Território

- Explorar o potencial do eixo urbano estruturado pela A23 (Guarda-Covilhã-Castelo Branco), traduzindo-o num conceito de desenvolvimento policêntrico valorizador de sinergias e complementaridades num quadro estruturado de cooperação inter-urbana;
- Explorar a posição estratégica da Guarda nos eixos rodo e ferroviários para o desenvolvimento de serviços logísticos e para a localização empresarial;
- Apoiar as apostas da Covilhã de articular o pólo universitário com um pólo de localização de actividades mais intensivas em tecnologia e conhecimento;
- Reforçar o papel de Castelo Branco na articulação com o Médio Tejo e com as regiões de Espanha, criando condições para sedear actividades orientadas para os mercados do litoral e do interior da Península;
- Assumir uma estratégia comum de afirmação territorial e de aprofundamento da cooperação transfronteiriça e de exploração das oportunidades decorrentes da ligação a Espanha;
- Suportar o dinamismo emergente nas pequenas vilas melhor posicionadas relativamente aos eixos de comunicação e favorecer a sua articulação com as principais cidades;
- Promover o turismo, nomeadamente nas áreas de maior valia patrimonial ou ambiental: aldeias históricas, Serra da Estrela, Vale do Côa/Vale do Douro;
- Valorizar os projectos de regadio da Cova da Beira e da Idanha;
- Valorizar os recursos hídricos e recuperar a qualidade da água, concluindo os projectos integrados de despoluição, em particular, nas bacias do Mondego e do Zêzere;
- Organizar a rede de equipamentos de âmbito supra-municipal numa lógica de complementaridade, especialização e funcionamento concertado;
- Implementar soluções inovadoras de transporte público nas áreas rurais;
- Preservar a qualidade da paisagem e prevenir os fogos florestais.

4. Pinhal Interior

47. As unidades territoriais do Pinhal Interior Norte e do Pinhal Interior Sul correspondem a um espaço interior e marginal aos grandes eixos de comunicação de âmbito nacional e europeu e, por isso, são-lhe exteriores as principais forças da sua estruturação. O Pinhal Interior Norte

As regiões: contexto e orientações estratégicas   147

tende a inserir-se nas lógicas de desenvolvimento polarizadas por Leiria/ /Pombal, Coimbra e também por Viseu nos concelhos mais a norte. O Pinhal Interior Sul é atraído por Castelo Branco e pelos centros urbanos do Médio Tejo, o que tenderá a acentuar-se com o traçado da A23.

48. No conjunto, estas duas unidades territoriais representam 5% do território, 1,8% da população e 1% do PIB do País. Tendo sofrido um rápido declínio da população, encontram-se hoje fortemente desvitalizadas, apresentando saldos fisiológicos altamente negativos que apenas o Pinhal Interior Norte consegue equilibrar parcialmente com um saldo migratório positivo por efeito dos ganhos conseguidos na parte inserida na área de influência de Coimbra.

49. Trata-se de um dos espaços mais problemáticos do País em termos de perspectivas de desenvolvimento. Sem dimensão populacional, com uma base económica débil assente nos recursos florestais e sem estrutura urbana, as perspectivas são de continuação da perda de população (em 2020 o Pinhal Interior poderá apresentar pouco mais de 150 mil habitantes) e para a redução do seu contributo para a economia nacional. Os cenários analisados apontam para que em 2020 o Pinhal Interior possa representar bastante menos do que 1% do VAB nacional.

50. As acessibilidades são decisivas no desencravamento e na articulação deste espaço, revelando-se como fundamentais os eixos rodoviários de atravessamento, sobretudo os que possam contribuir para a sua estruturação urbana. Nesta perspectiva, destaca-se a importância da consolidação do eixo de pequenos centros (Figueiró dos Vinhos, Pedrógão Grande, Sertã e Proença-a-Nova) organizado em torno do IC 8 e que, embora incipiente, é fundamental para a estruturação da parte sul desta sub-região.

51. Neste contexto, sobressaem três grandes desafios:

– Valorização dos recursos do território, implicando a protecção contra o risco de incêndio, a valorização, o planeamento e a gestão sustentável dos recursos florestais e a valorização dos recursos naturais (paisagem, recursos hídricos, potencial de energia eólica e da biomassa);
– Garantia de qualidade de vida, assegurando níveis elevados de serviços às populações, associando soluções inovadoras quer na programação e gestão de equipamentos quer em matéria de acessibilidade, no quadro de uma estrutura de povoamento assente em pequenos aglomerados relativamente isolados;

– Estruturação das novas relações urbano-rurais, fazendo com que este espaço reforce articulações que lhe sejam favoráveis com o eixo Pombal/Leiria, Coimbra, Viseu, Castelo Branco e com os centros urbanos do Médio Tejo.

Pinhal Interior
– Opções para o Desenvolvimento do Território

- Gerir a o declínio da população e a baixa densidade de forma a garantir os mínimos de ocupação necessários à gestão sustentável do território;
- Implementar planos sectoriais de ordenamento florestal com capacidade para ultrapassar as limitações decorrentes da estrutura da propriedade e promover a gestão sustentável dos recursos, prevenindo o risco de incêndio, e a sua exploração integrada numa óptica empresarial;
- Reforçar as funções urbanas das sedes de concelho como centros organizadores do território, apostando em soluções inovadoras com recurso às novas tecnologias de informação e comunicação;
- Reforçar as articulações com as cidades de Leiria/Pombal, Coimbra, Viseu, Castelo Branco e com os centros urbanos do Médio Tejo, indo ao encontro das novas procuras urbanas, sobretudo nos domínios do turismo e do lazer;
- Assumir o papel que pode ter o uso residencial das estruturas de povoamento tradicionais, em particular das aldeias da serra, para manter a ocupação do espaço e para a dinamização económica;
- Valorizar o potencial para a produção de energias renováveis, sobretudo eólica e de biomassa;
- Valorizar os recursos hídricos e concluir os projectos de despoluição integrada, em particular da bacia do Zêzere;
- Estruturar a rede de equipamentos de âmbito supra-municipal numa lógica de complementaridade, especialização e funcionamento concertado;
- Prever soluções de mobilidade e acessibilidade que garantam a todos os grupos populacionais o acesso efectivo às funções urbanas.

Região de Lisboa e Vale do Tejo

O contexto estratégico

52. A Região de Lisboa e Vale do Tejo é a principal área económica do País – cerca de 1/8 do território concentra 1/3 da população e 45% do PIB – e o motor mais importante do desenvolvimento nacional. O modelo de povoamento e de urbanização da região é fortemente marcado pela formação, expansão e reorganização da Área Metropolitana de Lisboa, cujo papel estruturante extravasa os seus limites administrativos e se prolonga por espaços adjacentes, polarizando funcionalmente um vasto território que vai de Leiria a Évora e a Sines.

53. A esta região, em particular ao seu núcleo central (a AML), caberá o papel mais determinante na organização do território nacional, sendo particularmente relevantes os seguintes elementos estratégicos:

1.º A Área Metropolitana de Lisboa é uma das grandes aglomerações urbanas da Europa e, apesar da debilidade de funções supra-nacionais, surge bem posicionada nos *rankings* de âmbito europeu;

2.º As infra-estruturas de conectividade internacional, a natureza das actividades económicas, a concentração de infra-estruturas de conhecimento e a qualidade dos recursos humanos tornam esta região a principal plataforma de internacionalização do País e a melhor posicionada para a atracção e o desenvolvimento de funções supra-nacionais, permitindolhe aspirar a um papel acrescido na organização do território europeu;

3.º A Área Metropolitana de Lisboa dispõe de condições naturais singulares que lhe dão vantagem em termos de acessibilidade internacional e são importantes trunfos na atractividade internacional de actividades, eventos e fluxos turísticos;

4.º A região dispõe de um elevado potencial portuário e de acostagem, que abarca o transporte de mercadorias, o turismo, o recreio e lazer e o desporto náutico, com capacidade de marcação de posição em rotas mundiais;

5.º A futura rede ferroviária de alta velocidade irá aumentar o seu potencial de polarização e dinamização sobre o território nacional, em particular sobre a faixa costeira, enquanto a ligação a Madrid coloca o enorme desafio de desenvolver espaços de especialização que explorem sinergias e complementaridades entre as duas capitais ibéricas;

150   *Programa Nacional da Política de Ordenamento do Território*

6.º Estão em curso ou previstas importantes mudanças nos factores de estruturação interna da região, com destaque para a relocalização do aeroporto e para uma rede de acessibilidades que rompe com a lógica radial historicamente prevalecente, criando nós potenciadores de novas polarizações;

7.º A Área Metropolitana de Lisboa vai perder o estatuto de elegibilidade para o objectivo "convergência" dos fundos estruturais, originando forças "descentralizadoras" de investimentos, quer em infra-estruturas e equipamentos quer empresariais, para as áreas periféricas da AML;

8.º A desactivação de unidades da indústria pesada libertou espaços que podem exigir grandes investimentos de recuperação mas constituem, nalguns casos, excelentes oportunidades pela sua localização estratégica;

9.º O processo de crescimento urbano continua a apoiar-se predominantemente na construção de novas habitações e em expansões urbanas cuja acessibilidade é suportada pelo automóvel privado, implicando o prosseguimento da fragmentação da forma urbana, a invasão de solos rurais, problemas sérios de mobilidade, congestionamento e poluição e o abandono dos centros históricos;

10.º As estratégias concorrenciais de ocupação do solo têm gerado disfunções ambientais, comprometendo a qualidade e a sustentabilidade dos ecossistemas. As oportunidades de desenvolvimento turístico vêm fazendo surgir projectos imobiliários/turísticos que pressionam algumas áreas de grande valia ambiental e agrícola. O fácil acesso ao crédito animou processos de especulação imobiliária e de endividamento das famílias que, a prazo, terão efeitos nas opções residenciais e nas formas de ocupação e modos de uso do espaço urbano;

11.º A diversificação social e étnica tem sido acompanhada por uma lógica de crescente segregação espacial, demarcando-se as áreas dos estratos populacionais médio/alto dos bairros residenciais das populações de mais baixos rendimentos, processo agravado pelas políticas de habitação e traduzido em múltiplas situações de bairros problemáticos.

As regiões: contexto e orientações estratégicas

Região de Lisboa e Vale do Tejo
– Opções estratégicas territoriais

- Afirmar a região no contexto das grandes regiões capitais europeias e valorizar o seu potencial de interface entre a Europa e o Mundo;
- Modernizar e reforçar a competitividade das infra-estruturas de conectividade internacional marítimas e aeroportuárias;
- Inserir a região nas redes transeuropeias de alta velocidade ferroviária;
- Promover um sistema de mobilidade e transportes mais eficaz, eficiente e sustentável;
- Ordenar as actividades logísticas, dando adequada resposta aos projectos privados, e promover dois grandes centros logísticos que valorizem as capacidades do novo aeroporto, dos portos e do caminho-de-ferro (zonas Carregado/ /Azambuja e Poceirão/Pegões/Marateca);
- Criar uma rede de espaços para instalação de serviços avançados e actividades de I&D que contribuam para a afirmação da região como uma plataforma de serviços internacionais;
- Reabilitar os espaços industriais abandonados, com projectos de referência internacional nos de maior valia em termos de localização, em particular nos que permitam valorizar as qualidades cénicas do Tejo;
- Afirmar a região como destino turístico internacional, criando e qualificando as redes de equipamentos de iniciativa pública e reunindo as condições, em particular a nível do planeamento do território, para a concretização dos projectos privados de qualidade;
- Preservar o potencial agro-pecuário e a competitividade da agricultura e das explorações agrícolas;
- Requalificar os estuários do Tejo e Sado e as frentes ribeirinhas urbanas e proteger a orla costeira;
- Proteger os espaços naturais de modo compatível com as suas aptidões para recreio e lazer e as áreas agrícolas e florestais relevantes para a sustentabilidade ecológica da região;
- Promover um modelo territorial que integre as centralidades intra-metropolitanas, dê coerência a sistemas urbanos sub-regionais e valorize a concentração do desenvolvimento urbano à volta dos nós e terminais do sistema de transportes públicos;
- Construir os sistemas ambientais que colmatem os défices existentes, nomeadamente nos domínios dos efluentes e dos resíduos sólidos;
- Promover novas formas de governância territorial assentes na cooperação interinstitucional, na concertação de políticas e na capacitação dos actores regionais, tendo em conta o novo patamar de exigência decorrente do estatuto, face aos fundos estruturais comunitários, de região "competitividade" e já não de "convergência".

Os espaços da Região

1. Área Metropolitana de Lisboa

54. A Área Metropolitana de Lisboa (NUTS da Grande Lisboa e Península de Setúbal) é o núcleo de uma região metropolitana que, em termos funcionais, se estende, a norte, pelo Oeste, pela Lezíria e pelo Médio Tejo e se prolonga para leste e para sul, respectivamente, até Évora no Alentejo Central e até Sines no Alentejo Litoral.

55. Concentrando 25% da população residente e quase 40% da economia em menos de 3% da superfície, a AML é a grande concentração de capital e de factores de desenvolvimento do País. A Área Metropolitana de Lisboa é responsável por cerca de 30% das exportações nacionais, embora com forte dependência de uma única empresa, por mais de metade das exportações de bens cuja competitividade depende de fortes economias de escala e por 45% das exportações dos bens com competitividade baseada no conhecimento.

56. Após um período de crescimento mais lento do que a média nacional – período de reconversão ou abandono do seu tecido industrial – regista-se, a partir de 1995, um progressivo aumento do peso desta região no PIB nacional. Os cenários trabalhados até 2020 apontam para a continuação do reforço, nuns casos ligeiro noutros mais significativo, do peso desta área na economia do País. Na Grande Lisboa o crescimento será essencialmente terciário, maioritariamente da responsabilidade dos serviços comercializáveis (imobiliário, serviços às empresas, transportes e logística, serviços financeiros, comércio, alojamento e restauração). Na Península de Setúbal a indústria transformadora continuará a ter um papel relevante no crescimento económico.

57. Estas perspectivas prolongam as dinâmicas recentes, com destaque para:

a) O aprofundamento da terciarização e uma forte penetração do capital estrangeiro nos diversos domínios de actividade económica, com os grupos internacionais a escolherem (a área de) Lisboa como base das suas operações em território nacional;

b) Uma dinâmica de produtividade assente em processos de crescimento diferenciado dos diversos segmentos produtivos, implicando que ganhos relativos de peso em termos de produção pudessem ser acompanhados por uma diminuição relativa do peso em termos de emprego formal (por conta de outrem);

c) Uma forte polarização das actividades de I&D, em resultado da dotação de infra-estruturas tecnológicas de âmbito nacional e internacional e de uma estrutura empresarial mais favorável à inovação e ao desenvolvimento tecnológico;

d) Um desenvolvimento e qualificação das actividades turísticas, dinamizados pela nova inserção da região no contexto europeu e pela realização de grandes eventos de dimensão internacional, o que se traduziu em ganhos de posição da região na actividade turística nacional;

e) Uma dinâmica acentuada da construção civil, resultante da concretização de grandes infra-estruturas e projectos urbanos e de um mercado de habitação funcionando como principal aplicação das poupanças dos particulares.

58. Estas transformações não têm sido acompanhadas por mudanças significativas em termos da projecção internacional, continuando a verificar-se que no sector terciário, com poucas excepções, a presença de grupos internacionais acontece em função do mercado nacional e não na perspectiva de fazer da região uma base de operações para um mercado mais vasto. A posição relativa de Lisboa na percepção internacional como área para a localização de negócios parece não se ter alterado significativamente desde 1990, andando à volta da 15ª posição entre as cidades europeias (8ª posição entre as cidades capitais).

59. Em termos de modelo territorial, as dinâmicas recentes apontam para as seguintes tendências:

a) Evolução no sentido da fragmentação, cujos principais factores são as novas infra-estruturas rodoviárias, o incremento significativo da mobilidade assente no transporte individual e as tendências de deslocalização centrífuga de empresas;

b) Reestruturação do eixo Lisboa-Vila Franca de Xira-Carregado como corredor relevante para as actividades logísticas;

c) Localização de novas funções – escritórios, superfícies comerciais e actividades de ciência, tecnologia e inovação – no triângulo Lisboa-Sintra-Cascais;

d) Reestruturação do Arco Ribeirinho (margem Sul) por via da emergência de centralidades apoiadas nas novas acessibilidades e nalguns projectos de infra-estruturação e de renovação urbana;

e) Consolidação do eixo Lisboa – Palmela - Setúbal, apoiado na nova acessibilidade ferroviária e na relevância do *cluster* automóvel.

60. A AML é também a grande concentração nacional dos problemas urbanos. A mobilidade sustentável, a coesão social e a integração das minorias, a habitação, a qualificação e inserção urbana dos bairros críticos, a revitalização dos centros históricos, a recuperação dos espaços industriais obsoletos, a prevenção dos riscos, a protecção do património natural e a preservação da qualidade ambiental são problemas que nesta área se colocam com uma intensidade particular, condicionando a qualidade de vida e a competitividade do principal espaço de inserção internacional do País.

As regiões: contexto e orientações estratégicas 155

Área Metropolitana de Lisboa
– Opções para o Desenvolvimento do Território

- Assumir o carácter estratégico da AML para a inserção internacional do País, com tradução em políticas ambiciosas de qualificação das infra-estruturas, equipamentos, serviços, espaço público e ambiente;
- Desenvolver equipamentos e serviços de suporte à diversificação das relações internacionais, em particular com a África, a Ásia e as Américas;
- Desenvolver, qualificar e organizar em rede os espaços vocacionados para a instalação de actividades baseadas no conhecimento e intensivas em tecnologia;
- Ordenar o território em articulação estreita com um plano de mobilidade e transportes à escala da AML, no qual a Autoridade Metropolitana de Transportes deverá ter um papel central, de modo a potenciar novas centralidades, combater o crescimento urbano extensivo, reduzir a dependência do transporte individual e promover a mobilidade sustentável;
- Promover o desenvolvimento urbano mais compacto, contrariar a fragmentação da forma urbana e estruturar e qualificar os eixos de expansão (Lisboa-Cascais, Lisboa-Sintra, Lisboa-Carregado, Lisboa-Palmela-Setúbal e Arco Ribeirinho);
- Promover os estudos e projectos necessários à implementação da Nova Travessia do Tejo em Lisboa, prevendo, ainda que com horizontes temporais diversos, as componentes ferroviária e rodoviária do Tejo e completar as infra-estruturas rodoviárias circulares, criando eixos que articulem as nucleações periféricas com maior dinamismo;
- Qualificar os subúrbios, contrariar a segregação espacial urbana e promover a inserção urbana das áreas críticas;
- Revitalizar os centros históricos, reabilitando o património edificado, recuperando as funções residenciais e revitalizando as funções urbanas;
- Recuperar as áreas de habitação degradada, com intervenções qualificantes sobre os edifícios, o espaço público e os equipamentos;
- Proteger as frentes ribeirinhas e a zona costeira e desenvolver um programa coerente de qualificação que valorize o seu potencial como espaços de recreio e lazer e de suporte a actividades do *cluster* turismo;
- Valorizar os recursos paisagísticos e ambientais, com relevo para os estuários e os Parques Naturais, e estruturar os espaços de maior aptidão para o desenvolvimento das indústrias de ócio e lazer;
- Desenvolver programas integrados de renovação dos espaços industriais abandonados, com soluções que criem novas centralidades e referências no espaço urbano;
- Implementar a Rede Ecológica Metropolitana e garantir uma gestão integrada dos corredores ecológicos;
- Desenvolver estruturas de cooperação intermunicipal e mecanismos de participação das populações em matéria de ordenamento do território.
- Promover estruturas de âmbito metropolitano para a gestão de actividades em rede, melhorando a governabilidade da Área Metropolitana de Lisboa.

156 *Programa Nacional da Política de Ordenamento do Território*

2. Oeste e Vale do Tejo

61. Este espaço é constituído pelas NUTS do Oeste, Lezíria do Tejo e Médio Tejo, que terão na relação com a AML o principal elemento determinante do seu desenvolvimento.

62. O Oeste e a Lezíria estão plenamente integrados nas lógicas de estruturação funcional da região metropolitana de Lisboa, participando nos diversos processos de reestruturação interna, e constituem a área de expansão natural da AML e alternativas crescentes de localização metropolitana de infra-estruturas, equipamentos e actividades. O traçado das vias de comunicação, as opções de localização do novo aeroporto e de grandes infra-estruturas logísticas e as opções residenciais das famílias reforçam a integração na grande região funcional de Lisboa, condicionando os processos de desenvolvimento e de ordenamento destes territórios. Um estatuto mais vantajoso do que o da AML no que respeita ao acesso aos fundos estruturais comunitários irá acentuar as tendências de localização nestas áreas, principalmente nos concelhos mais próximos de Lisboa, de actividades económicas e infraestruturas.

63. No entanto, em ambos os territórios a actividade industrial está fortemente ligada à exploração de recursos naturais: agro-indústrias, sobretudo na Lezíria, cerâmicas e vidro no Oeste. No Oeste registam-se algumas indústrias mecânicas e na Lezíria, nos concelhos periféricos à AML, localizam-se algumas unidades inseridas no *cluster* automóvel. Os cenários trabalhados apontam para que a indústria continue a ser relevante no crescimento destas sub-regiões.

64. O Médio Tejo é um espaço de transição entre o Ribatejo e a zona do Pinhal e entre o litoral e o interior, e tem no património natural e na sua posição geográfica duas importantes âncoras de desenvolvimento. É um espaço estratégico para o abastecimento de água à região de Lisboa, a partir do Zêzere e da Albufeira de Castelo do Bode. O Tejo, o Zêzere e o Nabão evidenciam a importância desta sub-região para a gestão dos recursos hídricos nacionais. As disponibilidades de água foram determinantes para a sua base industrial e é na grave poluição de alguns cursos de água que se colocam os mais sérios problemas ambientais.

65. Economicamente, o Médio Tejo tem uma clara especialização industrial assente no *cluster* madeira/papel (aglomerado de madeira e papel), nos curtumes, na cerâmica de construção, no *cluster* automóvel e no sector alimentar. Mas a indústria representa apenas 1/5 do VAB desta

As regiões: contexto e orientações estratégicas 157

sub-região e não se perspectiva que venha a dar um contributo superior para o crescimento desta unidade territorial. Deverão ser os serviços a constituir o principal dinamizador do desenvolvimento, com relevo para o turismo, transportes e funções logísticas.

66. O conjunto destes territórios é, tradicionalmente, estruturado por dois grandes eixos radioconcêntricos convergindo em Lisboa. O eixo definido pela A8 e Linha do Oeste articula os aglomerados urbanos de Torres Vedras, Caldas da Rainha e Alcobaça. Com maior dinamismo, o eixo Vila Franca de Xira/Cartaxo/Santarém, com prolongamento para o Médio Tejo, apoia-se sobre a A1 e sobre a Linha do Norte e apresenta-se crescentemente integrado na dinâmica funcional comandada por Lisboa. Contudo, verifica-se que a tradicional separação pelo sistema montanhoso Montejunto/Aires/Candeeiros tende a atenuar-se com as novas acessibilidades transversais A15, IC10, IC11 e IC9, criando oportunidades para reforço das interdependências entre o sistema urbano do Oeste, Rio Maior e o eixo Santarém/Vila Franca de Xira.

67. O Oeste e Vale do Tejo, com destaque para a Lezíria e o Vale do Sorraia, são a área da agricultura mercantil mais dinâmica e competitiva do país. O Oeste, para além da importante produção agrícola, sobretudo de fruta e hortícolas, possui uma das maiores concentrações de pecuária sem terra. Destes factos decorrem, por um lado, a necessidade de preservar os solos agrícolas da pressão da urbanização – residencial, turística e empresarial – e, por outro, importantes problemas de natureza ambiental.

68. A valia do património natural, algum integrado em espaços protegidos, o património histórico e os locais de culto religioso são factores em que se pode apoiar um segmento turístico dinâmico e qualificado.

69. A evolução de longo prazo tem sido de ligeiro reforço do peso do conjunto destas três NUTS na economia nacional, embora não ultrapasse os 7% do PIB nacional. Mas as dinâmicas de desenvolvimento económico irão ser profundamente alteradas com a decisão de construção do novo aeroporto internacional, elemento que tem potencial para redefinir toda a lógica de estruturação destas sub-regiões.

Programa Nacional da Política de Ordenamento do Território

Oeste e Vale do Tejo
– Opções para o Desenvolvimento do Território

- Clarificar os cenários de organização do território decorrentes da localização do novo aeroporto internacional de Lisboa, tomar medidas que minimizem os efeitos perversos da eventual especulação fundiária e implementar os programas estruturantes que optimizem o seu impacte territorial;
- Promover um sistema de mobilidade e transportes mais eficaz, eficiente e sustentável ao serviço da estruturação do sistema urbano sub-regional;
- Desenvolver as aptidões para as actividades logísticas, principalmente no eixo Vila Franca de Xira/Cartaxo/Santarém, definindo os espaços adequados, apoiando iniciativas e promovendo as infra-estruturas;
- Valorizar o papel de charneira inter-regional e o potencial de localização de actividades logísticas do polígono urbano Tomar-Torres Novas-Entroncamento-Abrantes, articulado com o litoral, a Beira Interior e o Alto Alentejo;
- Estruturar o sistema urbano sub-regional, articulando e dando coerência a quatro subsistemas: o eixo Torres Vedras-Caldas da Rainha-Alcobaça, o eixo Vila Franca de Xira-Carregado/Azambuja-Cartaxo-Santarém, o eixo Almeirim/Santarém-Rio Maior-Caldas da Rainha e o polígono Tomar-Torres Novas-Entroncamento-Abrantes;
- Reforçar o protagonismo de Santarém, com particular atenção às infra-estruturas para acolhimento de actividades intensivas em conhecimento;
- Apoiar a dinâmica emergente de afirmação de um pólo industrial Abrantes-Ponte de Sor em torno das indústrias de fundição, automóvel e aeronáutica;
- Preservar a competitividade da agricultura e das explorações agrícolas, nomeadamente protegendo os respectivos solos das pressões de urbanização e de valorizações especulativas;
- Definir um modelo sustentável de desenvolvimento turístico tirando partido das singulares condições naturais do Oeste, do Tejo requalificado e da rede urbana e criar condições para a sua concretização no quadro dos instrumentos de gestão do território;
- Implementar as infra-estruturas ambientais que minimizem as agressões das actividades económicas, em particular sobre os recursos hídricos;
- Promover a valorização das paisagens e dos enquadramentos cénicos enquanto traço de identidade e de qualificação de cada uma das sub-regiões, em particular protegendo-as das agressões da urbanização e da edificação dispersa;
- Reforçar a protecção do património natural – água, floresta, espaços naturais protegidos;
- Estimular o surgimento de redes de valorização do património histórico, cultural (material e imaterial) e natural.

Região Alentejo

O contexto estratégico

70. Território com muito baixa densidade populacional - quase 1/3 da superfície do País, mas apenas 5,2% dos habitantes – o Alentejo encontra-se entre as regiões europeias que registaram maiores decréscimos e envelhecimento da população nas últimas décadas, destacando-se nesse contexto o Baixo e o Alto Alentejo.

71. O processo de despovoamento do Alentejo desacelerou fortemente no período 1991-2001, mas apenas sete concelhos (Vendas Novas, Évora, Estremoz, Ponte de Sor, Alvito, Grândola e Sines) registaram crescimentos populacionais. Na ausência de inversão ou inflexão significativa de tendências passadas continuariam a ocorrer perdas significativas de população.

72. A evolução sócio económica regional e o fraco grau de urbanização conduziram, entre outras consequências, a uma débil e envelhecida base demográfica, a elevadas taxas de abandono escolar e a baixos níveis de instrução e formação da população activa. Uma estratégia de afirmação competitiva baseada no aproveitamento de factores diferenciadores potenciará oportunidades e projectos de desenvolvimento económico e de qualificação territorial, de modo a reter e a atrair uma população mais jovem e qualificada.

73. Para melhorar a integração territorial e a atractividade do vasto espaço de baixa densidade do Alentejo, o papel do sistema urbano regional será crucial e enfrenta um triplo desafio:

1.º Compatibilizar a concentração necessária a uma escala mínima de mercado e de economias de aglomeração com uma ocupação equilibrada do território para um acesso equitativo aos serviços e funções urbanas por parte das pessoas e actividades localizadas em espaço rural;

2.º Racionalizar a implantação dos equipamentos e dos serviços colectivos através de mecanismos reforçados de cooperação intermunicipal;

3.º Promover o equilíbrio nos processos de crescente integração das regiões de fronteira num quadro de concorrência/cooperação com as cidades das vizinhas regiões espanholas.

74. Sem abdicar de responder a esse triplo desafio, há que reconhecer as debilidades do sistema urbano do Alentejo, o qual é estruturado, a

Programa Nacional da Política de Ordenamento do Território

nível superior, por Évora, Beja, Portalegre, Elvas/Campo Maior, Sines/Santo André/Santiago do Cacém – centros esses em que apenas Évora se aproxima dos 50 mil habitantes – e complementado por outros centros de menor dimensão.

75. O Alentejo representa 4,3% do PIB nacional e no passado recente (1995-2003) apenas no Alentejo Central o PIB apresentou uma tendência de crescimento superior à média do País.

76. Numa perspectiva estratégica, têm particular relevo para o futuro do Alentejo:

1.º O potencial estruturante do eixo Lisboa-Badajoz, conjugando a qualificação das funções terciárias de Évora com alguma capacidade de atracção industrial e logística, que se evidencia já no crescimento populacional verificado nos concelhos de Évora, Estremoz e Vendas Novas entre 1991-2001;

2.º A afirmação de Sines como uma grande plataforma portuária, industrial e de serviços de logística e como porta de entrada intercontinental para o mercado ibérico e europeu, dando novo relevo à sua inserção nas redes transeuropeias, tanto rodo como ferroviárias e marítimas;

3.º A nova realidade do Empreendimento do Alqueva, que está a transformar uma parcela significativa da paisagem do Alentejo e abre novas oportunidades à agricultura, agroindústria e ao desenvolvimento do turismo;

4.º A potencialidade resultante do desenvolvimento do Aeroporto de Beja, disponibilizando uma acessibilidade fundamental para as actividades económicas;

5.º Os desafios que se colocam ao uso do solo, em que se confrontam dinâmicas de valorização de fileiras tradicionais, como a do montado, do vinho e do azeite, potencialidades no domínio da fruticultura e da horticultura, com o risco de abandono de algumas produções e a procura de novas áreas para empreendimentos turísticos de grande dimensão;

6.º A nova realidade energética, que abre espaço para o aproveitamento das potencialidades do Alentejo quer no domínio das energias renováveis, com destaque para a fotovoltaica, quer no desenvolvimento de produções agrícolas orientadas para a produção de biocombustíveis;

7.º A importância das indústrias extractivas regionais no domínio dos mármores e dos minérios de sulfuretos polimetálicos da faixa piritosa alentejana (Neves Corvo e Aljustrel) no quadro das novas tendências de longo prazo dos respectivos mercados à escala global;

As regiões: contexto e orientações estratégicas 161

8.° A importância do sector industrial na dinâmica de alguns centros urbanos, nomeadamente do Alto Alentejo e do Alentejo Central;

9.° O contributo fundamental que o reforço dos corredores Lisboa-Évora-Elvas/Badajoz, Sines-Évora-Elvas-Badajoz, Sines-Grândola-Beja-Vila Verde de Ficalho e Algarve-Beja-Évora-Portalegre-Castelo Branco deverão dar para melhorar a integração territorial regional e a sua conectividade nacional e internacional, em particular com Espanha;

10.° O desenvolvimento das relações e da cooperação transregional nas várias áreas e eixos de contacto e de relacionamento do Alentejo com outras regiões de Portugal e de Espanha.

77. Na ausência de uma visão regional integrada existe algum risco de perda de coerência interna e mesmo de fragmentação do conjunto do Alentejo, dadas as tendências de "centrifugação" que se detectam e antevêem. O Alentejo Central está cada vez mais inserido na área de influência directa da região metropolitana de Lisboa, embora com alguma margem de autonomia dependente do desempenho do eixo Vendas Novas-Évora-Estremoz-Elvas e da consolidação sua acessibilidade internacional. O Alentejo Litoral, pelas funções logísticas, tecido industrial e desenvolvimento turístico, insere-se de forma crescente em dinâmicas exógenas associadas às relações com o espaço metropolitano de Lisboa e a fluxos, de mercadorias e de investimentos de âmbito europeu e mundial. O Alto Alentejo encontra-se cada vez mais dependente de investimentos exógenos e poderá tender a privilegiar articulações com o Médio Tejo e com regiões de Espanha no sentido de contrariar a situação de encravamento territorial. O Alentejo Central e o Baixo Alentejo verão reforçada a dependência da capacidade de valorização das potencialidades agrícolas, agro-industriais e turísticas relacionadas com a albufeira do Alqueva.

78. Tais riscos de perda de coerência interna da região devem pois ser enfrentados com uma estratégia integrada e positiva assente nos elementos e nas opções a seguir expostos.

79. O sector primário assume uma importância claramente superior à média nacional. Para além das potencialidades tradicionais no domínio das culturas arvenses, pecuária extensiva, fileira do montado e culturas industriais nas zonas de regadio, impôs-se a qualidade dos produtos agro-alimentares, designadamente dos vinhos, e está em modernização o olival. A perspectiva de ampliação do regadio, no âmbito do empreendimento de fins múltiplos do Alqueva, despertou o interesse de novos investidores,

nacionais e estrangeiros, estando em curso transformações dos sistemas de agricultura e havendo condições para a introdução de novas culturas, nomeadamente no domínio bioenergético. Acrescem ainda as potencialidades agrícolas resultantes de excepcionais condições edafo-climáticas do litoral alentejano, nomeadamente para a produção de hortícolas, que poderão transformar este espaço num grande centro abastecedor dos mercados europeus. A estas dinâmicas contrapõe-se o recuo das culturas cerealíferas de sequeiro em vastas áreas. Nos cenários mais favoráveis, admitese que a agricultura cresça na região mais do que a média nacional.

80. Para além da importância do complexo de Sines, a indústria transformadora tem relevância pontual, por exemplo, no Alto Alentejo, em Ponte de Sor, Portalegre e Campo Maior e, no Alentejo Central, em Vendas Novas e Évora. Emergem também novas actividades industriais inovadoras ao nível local (cortiça, componentes automóveis, componentes electrónicas), bem como indícios do surgimento de um "sector" aeronáutico articulando os pólos de Ponte de Sor (produção de ultraleves), Évora (academia aeronáutica e projectos de construção de aviões) e Beja (desenvolvimento e aproveitamento da infra-estrutura aeroportuária).

81. A indústria extractiva, com destaque para os mármores e para os minérios de sulfuretos polimetálicos da faixa piritosa alentejana, continua a representar um importante activo da economia regional, que deve ser plenamente aproveitado no quadro das novas tendências de longo prazo dos respectivos mercados à escala global.

82. As infra-estruturas portuárias instaladas em Sines justificam uma forte aposta na sua transformação num grande porto atlântico da Europa e numa importante plataforma logística internacional, consolidando e alargando o papel que já desempenha como pólo de localização de um relevante complexo industrial em que sobressaem a indústria química e a energia.

83. Apesar das dinâmicas positivas da agricultura e da indústria, os cenários trabalhados apontam para que o crescimento económico do Alentejo, à excepção do Alentejo Litoral, se apoiará predominantemente na expansão dos serviços, que poderão ter nas diferentes formas de turismo um forte impulso.

84. A organização e o desenvolvimento do território do Alentejo irão depender da forma como se articular a situação de partida com os seguintes elementos estratégicos: Lisboa e a capacidade de os territórios alentejanos explorarem as relações funcionais com a região da capital; reforço e maior integração e policentrismo do sistema urbano regional, consoli-

As regiões: contexto e orientações estratégicas   163

dando e qualificando o papel de Évora e dos outros centros urbanos de nível superior como esteios desse sistema; Alqueva e o seu potencial para estimular novas actividades e projectos designadamente nos domínios agro-industrial e turístico; Sines e o seu papel de plataforma de conectividade internacional; e, por último, a fronteira e as oportunidades de cooperação para o desenvolvimento numa óptica transfronteiriça.

Região do Alentejo – Opções estratégicas territoriais

- Integrar num modelo territorial coerente os cinco elementos estratégicos de organização do território: relação com Lisboa; reforço da integração e policentrismo do sistema urbano regional e consolidação das suas principais centralidades; Sines; potencial de Alqueva; e relações transregionais;
- Afirmar Sines como grande porto atlântico da Europa e grande plataforma de serviços de logística internacional, indústria e energia;
- Consolidar o corredor Lisboa-Évora-Badajoz e infra-estruturar os corredores Algarve-Beja-Évora-Portalegre-Castelo Branco, Sines-Grândola-Beja-Vila Verde de Ficalho e Sines-Évora-Elvas/Badajoz, como elementos estruturantes de um sistema urbano regional policêntrico;
- Robustecer a centralidade de Évora e dos restantes pólos de nível superior estruturantes do sistema urbano da região: Portalegre, Beja, Sines/Santo André/Santiago do Cacém e reforçando a dimensão, especialização funcional e complementaridade entre os vários centros;
- Valorizar e integrar os centros urbanos de menores dimensões, em particular as sedes dos concelhos que asseguram funções fundamentais de integração dos espaços rurais e *centralidades potenciais* localizadas em pontos-chave das novas acessibilidades, desenvolvendo uma rede de pólos com qualidade residencial e dotados de serviços estruturantes do povoamento rural;
- Promover o eixo Vendas Novas – Montemor – Évora como um espaço dinâmico de desconcentração industrial e logística da AML;
- Reforçar o papel de Beja nas relações com o litoral alentejano e o Algarve, nomeadamente com base no seu Aeroporto e na consolidação do corredor Sines-Grândola-Beja-Vila Verde de Ficalho, contribuindo para melhorar a integração, conectividade, competitividade e dinamismo económico do território do Baixo Alentejo;
- Organizar o sistema urbano de fronteira, assumindo em particular o reforço do pólo transfronteiriço Elvas-Campo Maior / Badajoz, cuja importância estratégica será fortemente ampliada pelas novas acessibilidades em comboio de alta velocidade às duas capitais ibéricas e pela nova plataforma logís-

164 *Programa Nacional da Política de Ordenamento do Território*

tica transfronteiriça de Elvas/Caia, e reforçar a cooperação urbana transfronteiriça quer de proximidade quer de relacionamento dos principais centros urbanos do Norte Alentejano (Portalegre, Elvas e Campo Maior) com as cidades da Estremadura, e de Beja e outros centros do Baixo Alentejo com as cidades da Andaluzia;

- Promover a cooperação entre as instituições de ensino superior no sentido de aumentar os recursos regionais de investigação e desenvolvimento tecnológico, tendo em vista a resposta eficiente às necessidades tecnológicas e o aproveitamento das oportunidades de inovação;
- Potenciar o desenvolvimento dos núcleos urbanos com alguma relevância industrial e suportar a aposta no surgimento de um sector aeronáutico, articulando as iniciativas emergentes e, em particular, apostando nas possibilidades do aeroporto de Beja para a instalação de actividades deste sector;
- Incentivar o desenvolvimento das indústrias extractivas regionais e a gestão sustentável do seu ciclo de vida, em particular no domínio dos mármores e da exploração da faixa piritosa do Alentejo (Neves Corvo, Aljustrel), potenciando a sua recuperação e o seu melhor aproveitamento no quadro das novas tendências de longo prazo dos respectivos mercados à escala global;
- Assumir o papel estratégico da agricultura e apoiar os processos da sua transformação no contexto do desenvolvimento programado para a região;
- Concretizar o Empreendimento de Fins Múltiplos do Alqueva, de forma a valorizar todos os potenciais da agricultura de regadio, da agro-indústria, do turismo e das energias renováveis;
- Incentivar e acompanhar o desenvolvimento sustentável das actividades turísticas de modo a compatibilizar a protecção e valorização do património natural com a afirmação de uma fileira de produtos turísticos diferenciados que aproveitem em pleno as especificidades e a qualidade ambiental, paisagística, patrimonial e cultural dos vários espaços do Alentejo;
- Desenvolver uma estratégia de resposta integrada a situações de risco nos vários espaços do Alentejo, e em particular face às secas e tendo em conta as diversas capacidades de armazenamento estratégico de água;
- Proteger e valorizar os recursos do território (ambientais, paisagísticos e culturais), nomeadamente na zona costeira, salvaguardando o desenvolvimento sustentável da pesca e da aquicultura, concretizar as potencialidades no domínio das energias renováveis e promover o uso silvo-pastoril ou florestal, dando especial atenção ao aproveitamento multifuncional do montado;
- Recuperar as áreas mineiras abandonadas e valorizá-las do ponto de vista ambiental, lúdico e cultural/educativo.

Região Algarve

O contexto estratégico

85. O Algarve representa perto de 4% do PIB nacional, mas a sua importância económica é claramente superior. Região fortemente internacionalizada pela via das actividades turísticas, será responsável por cerca de 8% das exportações nacionais de bens e serviços.

86. É uma das regiões mais dinâmicas do País, com um crescimento populacional elevado (16% entre 1991 e 2001, explicado exclusivamente pela atracção de migrantes), acompanhado por uma expansão do produto regional também substancialmente superior à média nacional. Este elevado crescimento não teve tradução na evolução do índice do PIB *per capita*, que só depois de 2001 retoma a tendência ascendente, o que evidencia a lógica predominante de um modelo de crescimento extensivo que terá de ser transformado num modelo de desenvolvimento mais qualificante.

87. Com efeito, nas últimas décadas o desenvolvimento do Algarve baseou-se quase exclusivamente na exploração intensa de factores territoriais, em particular os ligados ao clima, ao sol e à praia. Por um lado, conseguiu criar uma imagem internacional que se traduziu num forte crescimento dos fluxos turísticos. Por outro, gerou-se uma procura de espaços residenciais que, envolvendo também elementos determinantes de especulação fundiária, alimentou um grande dinamismo da construção civil, tendo o ritmo de construção acelerado fortemente no final dos anos 90. Em contrapartida, a produção industrial entrou em regressão e, salvo pequenas excepções, só sobreviveram algumas actividades mais directamente ligadas ao mercado turístico ou à construção civil. A agricultura sofreu igualmente um rápido declínio, não representando hoje mais de 5% da economia regional. O Algarve transformou-se numa economia de construção e de serviços, mas sem que o impulso do turismo se tenha traduzido em equivalente qualificação do terciário. Apenas a Universidade traduziu a instalação de serviços com um âmbito supra-regional.

88. Este modelo de crescimento envolve diversos desequilíbrios, que importa ultrapassar no sentido de concretizar o potencial para, nas próximas duas décadas, o Algarve se situar entre as regiões desenvolvidas da Europa.

89. Para tanto, os seguintes elementos têm relevo estratégico:

1.º A imagem internacional, construída na base da notoriedade de destino turístico, que deve ser explorada para diversificar a base regional de internacionalização, de modo a que a médio/longo prazo o Algarve se afirme também como um espaço de serviços avançados e bem integrado na sociedade do conhecimento;

2.º As condições de excelência, desde as unidades hoteleiras até ao clima e à paisagem, que constituem uma vantagem competitiva face à globalização dos fluxos turísticos e à emergência de novos competidores e viabilizam uma aposta forte na expansão dos serviços turísticos de maior valor acrescentado;

3.º As instituições de ensino superior, em particular a Universidade do Algarve, enquanto actores centrais no reforço dos recursos regionais de investigação e desenvolvimento tecnológico e parceiros estratégicos em projectos de inovação e diversificação da economia regional;

4.º O modelo de ocupação do território, associando uma rápida transformação do solo rural em solo urbano a uma urbanização "linear" sem estrutura e qualificação das funções urbanas, com a edificação da faixa litoral – e, mais recentemente, a edificação dispersa no Barrocal – a fazer--se pela justaposição desarticulada de novas urbanizações, colocando o desafio de criação de centralidades estruturantes e de novas relações que dêem coerência a espaços de interacção e proximidade;

5.º A necessidade de gerir as dinâmicas dos mercados imobiliário e da construção, as quais tendem a alastrar sobretudo na faixa litoral e a atingir ritmos manifestamente insustentáveis quer em termos ambientais quer em termos de absorção pelo mercado;

6.º A obsolescência de urbanizações e conjuntos turísticos construídos há duas ou três décadas, abrindo espaços para operações de reabilitação e requalificação;

7.º A concentração territorial da população e das actividades económicas, que importa valorizar no sentido de estruturar aglomerações urbanas policêntricas com potencial para suportarem a inserção internacional da região;

8.º Os desequilíbrios internos e a exploração parcelar das potencialidades do território regional, com a ocupação intensa da faixa litoral e o despovoamento da zona da Serra;

9.º O abandono dos espaços agrícolas, a forte pressão para a edificação dispersa e a elevada conflitualidade entre projectos de natureza turística ou de valorização fundiária e a salvaguarda dos recursos paisagísticos e ambientais;

As regiões: contexto e orientações estratégicas   167

10.º A forte pressão sobre os recursos hídricos, agravada pela sazonalidade dos consumos, exigindo medidas de racionalização dos usos e de reforço de abastecimento de água;

11.º O mar, suporte essencial do modelo turístico e vector de desenvolvimento de novas actividades de produção e de investigação.

90. Os cenários de crescimento para o Algarve põem em evidência as limitações de um modelo extensivo e a necessidade estratégica de qualificar a estrutura económica. Dos cenários trabalhados, o cenário tendencial, de continuidade das dinâmicas regionais de crescimento, traduziria uma perda do Algarve relativamente à média do País.

91. Mas o Algarve tem condições para se afirmar como uma região competitiva no contexto da sociedade do conhecimento e para se assumir como um espaço essencial para a internacionalização da economia nacional, conjugando quatro vectores de evolução:

a) diversificação e qualificação dos serviços turísticos, combinando o crescimento do sector com fortes melhorias de qualidade;

b) elevado crescimento dos serviços mercantis, com

exploração das oportunidades de desenvolvimento de uma base de serviços empresariais necessários à qualificação das actividades da região e de criação de novos nichos de serviços de "exportação";

c) recuperação do papel "exportador" da agricultura, pescas e indústria, com integração destes sectores na cadeia de fornecimento das actividades turísticas; e

d) aposta nas actividades intensivas em conhecimento, quer no domínio da indústria e dos serviços, quer nos domínios do ensino, da investigação e da cultura e, em particular, nos segmentos associados ao turismo e que mais facilmente possam por este ser impulsionados.

92. Os cenários que assumem esta evolução apontam para que o Algarve continue a reforçar o seu peso económico no conjunto do País, na base de uma economia fortemente terciarizada, onde, ao lado de serviços turísticos diversificados e qualificados, tem relevo um segmento de serviços avançados dirigidos a procuras do exterior.

93. Nesta perspectiva, o Algarve deve procurar uma integração competitiva no contexto das regiões europeias, o que passa não apenas pela inserção nas redes transeuropeias e pela exploração das oportunidades que

daí decorrem mas, sobretudo, por uma participação liderante em redes e programas de cooperação e pela afirmação da região como localização competitiva de funções terciárias de âmbito europeu. O potencial, a estrutura e as dinâmicas do sistema urbano serão decisivos para a qualificação da oferta de serviços e para a implantação de actividades inovadoras que reforcem a competitividade internacional da economia do Algarve.

94. Uma estratégia de qualificação envolve todas as dimensões da economia e da sociedade e implica uma elevada qualidade do ambiente, da paisagem, do espaço e dos equipamentos urbanos. Uma atenção particular deverá ainda ser dada à qualidade dos recursos hídricos, superando os défices hídricos e controlando a sobre-exploração dos recursos subterrâneos.

95. Assim, a estratégia de desenvolvimento, a longo prazo, para o Algarve deverá privilegiar quatro grandes objectivos estratégicos:

1.º Qualificar e diversificar o *cluster* Turismo/Lazer;
2.º Robustecer e qualificar a economia e promover actividades intensivas em conhecimento;
3.º Promover um modelo territorial equilibrado e competitivo;
4.º Consolidar um sistema ambiental sustentável e durável.

96. Por outro lado, o Algarve estrutura-se em unidades territoriais com características próprias e problemas e potencialidades específicos. A consideração integrada destas unidades é necessária à promoção da coesão territorial, da sustentabilidade e da competitividade da região. A sobreocupação do Litoral, a edificação dispersa no Barrocal, o abandono da Serra e as pressões sobre as áreas protegidas são problemas que devem ter uma resposta no quadro do modelo de organização territorial.

97. A Serra corresponde a uma problemática particular, por ser um espaço em acelerado processo de despovoamento onde têm lugar fortes tensões entre a necessidade de travar a desertificação humana e as intenções de concretização de alguns empreendimentos turísticos, por um lado, e as restrições resultantes das normas de protecção ambiental e paisagística numa área de forte sensibilidade, por outro. Um modelo específico de ocupação deste território deverá ter como vector estratégico o reforço da interacção e complementaridade com o litoral, bem como uma maior inserção das actividades económicas nas cadeias de valor da região.

As regiões: contexto e orientações estratégicas 169

Região do Algarve – Opções estratégicas territoriais

- Criar as condições de qualificação do turismo e promover a diversificação da economia e a emergência de actividades da sociedade do conhecimento;
- Robustecer as estruturas regionais de ensino superior e de I&D e prever os espaços para acolhimento de actividades empresariais baseadas no conhecimento e na inovação;
- Estruturar o sistema urbano regional na perspectiva do equilíbrio territorial e da competitividade, assente na afirmação de aglomerações urbanas policêntricas e no reforço da cooperação inter-urbana;
- Implementar um modelo de mobilidade sustentável, que reforce a dimensão policêntrica do sistema urbano regional;
- Assumir o papel estratégico das aglomerações de Castro Marim – Vila Real de Santo António, articulada com Tavira, e de Faro-Loulé-Olhão e Portimão--Lagos-Lagoa, incluindo a zona de charneira de Albufeira, para a inserção internacional da região e promover as condições de desenvolvimento de equipamentos e funções de projecção internacional;
- Promover a inserção competitiva do Algarve no contexto europeu, reforçando os factores de atracção de funções terciárias de âmbito nacional ou supra-nacional;
- Aprofundar a cooperação transfronteiriça para a valorização do Guadiana e a estruturação do sistema urbano da fronteira;
- Valorizar as relações com o Alentejo, explorando complementaridades e sinergias, nomeadamente no domínio do desenvolvimento turístico;
- Garantir níveis elevados de protecção dos valores ambientais e paisagísticos e preservar os factores naturais e territoriais de competitividade turística;
- Proteger e valorizar o património cultural e estruturar uma rede regional de equipamentos tendo em vista o desenvolvimento de uma base relevante de actividades culturais;
- Qualificar o espaço público e preparar programas integrados de renovação ou recuperação de áreas urbanas e turísticas em risco de degradação;
- Gerir a produção imobiliária, combatendo dinâmicas insustentáveis e salvaguardando o papel do sector da construção civil orientando-o para actividades de renovação e reabilitação;
- Controlar os processos de edificação dispersa e requalificar os espaços afectados;
- Reforçar a coesão territorial e a valorização integrada de todos os territórios, em particular promovendo um modelo de ocupação sustentável para a Serra com prioridade para uma rede de pólos atractivos de actividades e usos inovadores;

170 Programa Nacional da Política de Ordenamento do Território

- Proteger os espaços agrícolas, incluindo as culturas tradicionais, as áreas beneficiadas por aproveitamentos hidroagrícolas e de emparcelamento rural, integrando este sector na cadeia de fornecimento das actividades turísticas;
- Promover o desenvolvimento sustentável da pesca e da aquicultura como actividade relevante na valorização do mar e na estabilidade económica e social da zona costeira;
- Assegurar o planeamento e a gestão integrados do litoral, visando nomeadamente a protecção da orla costeira e das áreas vitais para a rede ecológica regional;
- Aproveitar de forma sustentável os recursos hídricos da região e garantir a qualidade da água.

Região Autónoma dos Açores

O contexto estratégico

98. A Região Autónoma dos Açores pela sua localização no oceano Atlântico corresponde a um importante activo da afirmação geoestratégica nacional e um pólo incontornável de disseminação da presença portuguesa no mundo. O carácter ultraperiférico dos Açores relativamente ao território da União Europeia cria, ainda, mais valias relativamente à valorização da dimensão marítima deste espaço e ao aprofundamento de relações de cooperação internacional.

99. O aprofundamento da autonomia regional potencia a adopção das decisões estratégicas mais adequadas ao desenvolvimento e à afirmação do arquipélago no contexto nacional e da Europa das Regiões.

100. A estratégia territorial a adoptar a nível da Região Autónoma dos Açores depende de uma série de factores, entre os quais se destacam:

1.º Reconhecimento institucional, a nível nacional e da União Europeia, de que o mar é uma mais valia potenciadora de desenvolvimento.

2.º Crescente valorização do estatuto de ultra-perificidade no âmbito da União Europeia, e aumento do grau de cooperação entre estas regiões naquele espaço.

3.º Tendência para a estabilização demográfica, caracterizada por ganhos populacionais que, embora moderados, contrariam um período alargado de perdas de população na RAA.

As regiões: contexto e orientações estratégicas 171

4.º Existência de um potencial para o crescimento da mão-de-obra na RAA, o que permite formular com antecipação estratégias de integração no mercado de trabalho de sectores da população ainda parcialmente à margem do mesmo.

5.º Existência de um quadro nacional e da União Europeia que favorece a qualificação de capital humano e o desenvolvimento do mercado de trabalho.

6.º Afirmação de um quadro institucional nacional e da União Europeia devotado às políticas de inovação, de desenvolvimento científico e de utilização de novas tecnologias de informação e comunicação.

7.º Desenvolvimento do potencial científico e técnico associado à utilização de energias alternativas e à modernização das infra-estruturas energéticas.

8.º Modernização da infra-estrutura tecnológica associada às comunicações na RAA, com a diversificação e alargamento da oferta e a adopção de sistemas de processamento digital da informação por parte da administração pública regional.

9.º Modernização das infra-estruturas de transportes, com aproveitamento dos fundos estruturais dimanados da União Europeia.

10.º Intensificação dos fluxos de transporte aéreo e marítimo, associado ao combate ao isolamento decorrente da fragmentação territorial existente na RAA.

11.º Forte sustentabilidade do sistema de transporte existente, com elevado número de deslocações locais sem recurso a transportes motorizados.

12.º Potencial de diversificação das actividades económicas associadas aos sectores de especialização tradicional, nomeadamente a pecuária, os lacticínios e as pescas.

13.º Desenvolvimento do potencial turístico regional, potenciando a atracção de recursos humanos e empresariais endógenos e exógenos à RAA, e elegendo a qualidade como um objectivo essencial para o mercado.

14.º Reforço da aposta turística em destinos que, quer do ponto de vista ambiental, quer sóciocultural, são alvo de políticas tendentes à sua preservação e à manutenção do seu funcionamento ecológico.

15.º Aproveitamento de novas oportunidade que potenciem o aumento e diversificação das acessibilidades, combatendo a fragmentação territorial e a ultra-perificidade.

16.º Potencial de diversificação da actividade económica associada ao desenvolvimento turístico, nomeadamente do comércio, dos transportes e comunicações, da imobiliária e de outros serviços especializados.

17.º Esforço de manutenção da estruturação e formas de ocupação urbana predominantemente qualificadas, em detrimento da degradação do ambiente urbano tradicional e da degradação do património edificado.

18.º Combate à tendência de abandono das edificações e aglomerados rurais.

19.º Crescente consciencialização da população para a necessidade de preservação do património natural (biológico, geológico e paisagístico) e construído, como elemento coerente do território e traço distintivo e de afirmação da RAA a nível nacional e internacional.

20.º Desenvolvimento de instrumentos de gestão territorial eficazes, que estruturem adequadamente o território adequadamente, promovendo a valorização dos recursos naturais e a protecção da paisagem.

21.º Crescente afirmação da comunidade científica regional em redes de ciência e tecnologia internacionais, em que as áreas da oceanografia, do ambiente e das geociências são exemplos.

As regiões: contexto e orientações estratégicas 173

Região Autónoma dos Açores – Opções estratégicas territoriais

- Dinamizar o crescimento económico e da competitividade das empresas, valorizando os recursos naturais existentes e as especificidades regionais, e acautelando o impacte ambiental e territorial decorrente da actividade produtiva.
- Diferenciar a região positivamente pela produção de produtos agro-alimentares de qualidade, por uma reconhecida segurança alimentar e por produtos de alto valor acrescentado.
- Promover modelos de acessibilidade e mobilidade de forma a mitigar os efeitos de isolamento decorrentes da fragmentação territorial e da ultra-perificidade.
- Apostar na RAA como um espaço de excelência científica e tecnológica, com particular incidência nos domínios da insularidade, sustentabilidade e maritimidade, com capacidade de fomentar a captação de população de qualificação elevada.
- Considerar como objectivo da RAA a adopção da Qualidade como elemento distintivo, promovendo a adopção do conceito quer no sector público, quer no sector privado.
- Implementar práticas que tornem a Administração Pública como uma estrutura eficaz, moderna, suportada nas melhores tecnologias de informação e comunicação, facilitando a acessibilidade ao cidadão.
- Fazer com que os Açores sejam uma região de referência na utilização das tecnologias de informação e comunicação, de forma a mitigar a ultra-perificidade e a fragmentação territorial.
- Assegurar níveis elevados de auto-suficiência e segurança energética.
- Incrementar a coesão social arquipelágica, distribuindo equitativamente os serviços sociais e promovendo a igualdade de oportunidades.
- Qualificar os Açores como destino turístico de excelência, dotado de especificidades regionais de elevado valor acrescentado, e em que o turismo de natureza, de descoberta e do golfe e rural sejam apostas consolidadas.
- Valorizar os recursos naturais, a biodiversidade, a paisagem e o património cultural e social como mais-valia para o desenvolvimento regional.
- Tornar a RAA uma região de excelência ao nível do ordenamento territorial e do planeamento ambiental, dotando-a de um edifício coerente e eficaz.
- Integrar, de forma premente, a temática dos riscos naturais nos diversos instrumentos de gestão territorial, de forma a estruturar respostas em caso de catástrofe natural.

Programa Nacional da Política de Ordenamento do Território

Região Autónoma da Madeira

O contexto estratégico

101. A Região Autónoma da Madeira afirma-se pela sua posição geográfica no Oceano Atlântico e pela riqueza da sua biodiversidade e paisagem natural, constituindo um pólo de atractividade turística internacional. Esta posição estratégica potencia as vantagens comparativas de Portugal como plataforma de comunicação e trocas entre os continentes europeu, americano e africano.

102. Como resultado da implementação da estratégia de desenvolvimento preconizada no Plano de Desenvolvimento Económico e Social da Região Autónoma da Madeira para 2007-2013 (PDES), a Região Autónoma da Madeira assume o desígnio estratégico de manter ritmos elevados e sustentados de crescimento da economia e do emprego, assegurando a protecção do ambiente, a coesão social e o desenvolvimento territorial.

103. Para além do desígnio estratégico traçado no PDES e dos objectivos gerais delineados, pretende-se que em 2013 estejam concretizadas as seguintes dimensões estruturantes das políticas regionais:

1.º Um modelo de organização e de gestão do território regional estabilizado;

2.º Um modelo de desenvolvimento económico que concilie a consolidação dos sectores predominantes da economia regional com o estímulo à diversificação de actividades relevantes, a promoção da qualidade e o pleno envolvimento dos agentes privados;

3.º Um modelo de desenvolvimento social que satisfaça as necessidades individuais, familiares e colectivas dos cidadãos e responda às exigências dos agentes económicos;

4.º Um modelo de administração pública que assegure a eficiência, a eficácia e a qualidade da governação regional.

104. Para concretizar a estratégia de desenvolvimento da Região estima-se que seja necessário mobilizar recursos na ordem dos 2500 milhões de euros. De entre as prioridades definidas, destaca-se a do potencial humano e da coesão social (cerca de 28% dos recursos), seguida da componente ambiental (17%) e das infra-estruturas e equipamentos colectivos (14%).

105. Prevê-se que estes investimentos sejam co-financiados com o apoio dos instrumentos das políticas comunitárias de coesão, de desenvolvimento rural e das pescas, bem como dos instrumentos geridos directamente pela Comissão Europeia, estes últimos essenciais para o financiamento dos projectos no âmbito da Investigação e Desenvolvimento, da Competitividade e da Inovação, nos quais a Região já possui bons exemplos, designadamente da AREAM e do Madeira Tecnopolo.

106. A promoção do desenvolvimento sustentável na Região Autónoma da Madeira é um objectivo central, sendo incontornável o carácter transversal que a dimensão ambiental assume na perspectiva do bem-estar social e económico ao potenciar o pleno aproveitamento dos valores e recursos naturais endógenos.

107. Enquanto elemento transversal destaca-se a relação entre as actividades económicas e a biodiversidade e conservação da natureza. Com efeito, as peculiaridades da flora e fauna do Arquipélago da Madeira e dos seus ecossistemas e paisagens naturais e humanizadas são factores diferenciadores fundamentais.

108. A cultura e o património constituem outra dimensão transversal de inequívoca relevância para a Região Autónoma da Madeira. A especificidade da RAM representa uma mais valia de grandes repercussões em inúmeros sectores de actividade económica e social regional – cujos efeitos foram já salientados em diversos enquadramentos, particularmente relevantes no quadro das actividades turísticas.

109. No que respeita à organização e gestão do território regional, dimensões essenciais para a promoção da coesão territorial e do desenvolvimento equilibrado, a estruturação tem sido dinamizada pela cidade do Funchal que, além de constituir a localização preferencial da administração regional, corresponde também à maior concentração de actividades produtivas e de serviços privados e públicos na RAM.

Região Autónoma da Madeira
– Opções estratégicas territoriais

- Promover o desenvolvimento sustentável da Região Autónoma da Madeira, conciliando a promoção do bem-estar social e económico com a protecção e o aproveitamento racional dos valores e recursos naturais endógenos que sustentam a qualidade de vida e o progresso das populações;
- Garantir o aumento significativo dos níveis educativos e formativos da população da Região Autónoma da Madeira e, simultaneamente, aumentar a coesão social;
- Valorizar a cultura e o património, assegurando a afirmação sustentada da identidade regional;
- Aumentar a coesão territorial na Região Autónoma da Madeira, propiciando condições de equidade económica, social e territorial no acesso aos bens, serviços, equipamentos e resultados do progresso alcançado.
- Internacionalizar a Região como opção associada ao reforço da sua capacidade competitiva, a par da consolidação de um *cluster* centrado na investigação, desenvolvimento tecnológico e inovação, nas vertentes de captação de investimento directo estrangeiro, atracção de investigadores estrangeiros para reforçar um conjunto de centros de excelência em termos de conhecimentos e competências que permitam integrar a Madeira no Espaço Europeu de Investigação;
- Apostar no turismo, na cadeia alimentar, nos recursos naturais e culturais tradicionais e nas tecnologias de informação e comunicação, encarados numa perspectiva integrada como sectores estratégicos;
- Promover um conjunto de acções orientadas para a diversificação do tecido económico e empresarial da Região;
- Criar instrumentos e mecanismos financeiros complementares ou alternativos aos oferecidos pela banca comercial às micro, pequenas e médias empresas, a fim de permitir encontrar e optimizar engenharias financeiras ajustáveis ao financiamento do empreendedorismo e dos projectos inovadores;
- Promover o empreendedorismo como competência-chave da inovação e assumir a sua qualificação sistemática como um compromisso a longo prazo para a mudança;
- Desenvolver as tecnologias de informação e comunicação e da qualidade, conquistando uma base alargada de apoio à inovação incremental e ao aumento da produtividade e competitividade que as ferramentas das Tecnologias de Informação e Comunicação (TIC) e a qualidade podem potenciar.
- Prosseguir o esforço de desenvolvimento estrutural na área das TIC promovido pelo programa Madeira Digital, dando lugar ao Madeira Digital II e implicando um aumento das competências regionais ao nível das TIC.
- Apostar nas acções inovadoras estruturantes da modernização da administração pública para as disseminar por todas as organizações privadas da Região e dinamizar a política da qualidade e da inovação na RAM.

4. PORTUGAL 2025: ESTRATÉGIA E MODELO TERRITORIAL

O quadro de referência demográfico e económico

1. Os trabalhos de prospectiva territorial[1] evidenciaram alguns elementos fundamentais que, pelo seu carácter invariante face aos diversos cenários construídos, se configuram como dados a ter em conta em qualquer estratégia de ordenamento do território. Destacam-se:

1.° Grande dependência das taxas de crescimento económico da evolução da produtividade e da imigração

A actual estrutura demográfica do país implica uma tendência para a diminuição da relação entre o emprego e a população total. Isto significa que a evolução do PIB *per capita* será inferior à evolução da produtividade do trabalho. Só ganhos de produtividade elevados permitirão a convergência com a média europeia. Grande parte destes ganhos de produtividade tem de resultar directamente de transformações estruturais e da evolução para actividades de maior valor acrescentado, exigindo elevadas taxas de crescimento do PIB.

Serem ou não possíveis estes ganhos de produtividade é uma questão central, já que a evolução demográfica não permite a Portugal, no longo prazo, crescimentos baseados no uso extensivo do factor trabalho.

Mesmo com taxas de crescimento de emprego reduzidas poderá ser necessário que a imigração preencha um défice elevado de população em idade activa. Está em causa um complexo *trade-off* entre taxas de crescimento da economia, taxas de crescimento de produtividade e imigração.

---

[1] PNPOT 4.° Relatório – *Portugal 2020/2030: Ocupação do Território: Cenários de Enquadramento Demográfico e Macroeconó*mico, 2004.

2.° Não coincidência entre as dinâmicas demográficas e as dinâmicas económicas, com possibilidade de grandes tensões na ocupação do território

No longo prazo, todas as unidades territoriais NUTS III, à excepção do Norte Litoral e das Regiões Autónomas dos Açores e da Madeira, deverão ter, mesmo em cenários de baixo crescimento do PIB, problemas de carência de mão-de-obra, impondo-se a necessidade de acelerar os ganhos de produtividade ou de reforçar a atracção de migrantes. No entanto, no curto e médio prazos a maior parte das regiões confrontam-se com excedentes de mão-de-obra, continuando em acção os factores que fomentam as migrações (internas e externas). Se não forem controlados, estes factores poderão "desvitalizar" os espaços mais frágeis, comprometendo a possibilidade de crescimento económico futuro.

Dois espaços são particularmente sensíveis à relação entre dinâmicas demográficas e dinâmicas económicas.

No Norte Litoral, a necessidade de grandes ganhos de produtividade – conseguidos, por vezes, através do encerramento das unidades menos produtivas – para responder aos desafios dos sectores expostos à concorrência internacional, poderá criar no imediato e no horizonte das duas próximas décadas um excedente de activos, traduzido em altas taxas de desemprego ou em volumes significativos de migrantes para outras regiões.

As regiões do interior também se confrontam com cenários que apontam para carência de população. No entanto, sendo necessário um tempo longo para a criação de alternativas de emprego, no imediato poderemos assistir à saída de activos, degradando a base populacional destes territórios.

Parece, por isso, aconselhável que os espaços do interior continuem a ser objecto de medidas visando o estímulo de actividades que reforcem a sua competitividade económica e as tornem mais atractivas para os seus residentes e para os migrantes mais jovens e qualificados de outras regiões, de modo a evitar que a conjugação de saldos naturais e migratórios negativos prolongue a tendência de declínio demográfico das décadas antecedentes.

3.° Estabilização, em termos agregados, do padrão espacial da economia

Apesar de ocorrerem taxas de crescimento diferenciadas ao nível das NUTS III, os cenários não apontam para grandes transformações na organização territorial da economia.

As alterações com algum significado poderão dar-se a uma escala sub-regional. Para os grandes espaços regionais a imagem geral dominante é, sobretudo, a de uma provável estabilização do padrão de distribuição territorial do VAB.

4.° Carácter estratégico dos espaços metropolitanos de Lisboa e do Porto

Conforme os cenários, estima-se que entre 44% e 50% do crescimento do VAB do País, no horizonte dos próximos vinte anos, poderá ocorrer no Arco Metropolitano de Lisboa (Oeste, Lezíria, Área Metropolitana de Lisboa e Alentejo Litoral). O espaço metropolitano do Porto poderá, por sua vez, ser responsável por 22% a 26% do crescimento. No conjunto, estes dois espaços, que correspondiam em 1999 a 68% do PIB português, poderão representar entre 69% e 75% do seu crescimento até 2020.

O carácter estratégico destas duas áreas, que estão sujeitas a grandes transformações estruturais, deve ter tradução em políticas de qualificação dos respectivos territórios, de forma a consolidarem o papel de principais espaços de internacionalização competitiva do País.

5.° Crescimento significativo mas incerto no interior

Os cenários trabalhados traduziram-se em previsões de crescimento significativo nas regiões do interior, embora com algum grau de incerteza e, regra geral, abaixo do ritmo previsto para o conjunto do País.

A opção que se coloca nas sub-regiões do interior é entre menores crescimentos, o que reduziria ainda mais o seu contributo para a economia nacional, e a criação de condições para maiores aumentos de produtividade e atracção de volumes significativos de migrantes em idade activa.

O acréscimo da dimensão e da qualidade urbana – para ganhar escala, criar mercados de trabalho dinâmicos e reforçar a atracção de populações – assume, ao lado das transformações estruturais orientadas para actividades de maior valor acrescentado, um papel crucial no desenvolvimento destas sub-regiões e pressupõe uma nova articulação entre centros urbanos, baseada em estratégias de complementaridade e cooperação, e novas relações cidade/campo benéficas e não predadoras dos solos rústicos e das áreas rurais.

O desenvolvimento das sub-regiões interiores será também favorecido pela relocalização de serviços desconcentrados da Administração

Central, pelo reequilíbrio intra-regional na distribuição de serviços públicos entre os diversos centros urbanos e pelo reforço de atribuições das autarquias locais em concretização dos princípios subsidiariedade e da descentralização, nomeadamente nas áreas da educação, do ambiente, do ordenamento do território, da economia e da promoção do desenvolvimento.

6.° Forte terciarização da economia e consequente redução da eficácia das políticas de localização das actividades económicas

As tendências actuais apontam para a crescente terciarização das economias. Nos cenários macroeconómicos tomados como referência, a indústria transformadora e a energia poderão vir a ser responsáveis por apenas cerca de um 1/6 do crescimento económico nacional. A localização dos serviços é mais tributária das dinâmicas urbanas e da dimensão e sofisticação dos mercados. Verifica-se, por isso, uma dificuldade de desenvolver políticas explicitamente orientadas para influenciar a sua localização.

O contributo do sector industrial para o crescimento do PIB deverá continuar, em qualquer dos cenários, a ser relevante em todas as unidades territoriais do Noroeste (à excepção do Grande Porto), no Baixo Vouga, Pinhal Litoral, Médio Tejo e Alentejo Litoral.

Nas áreas onde o papel do desenvolvimento industrial é maior, este deve ser orientado para dinamizar a procura de serviços e o surgimento de um terciário qualificado.

Aglomeração, proximidade e interacção no tecido industrial podem ser os elementoschave para estas transformações.

Nas áreas do interior, é crucial assegurar um papel significativo para a indústria transformadora, na medida em que o desenvolvimento do terciário está dependente de impulsos externos de procura. Sem a ampliação da base industrial, o desenvolvimento do terciário continuará muito dependente de transferências externas e a assentar demasiado em serviços não mercantis.

Em qualquer dos casos, importa explorar o desenvolvimento dos serviços orientados para os mercados extra-regionais, seja pela via das actividades turísticas, seja pelo surgimento de serviços avançados, sobretudo de natureza empresarial, seja ainda pelas oportunidades de expansão de formas de tele-trabalho ou de serviços à distância baseados nas novas tecnologias de informação.

Na Região Autónoma dos Açores, a questão fundamental a resolver para assegurar a sustentabilidade produtiva coloca-se nos efeitos de *crowding-out* que o surto de desenvolvimento turístico tenderá a provocar noutras actividades, como acontece noutras regiões vocacionadas para a actividade turística. O futuro da economia açoriana terá também que passar pela modernização de actividades primárias em que avultam a agricultura, a produção animal e a pesca e as actividades associadas à transformação e distribuição dos seus produtos.

7.º Risco de ligeiro aumento das disparidades territoriais do PIB per capita

A conjugação das dinâmicas previsíveis de crescimento económico e de evolução demográfica poderá induzir um ligeiro aumento das disparidades territoriais quando avaliadas pelo PIB *per capita*.

Contudo, se esse processo ocorrer num contexto de crescimento económico significativo e espacialmente integrador, reflectindo ganhos de competitividade global do País e do conjunto das suas regiões, não afectará o objectivo da coesão económica territorial.

A mobilização e a valorização dos recursos endógenos diferenciadores dos territórios, devidamente articuladas com a atracção de investimento extra-regional (nacional ou estrangeiro), constituirão factores determinantes da emergência de um território nacional mais equilibrado e competitivo.

Como se referiu acima, nos Açores, o crescimento económico regional apoiar-se-á no dinamismo do sector turístico, que emerge e se afirma no quadro da base económica regional, na produção e transformação do leite e, também, numa nova dinâmica das actividades de serviços e distribuição. Como a produção económica tende a concentrar-se mais nas ilhas de São Miguel e da Terceira, será importante incentivar a criação de condições de geração de rendimento e de emprego nas ilhas de menor dimensão e com maiores fragilidades demográficas.

2. Este quadro de referência demográfico e económico e as suas implicações territoriais podem sintetizar-se nos seguintes pontos:

a) O crescimento da economia exigirá ganhos de produtividade que, na prática, terão uma forte tradução, por um lado, no desaparecimento de unidades menos competitivas e, por outro, no *upgrading* das cadeias produtivas. Esses processos poderão não favorecer grandes movimentos inter-regionais de investimento no quadro nacional e as eventuais deslocalizações que possam ocorrer envolverão, sobretudo, regiões de outros países. Em consequência, as políticas de organização do território terão de ser mais políticas de qualificação dos ambientes e tecidos produtivos locais do que políticas de localização.

b) O crescimento económico será essencialmente terciário, implicando a necessidade de uma forte dinamização dos serviços de "exportação" para outras regiões e países, e obrigando a uma elevada qualificação das actividades terciárias, em particular nas áreas não metropolitanas de maior dinamismo económico e demográfico. Muitos destes serviços deverão ser incorporados nos bens transaccionáveis.

c) Um crescimento predominantemente terciário terá uma base territorial principalmente urbana, mas poderá ser ampliado e robustecido pela melhor articulação entre as cidades e os espaços rurais, valorizando o papel produtivo destes espaços no quadro da sua renovada multifuncionalidade.

d) A indústria transformadora será relevante para o crescimento económico das áreas não metropolitanas da faixa litoral e necessária para estruturar a base produtiva das regiões do interior.

e) A problemática litoral/interior não deve ser abordada como uma dicotomia, mas antes como um desafio que exige uma melhor integração dos diferentes espaços na prossecução dos objectivos comuns e interdependentes da competitividade e da coesão territoriais. Neste contexto, será necessário desenvolver políticas de suporte que contribuam para favorecer a participação e inclusão dos territórios mais frágeis na realização desses dois objectivos e na partilha dos respectivos benefícios, designadamente através da reestruturação e distribuição equilibrada dos serviços desconcentrados da Administração Central e da descentralização de novas competências para as autarquias locais, reforçando a proximidade aos cidadãos.

f) Os espaços metropolitanos de Lisboa e do Porto são estratégicos para o crescimento económico e a inserção internacional competitiva do País, pelo que a sua estruturação deve constituir uma prioridade.

g) O desfasamento entre as dinâmicas demográficas e as dinâmicas económicas irá implicar algumas alterações na distribuição territorial da população, sendo a dimensão urbana, sobretudo no interior, determinante para a capacidade de atracção populacional e de desenvolvimento das diferentes sub-regiões.

h) As políticas de ordenamento do território deverão promover condições para que o País e as regiões possam acolher movimentos de população e, em particular, volumes significativos de migrantes de outros países, assegurando-lhes uma adequada integração social e cultural e a igualdade de tratamento no acesso aos serviços colectivos, à habitação e ao emprego.

i) Os diversos tempos das transformações e ajustamentos estruturais poderão implicar a necessidade, em diferentes fases, de medidas de apoio específico a regiões afectadas por crises de inserção nos processos de globalização. O Noroeste poderá ser a região mais crítica no curto/médio prazo.

O País que queremos: um desafio para o Ordenamento do Território

3. Muitas das forças subjacentes às tendências de fundo anteriormente identificadas apresentam uma grande inércia e constituem a base das trajectórias possíveis para o desenvolvimento futuro do país.

4. Algumas, como o envelhecimento da população no topo e na base, o despovoamento de muitas áreas do interior e a concentração metropolitana e litoral, as dificuldades da economia e os problemas de competitividade do actual modelo económico dominante em Portugal, o desordenamento do território em extensas áreas do país e uma forte consciência de identidade nacional, são amplamente reconhecidas pela sociedade portuguesa.

5. Outros aspectos – tais como a dimensão dos desafios que se colocam no domínio das alterações climáticas e da energia, a necessidade fundamental da imigração e de uma melhor política de acolhimento e integração; o acentuar de grandes desequilíbrios económicos, nomeadamente ao nível do endividamento e do défice externo; o desenvolvimento de novas e mais profundas desigualdades sociais; a excessiva centralização de competências e a crescente dificuldade do Estado, central ou local, responder com eficácia a crescentes e complexos desafios e solicitações, num contexto em que o seu campo de acção e autonomia de decisão se comprimem em certas áreas quer em favor do mercado quer da intervenção de instituições supra-nacionais, como acontece em particular no domínio da promoção do desenvolvimento económico e da influência sobre as decisões de localização das actividades produtivas – são menos evidentes para

Programa Nacional da Política de Ordenamento do Território

a generalidade da população e mesmo para alguns dos decisores intervenientes na sociedade portuguesa.

6. Estão caracterizadas e avaliadas tanto as tendências de sentido positivo, favoráveis aos objectivos de desenvolvimento nacional, como as de sentido negativo, que contrariam a sustentabilidade ambiental, o crescimento económico e o desenvolvimento social de Portugal.

7. As questões básicas a que importa dar resposta para enfrentar com sucesso os desafios do desenvolvimento sustentável e do ordenamento do território são:

– Como querem os portugueses que o País seja dentro de vinte anos?
– Qual o caminho, os meios e as estratégias para lá chegar?
– Qual o contributo específico da política de ordenamento do território e das outras políticas com incidência territorial?

A Ambição

8. A Estratégia Nacional de Desenvolvimento Sustentável (ENDS) estabelece como desígnio mobilizador tornar Portugal num dos países mais competitivos e atractivos da União Europeia, num quadro de elevado nível de desenvolvimento económico, social e ambiental e de responsabilidade social, e define os objectivos a prosseguir relativos aos três pilares do desenvolvimento sustentável (Protecção e Valorização do Ambiente, Coesão Social e Desenvolvimento Económico).

9. O PNPOT constitui um dos instrumentos-chave para a implementação da ENDS, pondo em relevo o contributo das políticas de ordenamento do território para que Portugal seja:

– Um espaço sustentável e bem ordenado
– Uma economia competitiva, integrada e aberta
– Um território equitativo em termos de desenvolvimento e bem-estar
– Uma sociedade criativa e com sentido de cidadania

Um espaço sustentável e bem ordenado

10. Um espaço sustentável e bem ordenado terá de traduzir-se na valorização dos recursos, na preservação e valorização do ambiente e do

patrimόnio, no ordenamento do uso do solo e dos estabelecimentos humanos, na qualificação e estruturação da paisagem, e na prevenção dos riscos.

11. O Portugal que queremos terá de ser ordenado, salutar e limpo, com eficazes sistemas de recolha e tratamento de esgotos, com uma gestão de resíduos que vise a sua redução e reutilização, promovendo um aumento da eficácia na utilização dos recursos e a sensibilização dos agentes económicos para que o desperdício seja mínimo.

12. Portugal terá que desenvolver estratégias sólidas de melhoria da eficiência do uso dos recursos ambientais e territoriais. Entre estes avultam os que podem constituir factores de identidade e de diferenciação regionais, em particular o patrimόnio cultural e a paisagem.

13. A diversidade, a qualidade e a originalidade das paisagens representam hoje um activo crucial para as regiões. O modo como futuramente se deverão organizar os diversos tipos de paisagem terá, por isso, de ser diferente.

14. Relativamente ao conjunto das áreas classificadas integradas na Rede Fundamental de Conservação da Natureza, importa avaliá-lo e consolidá-lo como um sistema mais coerente e eficaz de gestão dos recursos e valores a salvaguardar.

15. A conservação da natureza regista problemas de articulação e integração com outras actividades (pesca e aquicultura, agricultura, florestas, cinegética, extractiva, turismo, energia), mas essas relações também constituem uma oportunidade de valorização e desenvolvimento para as actividades envolvidas.

16. Para ganhar a batalha no futuro, importa mobilizar a população e as autarquias destas áreas para projectos de desenvolvimento e conservação. Viver, residir ou trabalhar numa área com um valor e estatuto especial de conservação da natureza deve ser gratificante em termos simbólicos e também materiais. Os residentes devem poder considerar essas áreas como uma vantagem e não como uma fonte de impedimentos ou imposições que tornem mais difíceis as suas condições de vida. As áreas de maior valor natural devem constituir exemplos de como se pode viver em espaços naturais, combinando conservação e desenvolvimento sustentável, e formar uma rede nacional que propicie a investigação e monitorização ecológica e a educação ambiental.

17. Nas áreas que incluem grandes manchas florestais, importa implementar formas inovadoras de gestão integrada, de base local, incentivando as parcerias entre Estado, Autarquias Locais, empresas e particula-

res em sociedades, cooperativas ou outras entidades a criar. A desejável composição da floresta e as formas que a sua exploração venha a assumir terão de ser as mais adaptadas e corresponder também a mais benefícios (de curto, médio e longo prazo) para os agentes envolvidos na sua exploração.

18. Nas áreas com agricultura, convém distinguir os sistemas produtivos que são mais competitivos, em virtude da sua melhor dotação em factores naturais (solos, água, etc.), humanos e estruturais, daqueles que enfrentam maiores dificuldades no plano da competitividade agro-comercial. Em ambas as situações importa fomentar a produção de qualidade e valorizar as diversidades locais, mas nos casos onde não é viável sustentar os sistemas de produção apenas numa óptica agro-comercial, é indispensável incentivar respostas mais focadas na multifuncionalidade das explorações agrícolas e dos espaços rurais envolventes, incluindo o desenvolvimento da oferta de bens e serviços agro-ambientais e agro-rurais.

19. Nas áreas da zona costeira, importa assegurar uma gestão integrada, englobando as componentes terrestre e oceânica, adequada ao valor ambiental, paisagístico, económico e social que representa para o País. O papel regulador e interveniente do Estado é, assim, fundamental na defesa de formas sustentáveis de uso, ocupação e transformação do solo.

Opções para o modelo territorial:

1. Preservar o quadro natural e paisagístico, em particular os recursos hídricos, a zona costeira, a floresta e os espaços de potencial agrícola.
2. Gerir e valorizar as áreas classificadas integrantes da Rede Fundamental de Conservação da Natureza.
3. Articular o sistema de "espaços abertos" de natureza ambiental e paisagística com o sistema urbano e as redes de infra-estruturas.
4. Estruturar nucleações que contrariem a tendência para a urbanização contínua ao longo da faixa litoral de Portugal Continental.

Uma economia competitiva, integrada e aberta

20. Para afirmar um novo modelo económico competitivo internacionalmente e propiciador de um elevado nível de emprego e do aumento das qualificações, Portugal terá de apostar no conhecimento e na inovação tecnológica e organizacional como factores centrais da mudança.

Portugal 2025: Estratégia e Modelo Territorial 187

21. Este desígnio tem três grandes implicações na dimensão territorial.

22. Em primeiro lugar, uma economia competitiva no actual quadro de globalização exige sistemas urbanos e territórios integrados e qualificados que se diferenciem e complementem concorrencialmente.

23. Neste contexto, as cidades concentram a maior parte dos recursos humanos mais qualificados e dos factores imateriais e institucionais de criatividade e de competitividade. Os sistemas urbanos constituem assim a base e a estrutura fundamental de organização e integração dos principais espaços territoriais de desenvolvimento e de internacionalização.

24. Portugal precisa, por isso, de uma política de cidades que valorize os atributos específicos de cada uma delas e qualifique os factores de atracção de actividades inovadoras, contribuindo para tornar o território de Portugal mais atractivo para o investimento estrangeiro e para os actores que agem numa perspectiva global.

25. Para além do reforço da projecção internacional dos espaços metropolitanos de Lisboa e do Porto, torna-se necessário estruturar sistemas urbanos regionais policêntricos que se possam constituir como pólos de competitividade, desta forma ganhando dimensão para qualificar as suas funções urbanas e desenvolver serviços avançados destinados ao mercado nacional e internacional.

26. Em segundo lugar, as infra-estruturas de mobilidade e de conectividade são também cruciais para uma economia mais competitiva e com emprego mais qualificado, pois garantem as condições de acessibilidade e de mobilidade de pessoas e bens, articulam o conjunto do território nacional, reduzem a situação de perifericidade do País no contexto europeu, e valorizam a sua posição geo-estratégica no contexto mundial.

27. No território nacional, é necessário repensar o actual sistema de mobilidades, garantindo uma satisfação mais sustentada das necessidades de acessibilidade e o reforço de um modelo territorial mais policêntrico e estruturado, nomeadamente no que se refere ao eixo ferroviário norte-sul e às redes que favoreçam as centralidades nas regiões do interior.

28. No que se refere à integração de Portugal no espaço europeu, é prioritário diminuir a dependência que actualmente se verifica em relação ao transporte rodoviário. As políticas comunitárias e de muitos dos Estados-Membros incluem já medidas de tarifação do transporte rodoviário de mercadorias que agravam os custos do nosso transporte. Assim, é necessário, por um lado, promover medidas de aumento da competitividade do transporte marítimo, inserindo Portugal no objectivo europeu de desen-

188 Programa Nacional da Política de Ordenamento do Território

volvimento de "Auto-Estradas do Mar". Por outro lado, importa tornar o transporte ferroviário de mercadorias mais competitivo, integrando-o em redes transeuropeias no quadro das transformações por que passa o sector em termos organizacionais, institucionais e tecnológicos.

29. Finalmente, e no que toca à mobilidade internacional de passageiros, a localização do nosso País impõe o transporte aéreo como opção fundamental. O funcionamento recente deste modo em regime puro de mercado implica a concentração de serviços num número reduzido de aeroportos, sendo importante que Portugal disponha de um aeroporto com dimensão de tráfego e condições de operacionalidade que permitam tirar partido de algumas vantagens naturais de que dispõe para se afirmar como hub para destinos no Brasil e na África Ocidental. Desta opção pode decorrer o aumento das frequências e dos destinos servidos directamente no continente Europeu, e portanto uma integração mais eficiente da nossa economia na União Europeia.

Opções para o modelo territorial:

1. Reforçar a integração do território nacional através de uma organização mais policêntrica do sistema urbano.
2. Valorizar o papel estratégico da Região Metropolitana de Lisboa, da aglomeração urbano-industrial do Noroeste, do polígono Leiria-Coimbra-Aveiro-Viseu e das regiões turísticas de valia internacional do Algarve, da Madeira e de outros pólos emergentes de desenvolvimento turístico, para a afirmação internacional de Portugal.
3. Desenvolver redes de conectividade internacional que conjuguem as necessidades de integração ibérica e europeia com a valorização da vertente atlântica e a consolidação de novas centralidades urbanas.
4. Estruturar sistemas urbanos sub-regionais de forma a constituir pólos de competitividade regional, em particular no interior.

---

30. A posição geográfica dos Açores face ao Continente (condição ultraperiférica), a pequena dimensão das ilhas e a sua grande dispersão implicam a existência de uma multiplicidade de infra-estruturas aéreas e portuárias. Quanto menos povoadas são as ilhas, maior é o número de viagens por habitante, facto que traduz a dependência face a determinados serviços de nível superior e a importância que os transportes assumem na

coesão da Região Autónoma dos Açores. Em matéria de acessibilidades e transportes como factor de melhoria das condições de vida dos Açorianos o diagnóstico estratégico da Região é dominado por situações estruturais que exigem em grande parte uma óptica de serviço público para garantir condições de oferta compatíveis com mínimos de qualidade.

31. Em terceiro lugar, um modelo económico mais competitivo exige a implementação de uma nova política de aproximação do decisor ao cidadão, mais expedita e eficaz, só alcançável através de um novo impulso de descentralização de competências em benefício da Administração Local, de acordo com o princípio da subsidiariedade, e da relocalização dos serviços desconcentrados da Administração Central.

Um território equitativo em termos de desenvolvimento e bem-estar

32. O crescimento da economia, baseado em ganhos de produtividade e na manutenção de um elevado nível de emprego, constitui a primeira das condições necessárias para se garantir a convergência com níveis de rendimento e de bem-estar equivalentes à média europeia, a melhoria continuada dos serviços e funções sociais assegurados pelo Estado e a coesão social e territorial do País.

33. Sendo a competitividade a primeira condição necessária e uma base indispensável da coesão social e territorial, importa também afirmar que a coesão de Portugal e a capacidade de integrar e fazer participar todos os territórios e todos os grupos sociais no processo de desenvolvimento e na partilha dos seus resultados constituem, também e simetricamente, condições decisivas para que o País seja mais competitivo e próspero. Competitividade e coesão são assim as duas faces de um desenvolvimento sustentável que acolhe o contributo dos vários espaços urbanos e rurais, estimula e valoriza a sua articulação, afirmação e diferenciação competitiva, e promove também a equidade no acesso às condições e factores chaves de crescimento e bem-estar.

34. Um território equitativo com elevados níveis de bem-estar económico e social implica a existência de condições convergentes de acesso ao conhecimento e aos serviços colectivos e de interesse geral em todo o território. Implica também o reforço da possibilidade de optar por modos de vida locais diversificados, assentes em soluções de proximidade e na melhoria das condições de acessibilidade e de mobilidade. Importa, por

190　　*Programa Nacional da Política de Ordenamento do Território*

isso, valorizar as comunidades locais, reforçar os espaços de vizinhança e a sua inserção urbana e territorial. O desenvolvimento de novas formas de acessibilidade, nomeadamente através da generalização da banda larga na Internet, poderá constituir um dos suportes dessa maior liberdade de escolha do quadro residencial.

35. Mas exige também que se prossiga a infra-estruturação do território de molde a providenciar em todas as regiões as condições materiais adequadas de acesso aos serviços e funções urbanas. Uma rede de infra-estruturas de acolhimento de actividades intensivas em conhecimento, designadamente de parques de ciência e tecnologia, uma rede de plataformas logísticas e a disponibilidade das infra-estruturas de comunicações de banda larga, são elementos essenciais dessa actuação.

36. As transformações estruturais que o País está e continuará a viver vão afectar de forma desigual os territórios e os grupos sociais. Tornam-se, por isso, necessárias acções específicas de acompanhamento das situações socialmente mais gravosas ou economicamente mais vulneráveis.

37. Nas cidades colocam-se desafios sérios de desintegração, marginalização e exclusão, exigindo programas inovadores que favoreçam a inclusão social e urbana dos grupos sociais mais vulneráveis.

38. As sub-regiões do interior continuam a justificar políticas de incentivo às actividades económicas, designadamente das produtoras de bens e serviços mercantis transaccionáveis. Neste contexto, um relevo especial deve ser dado às actividades turísticas e à estruturação de corredores de desenvolvimento apoiados nos principais centros urbanos.

39. Nos territórios rurais, em estreita articulação e com o apoio activo dos centros urbanos, é importante garantir o acesso aos serviços básicos em termos adequados de mobilidade, encontrando soluções equilibradas e eficazes para o problema da crescente incapacidade de da resposta dos transportes públicos em espaços de povoamento pouco denso, e preservar a qualidade de vida, do ambiente da paisagem. É também necessária uma política de desenvolvimento rural sustentável desses territórios, promovendo de forma integrada a competitividade dos sectores agrícola e florestal, a gestão do espaço rural e do ambiente, a qualidade de vida e a diversificação das actividades económicas.

40. Para a construção de território equitativo em termos de desenvolvimento e bem-estar será também fundamental a intervenção quer das autarquias locais, em especial dos municípios, no exercício das suas actuais competências e daquelas que resultarem da desejada descentraliza-

Portugal 2025: Estratégia e Modelo Territorial

ção, quer dos serviços desconcentrados da Administração Central ao nível regional através de uma distribuição equilibrada dos mesmos no território.

Opções para o modelo territorial:

1. Definir o sistema urbano como critério orientador do desenho das redes de infra-estruturas e de equipamentos colectivos, cobrindo de forma adequada o conjunto do País e estruturando os sistemas de acessibilidades e mobilidades em função de um maior equilíbrio no acesso às funções urbanas de nível superior.

2. Promover redes de cidades e subsistemas urbanos locais policêntricos que, numa perspectiva de complementaridade e especialização, permitam a qualificação dos serviços prestados à população e às actividades económicas.

3. Valorizar a diversidade dos territórios e a articulação dos centros urbanos com as áreas rurais, garantindo em todo o País o acesso ao conhecimento e aos serviços colectivos e boas condições de mobilidade e comunicação, favorecendo a liberdade de opção por diferentes espaços e modos de vida.

Uma sociedade criativa e com sentido de cidadania

41. Uma sociedade criativa e com forte sentido de cidadania pressupõe mais conhecimento, mais abertura e cosmopolitismo, e maior participação e responsabilização.

42. Os desafios da inserção internacional, por um lado, e a superação dos problemas com que se confrontam as regiões ameaçadas pelos processos de abandono e despovoamento, por outro, devem ser enfrentados com base em soluções inovadoras. É preciso combinar conhecimento e imaginação para encontrar novos caminhos e novas áreas de afirmação numa economia cada vez mais globalizada. A abertura ao exterior, o contacto com outras realidades e a cooperação com actores de outras regiões do mundo são fundamentais. Como o é, também e sobretudo, criar condições, incluindo nos espaços mais frágeis, para atrair e fixar trabalhadores do conhecimento e da criatividade (do ensino superior e da investigação, das artes, do design, etc.).

43. Os cidadãos terão de ser melhor informados e mais interessados e responsáveis, assumindo que o que está em jogo é sobretudo a necessi-

Programa Nacional da Política de Ordenamento do Território

dade de explorar as margens de progresso e de crescimento económico de cada região, independentemente do grau de desenvolvimento que possui, e não tanto a manutenção de mecanismos redistributivos. A participação informada e responsável não é apenas um direito da democracia e uma obrigação de cidadania, constitui também uma condição essencial para ultrapassar atrasos nos mais diversos domínios.

44. Essa maior responsabilização coloca-se, desde logo, em relação à necessidade de mais respeito pelo ambiente e pelo território. O ordenamento do território deverá basear-se em mais conhecimento, investigação, divulgação, monitorização e avaliação. Uma concertação e conciliação mais evidente dos interesses em jogo quanto ao uso do solo, regras mais simples, claras e justas para a localização da residência e das actividades de cada um, melhores paisagens e uma maior fruição dos valores patrimoniais por todos, são objectivos a assumir pela sociedade portuguesa.

45. No Portugal do futuro, o território será mais complexo e estruturado. Sobre o "velho" mapa de Portugal irão reforçar-se implantações, e novas redes se organizarão e se desenvolverão. Às velhas regiões naturais, ancoradas em rios, cordilheiras, planícies e planaltos, desde há muito associadas às estruturas da administração (províncias, distritos, concelhos e freguesias), outras mais recentes (comissões de coordenação, NUTS, áreas metropolitanas, associações e comunidades urbanas) se juntam, com maior ou menor facilidade, contribuindo para a reestruturação contínua do território e das formas de o ordenar e governar.

46. Todas estas realidades e perspectivas de ver e sentir o território se imbricam em novas situações e em novas redes estruturantes – as relações da economia, com as suas áreas especializadas de produção e redes de relações territoriais construídas pelas empresas, as diversas áreas culturais, os espaços das diferentes ocupações agrárias, os espaços naturais e as áreas protegidas, a orla costeira, as ligações marítimas e as relações com o mar – tornando necessário um esforço para desenvolver novas formas de governação.

Modelo Territorial – O novo mapa de Portugal

47. O Modelo Territorial representa a inscrição espacial da *visão, ambição, desígnios e opções estratégicas* que sintetizam o *rumo* a imprimir *às políticas de ordenamento e desenvolvimento territorial no horizonte 2025.*

Portugal 2025: Estratégia e Modelo Territorial

48. É, pois, o novo mapa de um Portugal que se pretende um espaço mais sustentável e melhor ordenado, uma economia competitiva, mais integrada e aberta, e um território mais equitativo em termos de desenvolvimento e bem-estar (ver síntese na pág. seguinte).

49. Esta formulação prospectiva e voluntarista do Modelo Territorial ancorou-se quer no diagnóstico e na análise de tendências e cenários de desenvolvimento, a que se procedeu nos dois primeiros capítulos e no primeiro ponto do actual capítulo, quer no diagnóstico estratégico das várias regiões e das suas principais subunidades territoriais (capítulo 3), quer no ponto antecedente deste capítulo 4, onde se expõe e fundamenta a visão, ambição, desígnios e opções estratégicas.

50. O modelo territorial estrutura-se em quatro grandes vectores de identificação e organização espacial dos recursos territoriais:

1.º Riscos;
2.º Recursos naturais e ordenamento agrícola e florestal;
3.º Sistema urbano;
4.º Acessibilidade e conectividade internacional.

51. Estes vectores resultam da articulação espacial de vários sistemas com as suas componentes. Os primeiros dois vectores constituem o objecto, respectivamente, das figuras 47 a 50. Os outros dois incluem as componentes representadas nas figuras 51 e 52 e articulam-se nos sistemas urbano e de acessibilidades que se apresentam na figura 53. O modelo territorial deve ser entendido como um sistema global que articula os elementos e as opções subjacentes à configuração dos quatro vectores, no quadro de uma mesma estratégia de desenvolvimento territorial, e não como uma simples justaposição dos mesmos.

52. No que concerne à Região Autónoma dos Açores estão representados na figura 49 os sistemas naturais e agro-florestais. Relativamente aos restantes vectores do modelo territorial, o Plano Regional de Ordenamento do Território dos Açores assegurará a sua organização espacial em termos compatíveis com as directrizes adoptadas pelo PNPOT.

53. Relativamente à Região Autónoma da Madeira, estão representados na figura 50 os sistemas naturais e agro-florestais. O Plano Regional de Ordenamento do Território da Madeira (PROTAM) estabelece as opções de organização espacial do modelo territorial da Região.

54. A incidência da visão e das opções estratégicas sobre os sistemas integrantes do modelo territorial está explicitada no quadro síntese da

página seguinte. Os comentários subsequentes focam aspectos adicionais, nomeadamente os fundamentos e a pertinência dos elementos e dos recursos territoriais envolvidos, bem como a explicitação das principais opções que subjazem à organização e representação espacial preconizada.

Portugal 2025: Estratégia e Modelo Territorial

Desígnios, Opções Estratégicas e Modelo Territorial

Desígnios e Opções Estratégicas	Sistemas do Modelo Territorial		
	Riscos	Naturais e Agro-Florestais	Urbano e de Acessibilidades
Um espaço sustentável e bem ordenado			
Preservar o quadro natural e paisagístico, em particular os recursos hídricos, a zona costeira, a floresta e os espaços de potencial agrícola			
Gerir e valorizar as áreas classificadas integrantes da Rede Fundamental de Conservação da Natureza			
Articular o sistema de "espaços abertos" de natureza ambiental e paisagística com o sistema urbano e as redes de infra-estruturas			
Estruturar nucleações que contrariem a tendência para a urbanização contínua ao longo da faixa litoral de Portugal Continental			
Uma economia competitiva, integrada e aberta			
Reforçar a integração do território nacional através de uma organização mais policêntrica do sistema urbano			
Valorizar o papel estratégico da Região Metropolitana de Lisboa, da aglomeração urbano-industrial do Noroeste, do polígono Leiria-Coimbra-Aveiro-Viseu e das regiões turísticas de valia internacional do Algarve, da Madeira e de outros pólos emergentes de desenvolvimento turístico, para a afirmação internacional de Portugal			
Desenvolver redes de conectividade internacional que conjuguem as necessidades de integração ibérica e europeia com a valorização da vertente atlântica e com a consolidação de novas centralidades urbanas			
Estruturar sistemas urbanos sub-regionais de forma a constituir pólos regionais de competitividade, em particular no interior			
Um território equitativo em termos de desenvolvimento e bem-estar			
Definir o sistema urbano como critério orientador do desenho das redes de infra-estruturas e de equipamentos colectivos, cobrindo de forma adequada o conjunto do País e estruturando os sistemas de acessibilidades e mobilidades em função de um maior equilíbrio no acesso às funções urbanas de nível superior			
Promover redes de cidades e subsistemas urbanos locais policêntricos que, numa perspectiva de complementaridade e especialização, permitam a qualificação dos serviços prestados à população e às actividades económicas			
Valorizar a diversidade dos territórios e a articulação dos centros urbanos com as áreas rurais, garantindo em todo o País o acesso ao conhecimento e aos serviços colectivos e boas condições de mobilidade e comunicação, favorecendo a liberdade de opção por diferentes espaços e modos de vida.			

Principais incidências das Opções Estratégicas nos Sistemas do Modelo Territorial.

Prevenção e redução de riscos

55. A consideração do sistema de prevenção de riscos como um dos quatro vectores do modelo territorial constitui uma opção com importante significado. De facto, nas últimas décadas, pela força dos factos e do avanço do conhecimento científico, agudizou-se a consciência de que existem riscos diversos ameaçadores das populações e dos territórios, os quais pela sua dimensão e complexidade devem ser colocados no topo da agenda política.

56. A situação geográfica e as características geológicas e climáticas de Portugal, nos territórios do continente e nas regiões insulares, tendo ainda em consideração o contexto actual das alterações climáticas, exigem uma monitorização e gestão preventivas dos diversos riscos naturais ou antrópicos.

57. Para diferentes escalas temporais e espaciais de ocorrência e respectivos efeitos no território, pode identificar-se um conjunto abrangente de vulnerabilidades e riscos: actividade sísmica, movimentos de massa, erosão do litoral e instabilidade das arribas, cheias e inundações, incêndios florestais, secas e desertificação, contaminação de massas de água, contaminação e erosão de solos, derrames acidentais no mar, ruptura de barragens e riscos associados a diversas infra-estruturas e acidentes industriais graves.

58. Na lista dos 24 grandes problemas para o Ordenamento do Território, com que termina o diagnóstico apresentado no capítulo 2, três dos primeiros quatro problemas relacionam-se com situações de risco. A inclusão deste vector no modelo territorial do PNPOT significa, assim, que a gestão preventiva de riscos constitui uma prioridade de primeira linha da política de ordenamento do território, sendo considerada uma condicionante fundamental da organização das várias componentes do modelo e um objectivo do programa das políticas do PNPOT e, ainda, um elemento obrigatório dos outros instrumentos de gestão territorial.

59. No sentido de evidenciar essa prioridade e condicionante, apresenta-se, na figura 47, um mapa que representa, para o território continental e a uma escala macroscópica, um subconjunto dos riscos e vulnerabilidades relevantes para o Ordenamento do Território, face à ocorrência de fenómenos naturais mais graves e de actividades humanas de perigosidade potencial. Trata-se, assim, de uma carta agregada de "Riscos" que tem um sentido amplo de identificação de temas específicos mais relevantes.

60. O enquadramento geodinâmico do arquipélago dos Açores justifica a histórica e intensa actividade sismovulcânica e a vulnerabilidade do território face a estes perigos naturais, que apresentam ainda um potencial tsunamogénico. Fenómenos hidrológicos extremos podem implicar a ocorrência de cheias ou de movimentos de massa. O facto da ocupação humana se concentrar na zona costeira, associado à extensão e diversidade tipológica consideráveis, faz com que o impacto negativo da erosão costeira mereça também particular atenção de forma a mitigar os seus potenciais efeitos.

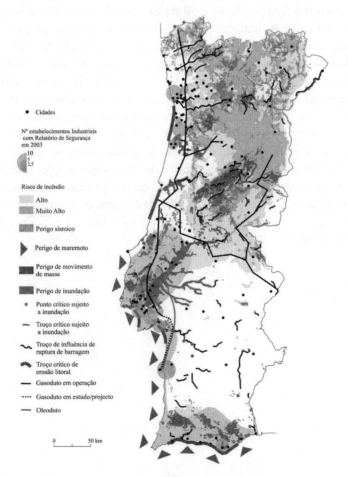

Fonte: IGM; IGP; DGE; IA; SIG PNPOT, 2006
Figura 47: Riscos em Portugal Continental

Recursos naturais e ordenamento agrícola e florestal

61. Os sistemas considerados neste vector mereceram um tratamento desenvolvido e aprofundado no âmbito do Relatório, em particular na parte inicial do capítulo 2 dedicada aos recursos naturais e sustentabilidade ambiental e ao uso do solo e ordenamento agrícola e florestal. Igual destaque lhes é conferido na listagem de grandes problemas para o Ordenamento do Território e no enunciado das opções estratégicas.

62. A mensagem mais forte que se transmite com a apresentação deste vector nas figuras 48, 49 e 50 é a de que a conservação e gestão sustentável dos recursos naturais exige a conjugação estreita dos três grandes sistemas, respectivamente, de gestão integrada da água, de ordenamento agrícola e florestal, e de conservação da natureza e da biodiversidade.

63. Trata-se de acolher uma convicção sucessivamente afirmada e fundamentada ao longo do Relatório e que tem o seu elemento mais exuberante e firme de enraizamento na percepção de que, numa perspectiva lúcida de desenvolvimento sustentável, a tríade dos recursos água-solo-biodiversidade é indissolúvel e só pode ser eficazmente gerida com o contributo daqueles três grandes sistemas e das políticas e actores que lhes dão vida nos vários domínios temáticos e níveis territoriais de intervenção.

64. Esta convicção, assim transformada em orientação de política, constitui um dos elementos fundamentais de estruturação do Programa de Acção do PNPOT.

Portugal 2025: Estratégia e Modelo Territorial 199

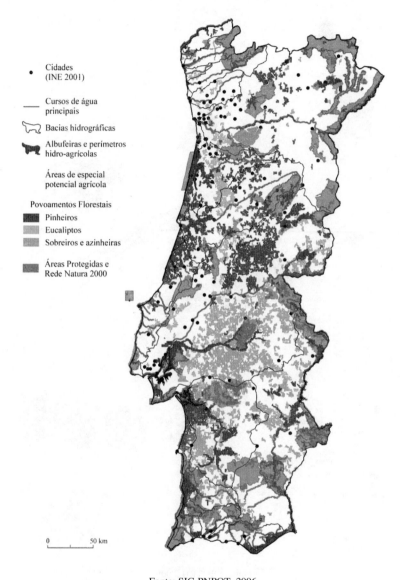

Fonte: SIG PNPOT, 2006
Figura 48: Sistemas naturais e agro-florestais em Portugal Continental

200 *Programa Nacional da Política de Ordenamento do Território*

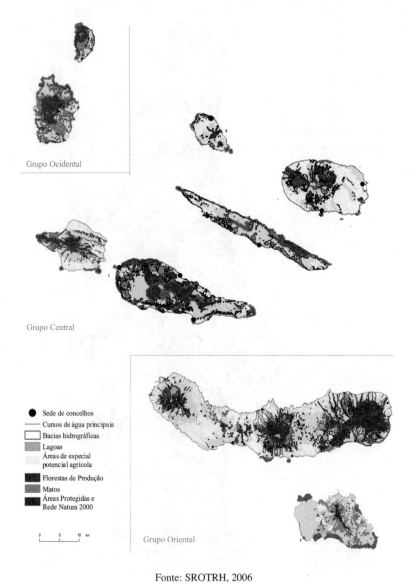

Fonte: SROTRH, 2006
Figura 49: Sistemas naturais e agro-florestais na Região Autónoma dos Açores

Portugal 2025: Estratégia e Modelo Territorial 201

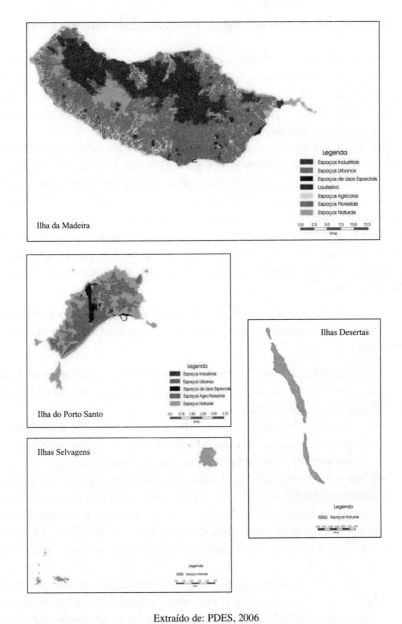

Extraído de: PDES, 2006
Figura 50: Sistemas naturais e agro-florestais na Região Autónoma da Madeira

Sistema urbano, acessibilidade e conectividade internacional

65. Na figura 53 sintetizam-se os terceiro e quarto vectores do modelo territorial para Portugal Continental que também têm uma estreita interligação, constituindo no seu conjunto a espinha vertebral e uma estrutura determinante da organização do território e da sua projecção e competitividade internacional.

66. A importância que lhes é atribuída no quadro da política nacional de ordenamento e de desenvolvimento territorial está exuberantemente demonstrada e especificada quer na síntese dos grandes problemas, quer no enunciado das opções estratégicas e tem, compreensivelmente, amplo reflexo no desenho do Programa de Acção do PNPOT.

67. Os comentários seguintes, com que se encerra a apresentação do modelo territorial e o próprio Relatório, explicitam as principais opções que subjazem a estes dois vectores e que justificam a síntese final traduzida nesta figura:

1.º Os principais motores da competitividade situar-se-ão no litoral e estruturar-se-ão em torno de pólos urbanos articulados em sistemas policêntricos:

- o *Arco Metropolitano do Porto*, em que o Porto emerge como capital e como núcleo de um novo modelo de ordenamento da conurbação do Norte Litoral;
- o *Sistema Metropolitano do Centro Litoral*, polígono policêntrico, em que se destacam Aveiro, Viseu, Coimbra e Leiria, que importa estruturar e reforçar como pólo de internacionalização;
- o *Arco Metropolitano de Lisboa*, centrado na capital e respectiva área metropolitana, mas com uma estrutura complementar crescentemente policêntrica, da Nazaré a Sines, com quatro sistemas urbanos sub-regionais em consolidação (Oeste, Médio Tejo, Lezíria e Alentejo Litoral) e prolongando a sua influência directa em direcção a Évora;
- o *Arco Metropolitano do Algarve*, polinucleado e tendencialmente linear, projectando o seu dinamismo, segundo modelos de desenvolvimento diferenciados, para o interior e ao longo da Costa Vicentina e do rio Guadiana.

2.º A construção do novo Aeroporto Internacional de Lisboa, o desenvolvimento da rede ferroviária de alta velocidade e a criação de um corredor multimodal para mercadorias que ligue o sistema portuário Lisboa/Setúbal/Sines a Espanha e ao centro da Europa, são elementos estratégicos na recomposição da rede de infra-estruturas de conectividade internacional.

3.º A estrutura das acessibilidades internas define malhas de diferente densidade, facilitando o funcionamento em rede e a abertura ao exterior, articulando os diferentes modos de transporte numa lógica de complementaridade, especialização e eficiência. Para além dos principais pólos e sistemas urbanos que organizam o espaço nacional, as novas acessibilidades podem conferir melhorias de centralidade a certas localizações-chave (*centralidades potenciais*) em áreas frágeis do ponto de vista urbano, aumentando a capacidade de projectarem a sua influência sobre o território rural envolvente. No Modelo assinalam-se as seguintes seis *centralidades potenciais*: Valença; Ponte de Lima/Ponte da Barca; Moncorvo; Coruche; Alvalade/Ermidas; Ourique/Castro Verde.

4.º Para incrementar a coerência do conjunto do sistema urbano e o seu contributo para a competitividade e a coesão territorial, importa reforçar nos espaços não metropolitanos, nomeadamente no interior, a estrutura urbana constituída pelas cidades de pequena e média dimensão, privilegiando as ligações em rede e adensando uma malha de sistemas urbanos sub-regionais que favoreçam a criação de pólos regionais de competitividade.

5.º Em complementaridade das relações transversais litoral/interior, o aprofundamento das relações norte/sul baseadas em dois eixos longitudinais interiores (dorsais) de relacionamento inter-urbano, ao desenvolver o potencial de interacção ao longo destes eixos urbanos, constituirá um factor importante de dinamização de uma extensa área do interior norte à serra algarvia, que representa cerca de 2/3 do território nacional. As principais portas terrestres de acesso a Espanha e ao continente europeu constituirão um dos esteios da dinâmica induzida pelo eixo mais interior que flanqueia a fronteira leste do país de norte a sul.

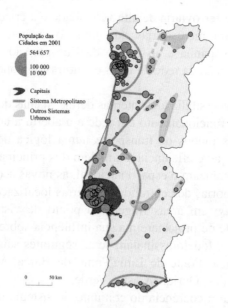

Fonte: RGP, INE, 2001; SIG PNPOT, 2006
Figura 51: Sistema urbano em Portugal Continental

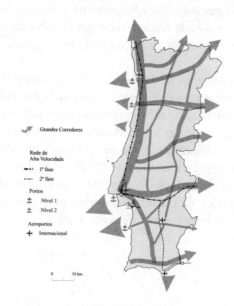

Fonte: SIG PNPOT, 2006
Figura 52: Acessibilidades e conectividade internacional em Portugal Continental

Portugal 2025: Estratégia e Modelo Territorial   205

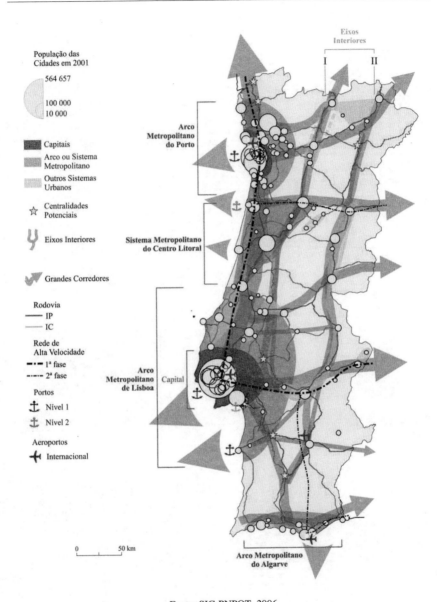

Fonte: SIG PNPOT, 2006
Figura 53: Sistema urbano e acessibilidades em Portugal Continental

PROGRAMA DE ACÇÃO

ESTRUTURA

RELATÓRIO

0. INTRODUÇÃO

1. PORTUGAL NO MUNDO

2. ORGANIZAÇÃO, TENDÊNCIAS E DESEMPENHO DO TERRITÓRIO

3. REGIÕES: CONTEXTO E ORIENTAÇÕES ESTRATÉGICAS

4. PORTUGAL 2025: ESTRATÉGIA E MODELO TERRITORIAL

PROGRAMA DE ACÇÃO

0. INTRODUÇÃO

1. ORIENTAÇÕES GERAIS

2. PROGRAMA DAS POLÍTICAS

3. DIRECTRIZES PARA OS INSTRUMENTOS DE GESTÃO TERRITORIAL

ÍNDICE DO PROGRAMA DE ACÇÃO

0. INTRODUÇÃO

1. ORIENTAÇÕES GERAIS
   Ambição e opções estratégicas
   Modelo territorial
   Objectivos estratégicos e coerência com outros quadros de referência

2. PROGRAMA DAS POLÍTICAS
   Objectivos, orientações e medidas

OBJECTIVO ESTRATÉGICO 1
   Conservar e valorizar a biodiversidade, os recursos e o património natural, paisagístico e cultural, utilizar de modo sustentável os recursos energéticos e geológicos, e monitorizar, prevenir e minimizar os riscos

OBJECTIVO ESTRATÉGICO 2
   Reforçar a competitividade territorial de Portugal e a sua integração nos espaços ibérico, europeu, atlântico e global

OBJECTIVO ESTRATÉGICO 3
   Promover o desenvolvimento policêntrico dos territórios e reforçar as infra-estruturas de suporte à integração e à coesão territoriais

OBJECTIVO ESTRATÉGICO 4
   Assegurar a equidade territorial no provimento de infra-estruturas e de equipamentos colectivos e a universalidade no acesso aos serviços de interesse geral, promovendo a coesão social

OBJECTIVO ESTRATÉGICO 5
   Expandir as redes e infra-estruturas avançadas de informação e comunicação e incentivar a sua crescente utilização pelos cidadãos, empresas e administração pública

OBJECTIVO ESTRATÉGICO 6
Reforçar a qualidade e a eficiência da gestão territorial, promovendo a participação informada, activa e responsável dos cidadãos e das instituições

Síntese do âmbito, estrutura e conteúdo do Programa das Políticas
Responsabilidades e coordenação da acção governativa

3. DIRECTRIZES PARA OS INSTRUMENTOS DE GESTÃO TERRITORIAL
Introdução
Relação entre o PNPOT e os outros Instrumento de Gestão Territorial
Orientações para a elaboração dos Instrumento de Gestão Territorial
Execução, acompanhamento, avaliação e revisão do PNPOT

ÍNDICE DE FIGURAS

Figura 1: Riscos em Portugal Continental
Figura 2: Sistemas naturais e agro-florestais em Portugal Continental
Figura 3: Sistemas naturais e agro-florestais na Região Autónoma dos Açores
Figura 4: Sistemas naturais e agro-florestais na Região Autónoma da Madeira
Figura 5: Sistema urbano e acessibilidades em Portugal Continental

ÍNDICE DE QUADROS

Quadro 1: Medidas Prioritárias por Objectivos Estratégicos e Tipos de Intervenção Pública
Quadro 2: Medidas Prioritárias por Grandes Áreas de Acção Governativa

ANEXOS

I – Medidas Prioritárias por Tipos de Intervenção Política
II – Objectivos Específicos e Domínios de Acção Governativa
III – Medidas Prioritárias e Instrumentos de Gestão Territorial

SIGLAS E ACRÓNIMOS

CCDR	Comissão de Coordenação e Desenvolvimento Regional
CSP	Cuidados de Saúde Primários
CVN	Corpo de Vigilantes da Natureza
DGOTDU	Direcção-Geral do Ordenamento do Território e Desenvolvimento Urbano
ENDS	Estratégia Nacional de Desenvolvimento Sustentável
ETAR	Estação de Tratamento de Águas Residuais
GEE	Gases de Efeito de Estufa
IC	Itinerário Complementar
ICN	Instituto da Conservação da Natureza
IGT	Instrumento de Gestão Territorial
IP	Itinerário Principal
LBPOTU	Lei de Bases da Política de Ordenamento do Território e de Urbanismo
MAI	Ministério da Administração Interna
MAOTDR	Ministério do Ambiente, do Ordenamento do Território e do Desenvolvimento Regional
MCTES	Ministério da Ciência, Tecnologia e Ensino Superior
MDN	Ministério da Defesa Nacional
ME	Ministério da Economia
MEI	Ministério da Economia e da Inovação
MFAP	Ministério das Finanças e da Administração Pública
MJ	Ministério da Justiça
MOPTC	Ministério das Obras Públicas, Transportes e Comunicações
MP / IDP	Ministro da Presidência / Instituto do Desporto de Portugal
MS	Ministério da Saúde
MTSS	Ministério do Trabalho e da Solidariedade Social
NUTS	Nomenclatura das Unidades Territoriais para Fins Estatísticos
OEBT	Opções Estratégicas de Base Territorial
PDES	Plano de Desenvolvimento Sustentável da Madeira
PDM	Plano Director Municipal

PEAASAR	Plano Estratégico de Abastecimento de Água e de Saneamento de Águas Residuais
PEN	Plano Estratégico Nacional de Desenvolvimento Rural
PEOT	Plano Especial de Ordenamento do Território
PERSU	Planos Estratégicos Sectoriais dos Resíduos Sólidos Urbanos
PGF	Plano de Gestão Florestal
PIER	Projectos de Intervenção em Espaço Rural
PIOT	Plano Intermunicipal de Ordenamento do Território
PMIF	Plano Municipal de Intervenção na Floresta
PMOT	Plano Municipal de Ordenamento do Território
PNAC	Plano Nacional para as Alterações Climáticas
PNACE	Programa Nacional de Acção para o Crescimento e o Emprego
PNDFI	Plano Nacional de Defesa da Floresta Contra Incêndios
PNPOT	Programa Nacional da Política de Ordenamento do Território
POBHL	Planos de Ordenamento de Bacias Hidrográficas e Lagoas
PRN	Plano Rodoviário Nacional
PRODESA	Programa Operacional para o Desenvolvimento Económico e Social dos Açores
PROF	Plano Regional de Ordenamento Florestal
PROT	Plano Regional de Ordenamento do Território
PROTA	Plano Regional de Ordenamento do Território dos Açores
PROTRAM	Plano Regional de Ordenamento do Território da Região Autónoma da Madeira
QREN	Quadro de Referência Estratégico Nacional
RAN	Reserva Agrícola Nacional
REN	Reserva Ecológica Nacional
RJIGT	Regime Jurídico dos Instrumentos de Gestão Territorial
SCTN	Sistema Científico e Tecnológico Nacional
SEJD	Secretaria de Estado da Juventude e do Desporto
SEPNA	Serviço de Protecção da Natureza e do Ambiente da Guarda Nacional Republicana
SNIG	Sistema Nacional de Informação Geográfica
SNIRF	Sistema Nacional de Informação sobre Recursos Florestais
SNIT	Sistema Nacional de Informação Territorial
SNS	Serviço Nacional de Saúde
TIC	Tecnologias de Informação e Comunicação
ZEE	Zona Económica Exclusiva
ZIF	Zona de Intervenção Florestal

0. INTRODUÇÃO

1. O **Programa de Acção do PNPOT** visa concretizar a estratégia de ordenamento, desenvolvimento e coesão territorial do País, conforme disposto nos artigos 26.° a 29.° do Decreto-Lei 380/99, de 22 de Setembro, e está organizado em 3 capítulos.

2. Para as Regiões Autónomas dos Açores e da Madeira as propostas de concretização da estratégia de desenvolvimento e coesão territorial são coerentes com o disposto nos respectivos Planos de Desenvolvimento Regionais (PRODESA e PDES).

3. O **capítulo 1 – Orientações Gerais –** retoma, de forma direccionada para a acção, a visão, as opções estratégicas e o modelo territorial apresentados no capítulo 4 do Relatório – *Portugal 2025: Estratégia e Modelo Territorial* – , o qual surge na sequência de três capítulos anteriores, respectivamente, de enquadramento do país no contexto ibérico, europeu, atlântico e mundial (capítulo 1), de caracterização das condicionantes, problemas, tendências e cenários de desenvolvimento territorial de Portugal (capítulo 2) e de diagnóstico estratégico das várias regiões (capítulo 3).

4. No **capítulo 2 – Programa das Políticas –** apresenta-se e fundamenta-se o conjunto articulado de **objectivos estratégicos, objectivos específicos e medidas** que especificam, respectivamente, o rumo traçado no Programa Nacional da Política de Ordenamento do Território (PNPOT) para o Portugal 2025, as principais linhas de intervenção a desenvolver com essa finalidade e, ainda, as acções prioritárias que permitirão concretizar o rumo e as linhas de intervenção propostas. Este capítulo contém, assim, um quadro integrado de compromissos do conjunto das políticas com incidência territorial na prossecução da estratégia e dos objectivos do PNPOT, cujas estrutura e tradução em termos de responsabilidades de acção governativa são analisadas na sua parte final.

5. O **capítulo 3 – Directrizes para os Instrumentos de Gestão Territorial –** especifica o modo como os diversos instrumentos de gestão territorial deverão contribuir para concretizar a estratégia e o programa de

218 Programa Nacional da Política de Ordenamento do Território

acção estabelecidos no PNPOT, começando por enquadrar globalmente a sua relação com os outros Instrumentos de Gestão Territorial e apresentando, depois, orientações específicas para cada um dos respectivos tipos.

6. Nos Anexos ao Programa de Acção incluem-se três quadros de síntese da estrutura do Programa das Políticas e da sua repercussão nos Instrumentos de Gestão Territorial, que constituem importantes elementos de suporte e complemento ao conteúdo dos capítulos 2 e 3, a saber: I – Medidas Prioritárias por Tipos de Intervenção Política; II – Objectivos Específicos e Domínios de Acção Governativa; e III – Medidas Prioritárias e Instrumentos de Gestão Territorial.

1. ORIENTAÇÕES GERAIS

Ambição e opções estratégicas

1. Para concretizar a estratégia de ordenamento, desenvolvimento e coesão territorial do País, o **Programa de Acção** fundamenta-se no diagnóstico e nas perspectivas e **opções** estratégicas previamente desenvolvidos no **Relatório**.

2. Os três primeiros capítulos do Relatório enquadram o país no contexto ibérico, europeu, atlântico e mundial (capítulo 1), caracterizam as condicionantes, problemas, tendências e cenários de desenvolvimento territorial de Portugal (capítulo 2), e apresentam o diagnóstico estratégico das várias regiões e das suas principais subunidades territoriais (capítulo 3).

3. O Capítulo 2 termina com uma síntese, centrada na identificação de vinte e quatro grandes **problemas** (vd. p. seguinte) que Portugal enfrenta no domínio do ordenamento do território e a que deverá dar resposta nos próximos 20 anos, ou seja, no horizonte temporal do PNPOT, agrupando-os em seis **domínios**:

- Recursos naturais e gestão de riscos;
- Desenvolvimento urbano e rural;
- Transportes, energia e alterações climáticas;
- Competitividade dos territórios;
- Infra-estruturas e serviços colectivos;
- Cultura cívica, planeamento e gestão territorial.

4. Qualquer estratégia de desenvolvimento deve visar, ao mesmo tempo, combater com eficácia os principais problemas e identificar com rigor novas **oportunidades** susceptíveis de consolidar processos de desenvolvimento diferenciados, inovadores e sustentados.

5. Neste sentido, o diagnóstico estratégico das várias **regiões,** apresentado no Capítulo 3 do Relatório, culmina numa **visão prospectiva e estratégica** das orientações mais pertinentes para potenciar a especifici-

220 *Programa Nacional da Política de Ordenamento do Território*

dade e as oportunidades de desenvolvimento de cada contexto regional e sub-regional e, correlativamente, para reforçar a sustentabilidade, a coesão e a competitividade do país no seu conjunto.

6. Para a Região Autónoma dos Açores, as Opções de Médio Prazo (2004-2008) estabelecem as linhas de orientação da estratégia a prosseguir.

7. Para a Região Autónoma da Madeira, o Plano de Desenvolvimento Económico e Social – PDES (2007-2013) faz o diagnóstico da Região, identificando fragilidades, forças e potencialidades, e define a Estratégia e as Prioridades de Desenvolvimento. Este documento permite-nos identificar os cenários e objectivos comuns ao todo nacional no Programa de Acção e adicionar as especificidades regionais.

8. O trabalho de contextualização prospectiva foi ainda completado por um exercício de cenarização, sintetizado na primeira parte do Capítulo 4, que constitui um quadro de referência da evolução demográfica e económica, delimitando o leque de indeterminação da mudança estrutural da sociedade e da economia portuguesas e contribuindo, assim, para dar credibilidade às apostas voluntaristas de natureza ou com impacte territorial defendidas para o país.

---

24 problemas para o Ordenamento do Território

a) Recursos naturais e gestão de riscos

1. Degradação do solo e riscos de desertificação, agravados por fenómenos climáticos (seca e chuvas torrenciais) e pela dimensão dos incêndios florestais.

2. Degradação da qualidade da água e deficiente gestão dos recursos hídricos.

3. Insuficiente desenvolvimento dos instrumentos de ordenamento e de gestão das áreas classificadas integradas na Rede Fundamental de Conservação da Natureza.

4. Insuficiente consideração dos riscos nas acções de ocupação e transformação do território, com particular ênfase para os sismos, os incêndios florestais, as cheias e inundações e a erosão das zonas costeiras.

b) Desenvolvimento urbano e rural

5. Expansão desordenada das áreas metropolitanas e de outras áreas urbanas, invadindo e fragmentando os espaços abertos, afectando a sua qualidade e

Orientações gerais 221

potencial ecológico, paisagístico e produtivo, e dificultando e encarecendo o desenvolvimento das infra-estruturas e a prestação dos serviços colectivos.

6. Despovoamento e fragilização demográfica e socioeconómica de vastas áreas e insuficiente desenvolvimento dos sistemas urbanos não metropolitanos e da sua articulação com os espaços rurais envolventes, enfraquecendo a competitividade e a coesão territorial do país.

7. Degradação da qualidade de muitas áreas residenciais, sobretudo nas periferias e nos centros históricos das cidades, e persistência de importantes segmentos de população sem acesso condigno à habitação, agravando as disparidades sociais intra-urbanas.

8. Insuficiência das políticas públicas e da cultura cívica no acolhimento e integração dos imigrantes, acentuando a segregação espacial e a exclusão social nas áreas urbanas.

c) Transportes, energia e alterações climáticas

9. Subdesenvolvimento dos sistemas aeroportuário, portuário e ferroviário de suporte à conectividade internacional de Portugal, no quadro ibérico, europeu, atlântico e global.

10. Deficiente intermodalidade dos transportes, com excessiva dependência da rodovia e do uso dos veículos automóveis privados e insuficiente desenvolvimento de outros modos de transporte, nomeadamente do ferroviário.

11. Elevada intensidade (reduzida eficiência) energética e carbónica das actividades económicas e dos modelos de mobilidade e consumo, com fraco recurso a energias renováveis, conduzindo a uma estreita associação dos ritmos do crescimento económico com os do aumento do consumo de energia e das emissões de Gases com Efeito de Estufa (GEE).

12. Elevada dependência de fontes de energia primária importadas (petróleo, carvão e gás natural), com forte concentração das origens geográficas e pesadas implicações no défice externo, agravada pela volatilidade e tendência estrutural de aumento dos preços desses recursos não renováveis e de natureza estratégica.

d) Competitividade dos territórios

13. Forte dispersão geográfica das infra-estruturas económicas e dos equipamentos terciários mais qualificantes, com perdas de escala e atrofia das relações de especialização e complementaridade geradoras de maior rendibilidade social e económica.

14. Ausência de um sistema logístico global, que tenha em conta os requisitos dos diferentes sectores de actividade e a inserção dos territórios nos mercados globais.

15. Insuficiente projecção externa das funções económicas das principais aglomerações urbanas, dificultando a participação de Portugal nos fluxos de investimento internacional.

16. Reduzida extensão das cadeias de valor e insuficiente exploração das condições e dos recursos mais diferenciadores dos territórios, e correspondente debilidade das relações económicas inter-institucionais, inter-sectoriais e inter--regionais no espaço económico nacional.

e) Infra-estruturas e serviços colectivos

17. Expansão e intensa alteração da estrutura da procura social de serviços colectivos e de interesse geral, pelo efeito conjugado de mudanças demográficas (envelhecimento, imigração e migrações internas), económicas e culturais.

18. Desajustamento da distribuição territorial e da qualidade da oferta de infra-estruturas colectivas e dos serviços de interesse geral face a essa expansão e alteração estrutural das procuras sociais.

19. Deficiente programação do investimento público em infra-estruturas e equipamentos colectivos, com insuficiente consideração dos impactes territoriais e dos custos de funcionamento e manutenção.

20. Incipiente desenvolvimento da cooperação territorial de âmbito supra-municipal na programação e gestão de infra-estruturas e equipamentos colectivos, prejudicando a obtenção de economias de escala e os ganhos de eficiência baseados em relações de associação e complementaridade.

f) Cultura cívica, planeamento e gestão territorial

21. Ausência de uma cultura cívica valorizadora do ordenamento do território e baseada no conhecimento rigoroso dos problemas, na participação dos cidadãos e na capacitação técnica das instituições e dos agentes mais directamente envolvidos.

22. Insuficiência das bases técnicas essenciais para o ordenamento do território, designadamente nos domínios da informação geo-referenciada sobre os recursos territoriais, da cartografia certificada, da informação cadastral e do acesso em linha ao conteúdo dos planos em vigor.

23. Dificuldade de coordenação entre os principais actores institucionais, públicos e privados, responsáveis por políticas e intervenções com impacte territorial.

24. Complexidade, rigidez, centralismo e opacidade da legislação e dos procedimentos de planeamento e gestão territorial, afectando a sua eficiência e aceitação social.

Orientações gerais 223

9. Tendo por base a identificação dos **grandes problemas** que o país enfrenta do ponto de vista do ordenamento do território, a apresentação de **orientações estratégicas** para as regiões e sub-regiões do continente e a definição do **quadro de referência demográfico e económico** que condiciona a sua evolução estrutural, foi possível propor, à luz dos princípios e objectivos mais genéricos da ENDS – Estratégia Nacional de Desenvolvimento Sustentável, uma **visão para o ordenamento do território nacional no horizonte 2025.**

10. Assim, no Capítulo 4, sugestivamente intitulado *Portugal 2025,* propõe-se uma **visão** do ordenamento e do desenvolvimento do território nacional assente numa **ambição** e num conjunto de **opções estratégicas** a incorporar quer no **modelo territorial de referência** quer no **programa de políticas.**

11. As políticas de ordenamento e desenvolvimento do território deverão ter a **ambição** de contribuir de forma inovadora e duradoura para que Portugal seja:

> – Um espaço sustentável e bem ordenado;
> – Uma economia competitiva, integrada e aberta;
> – Um território equitativo em termos de desenvolvimento e bem-estar;
> – Uma sociedade criativa e com sentido de cidadania.

12. Para que Portugal seja um **espaço sustentável e bem ordenado,** o modelo territorial e o programa de políticas devem dar corpo às seguintes **opções estratégicas**:

> – Preservar o quadro natural e paisagístico, em particular os recursos hídricos, a zona costeira, a floresta e os espaços de potencial agrícola;
> – Gerir e valorizar as áreas classificadas integrantes da Rede Fundamental de Conservação da Natureza;
> – Articular o sistema de "espaços abertos" de natureza ambiental e paisagística com o sistema urbano e as redes de infra-estruturas;
> – Estruturar nucleações que contrariem a tendência para a urbanização contínua ao longo da faixa litoral de Portugal Continental.

13. Para que Portugal seja uma **economia competitiva, integrada e aberta,** o modelo territorial e o programa de políticas devem dar corpo às seguintes **opções estratégicas**:

> – Reforçar a integração do território continental através de uma organização mais policêntrica do sistema urbano;
> – Valorizar o papel estratégico da Região Metropolitana de Lisboa, da aglomeração urbano-industrial do Noroeste, do polígono Leiria-Coimbra-Aveiro-Viseu e das regiões turísticas de valia internacional do Algarve, da Madeira e de outros pólos emergentes de desenvolvimento turístico, para a afirmação internacional de Portugal;
> – Desenvolver redes de conectividade internacional que conjuguem as necessidades de integração ibérica e europeia e a valorização da vertente atlântica com a consolidação de novas centralidades urbanas;
> – Estruturar sistemas urbanos sub-regionais de forma a constituir pólos regionais de competitividade, em particular no interior.

14. Para que Portugal seja um **território equitativo em termos de desenvolvimento e bemestar**, o modelo territorial e o programa de políticas devem dar corpo às seguintes **opções estratégicas**:

> – Definir o sistema urbano como critério orientador do desenho das redes de infra-estruturas e de equipamentos colectivos, cobrindo de forma adequada o conjunto do País e estruturando os sistemas de acessibilidades e mobilidades em função de um maior equilíbrio no acesso às funções urbanas de nível superior;
> – Promover redes de cidades e subsistemas urbanos locais policêntricos que, numa perspectiva de complementaridade e especialização, permitam a qualificação dos serviços prestados à população e às actividades económicas;
> – Valorizar a diversidade dos territórios e a articulação dos centros urbanos com as áreas rurais, garantindo em todo o País o acesso ao conhecimento e aos serviços colectivos e boas condições de mobilidade e comunicação, favorecendo a liberdade de opção por diferentes espaços e modos de vida.

15. Com uma natureza genérica não espacial, o desígnio da construção de uma **sociedade criativa e com sentido de cidadania** não se traduz em orientações explícitas para o modelo territorial, mas encontra acolhimento particular no âmbito do sexto objectivo estratégico do Programa de Políticas.

Modelo territorial

16. A visão e as opções estratégicas do ordenamento e desenvolvimento do território nacional corporizam-se num **modelo territorial coerente**, apresentado e fundamentado no final do capítulo 4 do Relatório e que se sintetiza para o território continental no quadro e nas Figuras seguintes, que representam os **três grandes pilares** do modelo: sistema de **prevenção e gestão de riscos**; sistemas de **conservação e gestão sustentável dos recursos naturais e dos espaços agro-florestais**; e sistemas **urbano e de acessibilidades**.

17. No que se reporta às Regiões Autónomas dos Açores e da Madeira as propostas específicas para concretização do primeiro e terceiro pilares são estabelecidas nos respectivos Planos Regionais de Ordenamento do Território.

Desígnios, Opções Estratégicas e Modelo Territorial

Desígnios e Opções Estratégicas	Sistemas do Modelo Territorial		
	Riscos	Naturais e Agro-florestais	Urbano e de Acessibilidades
Um espaço sustentável e bem ordenado			
Preservar o quadro natural e paisagístico, em particular os recursos hídricos, a zona costeira, a floresta e os espaços de potencial agrícola			
Gerir e valorizar as áreas classificadas integrantes da Rede Fundamental de Conservação da Natureza			
Articular o sistema de "espaços abertos" de natureza ambiental e paisagística com o sistema urbano e as redes de infra-estruturas			
Estruturar nucleações que contrariem a tendência para a urbanização contínua ao longo da faixa litoral de Portugal Continental			
Uma economia competitiva, integrada e aberta			
Reforçar a integração do território nacional através de uma organização mais policêntrica do sistema urbano			
Valorizar o papel estratégico da Região Metropolitana de Lisboa, da aglomeração urbano-industrial do Noroeste, do polígono Leiria-Coimbra-Aveiro-Viseu e das regiões turísticas de valia internacional do Algarve, da Madeira e de outros pólos emergentes de desenvolvimento turístico, para a afirmação internacional de Portugal			
Desenvolver redes de conectividade internacional que conjuguem as necessidades de integração ibérica e europeia com a valorização da vertente atlântica e com a consolidação de novas centralidades urbanas			
Estruturar sistemas urbanos sub-regionais de forma a constituir pólos regionais de competitividade, em particular no interior			
Um território equitativo em termos de desenvolvimento e bem-estar			
Definir o sistema urbano como critério orientador do desenho das redes de infra-estruturas e de equipamentos colectivos, cobrindo de forma adequada o conjunto do País e estruturando os sistemas de acessibilidades e mobilidades em função de um maior equilíbrio no acesso às funções urbanas de nível superior			
Promover redes de cidades e subsistemas urbanos locais policêntricos que, numa perspectiva de complementaridade e especialização, permitam a qualificação dos serviços prestados à população e às actividades económicas			
Valorizar a diversidade dos territórios e a articulação dos centros urbanos com as áreas rurais, garantindo em todo o País o acesso ao conhecimento e aos serviços colectivos e boas condições de mobilidade e comunicação, favorecendo a liberdade de opção por diferentes espaços e modos de vida.			

Principais incidências das Opções Estratégicas nos Sistemas do Modelo Territorial.

Orientações gerais

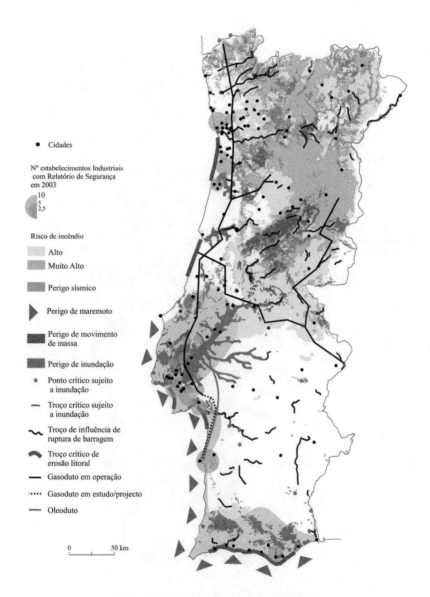

Fonte: IGM; IGP; DGE; IA; SIG PNPOT, 2006
Figura 1: Riscos em Portugal Continental

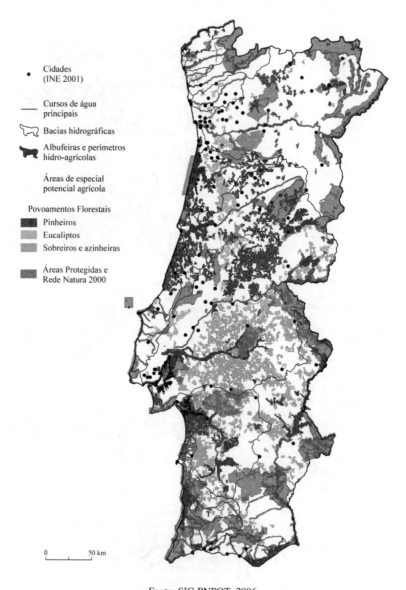

Fonte: SIG PNPOT, 2006
Figura 2: Sistemas naturais e agro-florestais em Portugal Continental

Orientações gerais 229

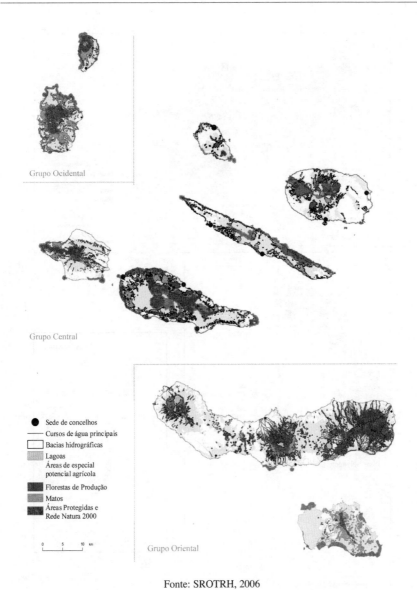

Fonte: SROTRH, 2006
Figura 3: Sistemas naturais e agro-florestais na Região Autónoma dos Açores

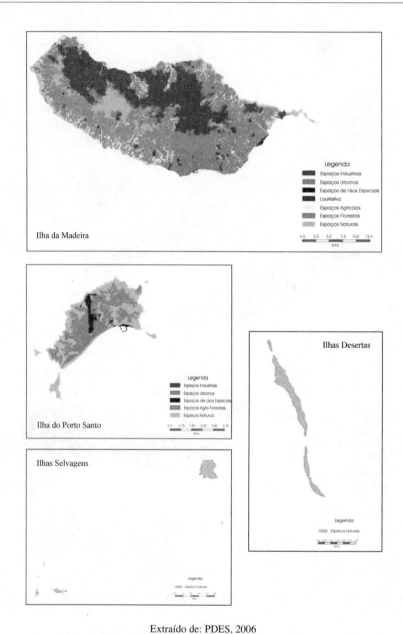

Extraído de: PDES, 2006
Figura 4: Sistemas naturais e agro-florestais na Região Autónoma da Madeira

Orientações gerais

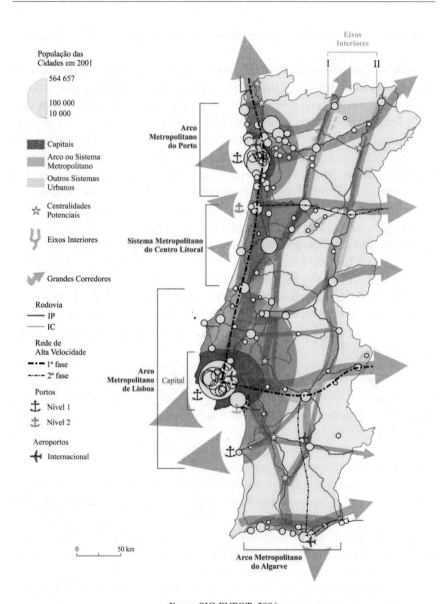

Fonte: SIG PNPOT, 2006
Figura 5: Sistema urbano e acessibilidades em Portugal Continental

Objectivos estratégicos e coerência com outros quadros de referência

18. O **Programa de Políticas** corresponde ao conjunto articulado de **Objectivos Estratégicos, Objectivos Específicos e Medidas** que especificam, respectivamente, o rumo traçado no Programa Nacional da Política de Ordenamento do Território (PNPOT) para o Portugal 2025, as principais linhas de intervenção a desenvolver com essa finalidade e as acções prioritárias, identificadas e calendarizadas, que permitirão concretizar esse rumo e as linhas de intervenção. Este capítulo contém, assim, um quadro integrado de compromissos do conjunto das políticas com incidência territorial na prossecução da estratégia e dos objectivos do PNPOT. As propostas específicas para concretização da estratégia de desenvolvimento e de coesão territorial do país, no que se reporta às Regiões Autónomas dos Açores e da Madeira, fundamentam-se nos respectivos Planos Regionais de Ordenamento e Desenvolvimento.

19. A **linha de rumo** que o Programa Nacional da Política de Ordenamento do Território (PNPOT) pretende imprimir ao país sistematiza-se em seis **Objectivos Estratégicos,** que se complementam e reforçam reciprocamente:

1. Conservar e valorizar a biodiversidade, os recursos e o património natural, paisagístico e cultural, utilizar de modo sustentável os recursos energéticos e geológicos, e monitorizar, prevenir e minimizar os riscos.

2. Reforçar a competitividade territorial de Portugal e a sua integração nos espaços ibérico, europeu, atlântico e global.

3. Promover o desenvolvimento policêntrico dos territórios e reforçar as infra-estruturas de suporte à integração e à coesão territoriais.

4. Assegurar a equidade territorial no provimento de infra-estruturas e de equipamentos colectivos e a universalidade no acesso aos serviços de interesse geral, promovendo a coesão social.

5. Expandir as redes e infra-estruturas avançadas de informação e comunicação e incentivar a sua crescente utilização pelos cidadãos, empresas e administração pública.

6. Reforçar a qualidade e a eficiência da gestão territorial, promovendo a participação informada, activa e responsável dos cidadãos e das instituições.

20. Estes **Objectivos estratégicos** aderem aos seis domínios de problemas de ordenamento do território anteriormente apresentados, mas sem que se verifique total coincidência já que a estratégia proposta visa combater problemas mas pretende, ao mesmo tempo, consolidar **novas oportunidades** e concretizar **quatro grandes desígnios**. São, portanto, objectivos ditados pela **visão e ambição** de que Portugal se torne, progressivamente, um espaço mais sustentável e melhor ordenado, uma economia competitiva, mais integrada e aberta, um território mais equitativo em termos de desenvolvimento e bem-estar, e uma sociedade criativa e com sentido de cidadania.

21. Para cada Objectivo estratégico, devidamente enquadrado e justificado, enunciam-se diferentes linhas de intervenção polarizadas pelos respectivos **Objectivos Específicos**. Em número variável, os Objectivos específicos desdobram e concretizam a finalidade subjacente a cada Objectivo estratégico, podendo corresponder a iniciativas de natureza distinta: definição e execução de políticas e estratégias, desenvolvimento e implementação de programas, incentivo de iniciativas, comportamentos ou valores específicos, produção legislativa e organização administrativa.

22. Finalmente, cada Objectivo específico corporiza-se num conjunto ilustrativo de Medidas.

Elencam-se as medidas consideradas *prioritárias e calendarizáveis no horizonte do próximo período de programação financeira comunitária (ano 2013)*. Outras medidas irão sendo identificadas no futuro, em função do acompanhamento, monitorização e avaliação da execução do PNPOT e no quadro dos correspondentes processos de revisão conforme explicado no final do capítulo 3 deste Programa de Acção.

23. No desenho do conjunto de Objectivos Estratégicos e Específicos do PNPOT houve a preocupação de garantir a coerência com a visão e os objectivos consagrados noutros três quadros de referência estratégicos de natureza horizontal. O primeiro deles é a *Estratégia Nacional de Desenvolvimento Sustentável* (ENDS 2005-2015). Os dois restantes são, por um lado, o *Programa Nacional de Acção para o Crescimento e o Emprego* (PNACE), elaborado e periodicamente actualizado no contexto da agenda de reformas da *Estratégia de Lisboa* da União Europeia e, por outro lado, o *Plano Nacional para as Alterações Climáticas* (PNAC), que enquadra o cumprimento do conjunto de compromissos e obrigações assumidos por Portugal enquanto signatário da Convenção Quadro das Nações Unidas

sobre as alterações Climáticas, do Protocolo de Quioto e do Acordo de Partilha de Responsabilidades da UE neste âmbito.

24. Num plano mais directamente relacionado com a pertinência e as condições de implementação das medidas prioritárias do programa de políticas do PNPOT que correspondem a investimentos a executar até 2013, considera-se também como prioridade de primeira linha e de natureza horizontal a garantia de coerência com os objectivos e as prioridades do *Quadro de Referência Estratégico Nacional* (QREN 2007-2013) e do *Plano Estratégico Nacional de Desenvolvimento Rural* (PEN 2007-2013), que enquadram estrategicamente a aplicação em Portugal das políticas comunitárias de coesão económica e social e de desenvolvimento rural no próximo período de programação (2007-2013).

2. PROGRAMA DAS POLÍTICAS

Objectivos, orientações e medidas

1. Como se referiu acima, o Programa de Políticas integra um conjunto articulado de objectivos estratégicos, objectivos específicos e medidas que desenvolvem e concretizam a estratégia e o rumo traçados para o ordenamento do território de Portugal no horizonte 2025 e que representam também um quadro integrado de compromissos das políticas com incidência territorial na prossecução dessa estratégia.

Objectivos Estratégicos

1. *Conservar e valorizar a biodiversidade, os recursos e o património natural, paisagístico e cultural, utilizar de modo sustentável os recursos energéticos e geológicos, e monitorizar, prevenir e minimizar os riscos.*

2. *Reforçar a competitividade territorial de Portugal e a sua integração nos espaços ibérico, europeu, atlântico e global.*

3. *Promover o desenvolvimento policêntrico dos territórios e reforçar as infra-estruturas de suporte à integração e à coesão territoriais.*

4. *Assegurar a equidade territorial no provimento de infra-estruturas e de equipamentos colectivos e a universalidade no acesso aos serviços de interesse geral, promovendo a coesão social.*

5. *Expandir as redes e infra-estruturas avançadas de informação e comunicação e incentivar a sua crescente utilização pelos cidadãos, empresas e administração pública.*

6. *Reforçar a qualidade e a eficiência da gestão territorial, promovendo a participação informada, activa e responsável dos cidadãos e das instituições.*

---

2. Na primeira parte deste capítulo abordam-se sucessivamente os seis objectivos estratégicos apresentados e fundamentados no capítulo

236   *Programa Nacional da Política de Ordenamento do Território*

anterior. A abordagem de cada objectivo estratégico organiza-se em duas etapas: na primeira identificam-se os objectivos específicos que o desenvolvem em diversas linhas de intervenção; na segunda apresentam-se e fundamentam-se as orientações e as medidas prioritárias que concretizam cada um destes objectivos.

3. Na segunda parte apresenta-se uma síntese do âmbito, estrutura e conteúdo do Programa de Políticas e das responsabilidades de acção governativa que a sua execução envolve.

OBJECTIVO ESTRATÉGICO 1. Conservar e valorizar a biodiversidade, os recursos e o património natural, paisagístico e cultural, utilizar de modo sustentável os recursos energéticos e geológicos, e monitorizar, prevenir e minimizar os riscos

Objectivos específicos

1. Desenvolver os sistemas de conhecimento e informação sobre o ambiente e os recursos naturais.

2. Aperfeiçoar e consolidar os regimes, os sistemas e as áreas fundamentais para proteger e valorizar a biodiversidade e os recursos naturais.

3. Definir e executar uma Estratégia Nacional de Protecção do Solo.

4. Promover o ordenamento e a gestão sustentável da silvicultura e dos espaços florestais.

5. Executar a política de gestão integrada da água.

6. Definir e executar uma política de ordenamento e gestão integrada da zona costeira, nas suas componentes terrestre e marítima.

7. Executar a Estratégia Nacional para o Mar.

8. Definir e executar uma política de gestão integrada dos recursos geológicos.

9. Executar a Estratégia Nacional para a Energia e prosseguir a política sustentada para as alterações climáticas.

10. Proteger e valorizar as paisagens e o património cultural.

11. Avaliar e prevenir os factores e as situações de risco, e desenvolver dispositivos e medidas de minimização dos respectivos efeitos.

Programa das políticas

Objectivos específicos

1.1. *Desenvolver os sistemas de conhecimento e informação sobre o ambiente e os recursos naturais*

O desenvolvimento sustentável pressupõe o conhecimento científico aprofundado, actualizado e acessível dos elementos de suporte da vida (geológicos, geomorfológicos, climatológicos, pedológicos, hidrológicos, biológicos, etc.) e das suas complexas inter-relações.

Para tal, será fundamental o contributo activo da comunidade científica em diversas valências disciplinares (por exemplo: matemática, física, química, biologia, ciências do mar, ciências geológicas, ciências da atmosfera, ciências agrárias, ciências sociais e humanas e tecnologias na área da instrumentação), envolvendo as Universidades e as Unidades de Investigação e Laboratórios que integram o Sistema Científico e Tecnológico Nacional (SCTN), e a constituição de redes temáticas de investigação. Será também fundamental recorrer com carácter sistemático a sistemas de informação e a bases de dados geo-referenciados.

Medidas prioritárias

1. Implementar um sistema de indicadores da biodiversidade e a recolha de dados para avaliar e monitorizar os ecossistemas costeiros e marinhos, recorrendo aos contributos inovadores da ciência e tecnologia (2007-2013).

2. Realizar o levantamento do potencial efectivo e da taxa de renovação natural dos recursos renováveis, incluindo a conclusão do levantamento do potencial energético renovável, e das pressões a que estão sujeitos (2007-2010).

3. Complementar e aperfeiçoar o Sistema de Informação do Património Natural do ICN sobre o território continental, designadamente através do inventário, cartografia e cadastro de habitats e valores naturais classificados, assim como os sistemas de informação das Regiões Autónomas relativos a aspectos específicos da sua vulnerabilidade e da sua biodiversidade (2007-2013).

4. Completar e actualizar a cobertura do território continental, com as cartas de solos à escala adequada e com o levantamento do património

238   *Programa Nacional da Política de Ordenamento do Território*

geológico e mineiro, incluindo a identificação e classificação dos respectivos elementos notáveis (2007-2013).

5. Avaliar e monitorizar a evolução do estado e qualidade dos solos, numa perspectiva preventiva e de mitigação das ameaças à sua degradação (2007-2013).

6. Estabelecer e implementar um programa de monitorização do estado químico e ecológico das águas de superfície e do estado químico e quantitativo das águas subterrâneas, incluindo as massas de água classificadas como zonas protegidas, visando o cumprimento dos objectivos ambientais definidos na Lei da Água (2007-2013).

7. Implementar a recolha de dados para avaliar e monitorizar a fisiografia costeira, em particular as zonas de risco de erosão costeira, e fundamentar as opções para essas áreas e os planos de acção necessários a uma adequada protecção, prevenção e socorro (2007-2013).

8. Identificar, classificar e conservar os leitos oceânicos profundos, as fontes hidrotermais e o relevo submarino (2007-2013).

9. Completar a cartografia geoquímica do sistema rocha-solo de todo o território, através do reconhecimento das concentrações de fundo geoquímico do solo (2007-2013).

10. Completar e actualizar o levantamento geológico na escala de 1:50 000 e identificar e classificar os elementos notáveis do património geológico e mineiro (2007-2013).

11. Redefinir e densificar a rede básica de recolha de dados da qualidade do ar, especialmente nas áreas urbanas (2007-2008).

1.2. *Aperfeiçoar e consolidar os regimes, os sistemas e as áreas fundamentais para proteger e valorizar a biodiversidade e os recursos naturais*

A Lei de Bases do Ambiente e a Estratégia Nacional de Conservação da Natureza e da Biodiversidade constituem os principais pilares da política nacional de conservação do ambiente natural e de defesa da biodiversidade. A Rede Fundamental de Conservação da Natureza definida no quadro dessa estratégia integra o Sistema Nacional de Áreas Classificadas (Rede Natura 2000 e Áreas Protegidas) e as áreas da REN, da RAN e do Domínio Público Hídrico.

A Reserva Ecológica Nacional é um instrumento de grande relevân-

cia para o ambiente e o ordenamento do território nacional, sendo a sua revisão e aperfeiçoamento um imperativo actual, com base na avaliação da experiência adquirida.

A consolidação estrutural e funcional e a valorização da Rede Fundamental de Conservação da Natureza assumem assim uma grande importância, nos espaços terrestre e marítimo, incluindo as especificidades insulares.

A eficácia dos instrumentos normativos e de gestão nestes domínios exige também o reforço dos meios e da coerência de actuação das entidades responsáveis pela prevenção, fiscalização e segurança no domínio ambiental.

Medidas prioritárias

1. Rever o regime jurídico da Reserva Ecológica Nacional, actualizando os conceitos, aperfeiçoando os critérios técnicos e permitindo formas de gestão mais eficazes e consentâneas, em articulação com as Administrações Regional e Local, com o objectivo de preservação dos recursos e valores em causa (2007-2008).

2. Elaborar uma Lei-Quadro de Conservação da Natureza e da Biodiversidade que clarifique o conteúdo, o regime jurídico e os instrumentos da política de conservação da natureza (2007-2008).

3. Elaborar e implementar os Planos Sectoriais da Rede Natura 2000 e os Planos de Ordenamento das Áreas Protegidas, no território do continente e nas Regiões Autónomas, tendo por objectivo estabelecer as orientações para a gestão territorial dos Sítios de Importância Comunitária e Zonas de Protecção Especial e os usos compatíveis com a salvaguarda dos recursos e dos valores naturais respectivos (2007-2013).

4. Instituir medidas de discriminação positiva para os municípios com maior incidência de áreas classificadas integradas na Rede Fundamental de Conservação da Natureza, incluindo as medidas previstas nos Planos de Desenvolvimento e de Ordenamento das Regiões Autónomas (2007-2013).

5. Definir nos Planos Regionais de Ordenamento do Território e nos Planos Municipais de Ordenamento do Território as estruturas ecológicas, respectivamente, regionais e municipais, assegurando a sua coerência e compatibilidade (2007-2013).

240 Programa Nacional da Política de Ordenamento do Território

6. Reforçar os mecanismos de prevenção e fiscalização do ambiente e, em especial, o Serviço de Protecção da Natureza e do Ambiente da GNR (SEPNA), beneficiando da integração naquela força de segurança do Corpo Nacional da Guarda Florestal, melhorando a eficácia do Corpo dos Vigilantes da Natureza (CVN), no território continental, e as entidades correspondentes nas Regiões Autónomas, impulsionando a cooperação entre as diversas entidades envolvidas (2007-2008).

1.3. **Definir e executar uma Estratégia Nacional de Protecção do Solo**

O solo desempenha diversas funções vitais, nomeadamente: de sustentação da produção agroflorestal; de suporte ao ciclo hidrológico terrestre e filtragem das águas subterrâneas, importante fonte de água para consumo humano; de armazenamento e transformação de minerais, matéria orgânica e diversas substâncias químicas; e de repositório fundamental de energia potencial e produção primária dos ecossistemas .

É um recurso limitado e em grande medida não renovável, susceptível a processos de degradação rápidos e que, em geral, só se forma ou regenera muito lentamente. A degradação do solo resulta de um conjunto vasto de ameaças, como a diminuição da matéria orgânica, a erosão, a contaminação, a salinização, a compactação e a impermeabilização. Os climas secos e a escassez de água propiciam a degradação do solo e a desertificação.

A ameaça de erosão é muito expressiva em Portugal, dadas a elevada percentagem de solos delgados e erosionáveis e a natureza do clima, quente e seco no Verão e com um regime torrencial de chuvas invernais. As alterações climáticas poderão vir a acentuar estes factores e concorrer, nas regiões mais susceptíveis à desertificação em Portugal, para o agravamento da perda de solos.

Acrescem a esses factores o abandono e os usos não sustentáveis dos solos e de outros recursos naturais, responsáveis, entre outros aspectos, pela grande dimensão dos incêndios florestais.

Considerando todos estes aspectos, interessa definir e executar uma Estratégia Nacional de Protecção do Solo, enquadrada na "Estratégia Temática de Protecção do Solo" da União Europeia.

Medidas prioritárias

1. Avaliar e monitorizar a evolução da Reserva Agrícola Nacional (RAN), salvaguardando a conservação e o uso agrícola do solo e as condições favoráveis à sustentabilidade das explorações agrícolas (2007-2008).

2. Implementar as orientações da Política Agrícola Comum de incentivo às boas práticas de conservação do solo, através do cumprimento das regras de condicionalidade ambiental na execução dos regimes de ajudas directas e do pagamento único e da aplicação do regulamento comunitário de apoio ao desenvolvimento rural (2007-2013).

3. Promover a aplicação do Código de Boas Práticas Agrícolas, com carácter obrigatório nas zonas vulneráveis à poluição de nitratos de origem agrícola, e do Código das Boas Práticas Florestais, em articulação com outras medidas de conservação do solo e de utilização sustentável dos pesticidas (2007-2013).

4. Implementar e avaliar o Programa Nacional de Combate à Desertificação (PANCD), considerando nesse âmbito medidas de discriminação positiva para as áreas e municípios mais afectados ou vulneráveis (2007-2008).

5. Definir e executar uma Estratégia Nacional de Geoconservação (2007-2013).

1.4. *Promover o ordenamento e a gestão sustentável da silvicultura e dos espaços florestais*

O desenvolvimento sustentável da floresta – um recurso de grande importância ambiental e económica para Portugal – deve basear-se na articulação de três grandes orientações estratégicas: promover a sustentabilidade e a diversificação das actividades económicas baseadas na silvicultura e nos espaços florestais; tornar estes últimos mais resistentes aos incêndios; melhorar o seu valor ambiental e o seu contributo para a conservação dos recursos naturais, promovendo o aproveitamento energético dos recursos florestais.

Tal implica a implementação das linhas de acção da Estratégia Nacional para as Florestas e a sua articulação com os instrumentos quer de ordenamento e de desenvolvimento agrícola e rural, quer de gestão territorial, quer da política de ambiente, designadamente nos domínios da água e da conservação da natureza e da biodiversidade.

242   *Programa Nacional da Política de Ordenamento do Território*

Medidas prioritárias

1. Executar a Estratégia Nacional para as Florestas, melhorando a competitividade, a eficiência e a sustentabilidade da produção florestal com base, por um lado, na especialização do território segundo a função dominante de produção lenhosa ou do aproveitamento e gestão multifuncional, designadamente dos espaços com menor valia económica directa, e, por outro, na aplicação do conhecimento científico e na qualificação dos agentes do sector florestal (2007-2013).

2. Implementar o Sistema Nacional de Informação sobre Recursos Florestais (SNIRF) e o sistema permanente de Inventário Florestal Nacional e realizar o cadastro florestal (2007-2013).

3. Implementar os Planos Regionais de Ordenamento Florestal, nomeadamente através da elaboração e aplicação dos Planos de Gestão Florestal, em articulação com os Planos Regionais de Ordenamento do Território, os Planos Municipais de Ordenamento do Território e os diversos de instrumentos de planeamento ambiental e os planos e instrumentos equivalentes nas Regiões Autónomas (2007-2013).

4. Minimizar os riscos de incêndio, implementando o Plano Nacional de Defesa da Floresta Contra Incêndios (PNDFCI), bem como os Planos Regionais e Municipais de Defesa da Floresta, e reforçando as acções preventivas em particular através do Programa de Sapadores Florestais, no território continental, e executar o Plano da Região Autónoma da Madeira de protecção das florestas contra incêndios (2007-2013).

5. Integrar os espaços florestais em Zonas de Intervenção Florestal (ZIF), prioritariamente nas áreas de minifúndio ou a recuperar após incêndio, para garantir a escala e as condições necessárias a uma gestão profissional, responsável e economicamente viável (2007-2013).

6. Articular a política de ordenamento e gestão sustentável da floresta com a política energética, aproveitando e organizando a recolha e o transporte dos resíduos florestais (biomassa) como fonte renovável de energia, designadamente para produção de electricidade (2007-2013).

1.5. *Executar a política de gestão integrada da água*

A importância crescente do recurso água e a necessidade de avaliação permanente da sua disponibilidade e qualidade tornam necessário um quadro normativo e institucional devidamente articulado e concertado que permita promover os objectivos da gestão integrada da água nas diferentes escalas territoriais.

Neste contexto, as obrigações decorrentes da transposição da Directiva Quadro da Água (Lei n.° 58/2005, de 29 de Dezembro) criam um novo quadro de referência para o planeamento e a gestão da água numa perspectiva de sustentabilidade, estabelecendo objectivos ambientais e económicos e uma organização administrativa baseada em regiões hidrográficas, associadas às unidades espaciais das bacias hidrográficas

Por outro lado, a gestão da água deverá contribuir para uma correcta referenciação territorial dos recursos a afectar aos diferentes usos do solo, em meio urbano e rural. A adequada articulação entre os vários instrumentos de planeamento incidentes sobre a água e o solo, as florestas e a agricultura, contribuirá, assim, para uma efectiva operacionalização dos objectivos de integração sectorial e territorial na gestão da água.

Medidas prioritárias

1. Regulamentar a Lei n.° 58/2005 (Lei da Água), que transpôs para a ordem jurídica interna a Directiva Quadro da Água (Directiva n.° 2000/60/CE), estabelecendo, o regime de utilização dos recursos hídricos e o correspondente regime económico e financeiro (2007).

2. Implementar no território continental as Administrações das Regiões Hidrográficas (ARH) e articular o exercício das suas competências com as das CCDR (2007-2008).

3. Implementar e acompanhar o Plano Nacional da Água, o Programa Nacional para o Uso Eficiente da Água (PNUEA) e os Planos Regionais da Água dos Açores e da Madeira e assegurar a sua revisão até 2010 (2007-2010).

4. Elaborar e implementar os Planos de Gestão de Bacia Hidrográfica (PGBH), os Planos de Ordenamento de Bacias Hidrográficas e Lagoas (POBHL) na Região Autónoma dos Açores e os Planos de Ordenamento equivalentes na Região Autónoma da Madeira, assegurando a sua articulação com os outros instrumentos de ordenamento do território (2007-2013).

5. Implementar, no território continental, o Plano Nacional de Regadios de forma articulada com as estratégias para a gestão da água definidas no Plano Nacional da Água e nos PGBH (2007-2010).

1.6. Definir e executar uma política de ordenamento e gestão integrada da zona costeira, nas suas componentes terrestre e marítima

O Litoral, na dupla componente emersa e submersa, constitui no seu todo um sistema natural complexo, de ecossistemas diversificados, com elevada sensibilidade ecológica e com uma dinâmica em constante evolução. É também um espaço de grande atractividade para a população, onde se concentram importantes núcleos populacionais, residenciais e turísticos, e de significativa relevância para a economia nacional.

Contudo, a intensa pressão exercida sobre o meio, bem como as alterações significativas dos ecossistemas, têm conduzido a graves conflitos de usos, resultando muitas vezes em situações irreversíveis.

Considerando a importância estratégia das zonas costeiras, a sua elevada sensibilidade e a diversidade e complexidade das pressões que nelas incidem, impõe-se que estas zonas sejam objecto de uma atenção particular no ordenamento e planeamento territorial e alvo de medidas de política que promovam o seu uso sustentável, bem como a coordenação das intervenções das várias entidades administrativas com competências neste domínio, promovendo uma visão integrada dos ciclos hidrológicos regionais, incluindo os ciclos de materiais e a dinâmica costeira.

Medidas prioritárias

1. Elaborar e implementar a Estratégia para a Gestão Integrada da Zona Costeira Nacional, em articulação, nomeadamente, com o PNAC (2007-2013).

2. Definir as bases legais de gestão do litoral, em articulação com os Planos de Ordenamento da Orla Costeira e legislação relativa à água e aos recursos hídricos, incluindo os aspectos referentes à construção e funcionamento das barragens, que assegurem a preservação, protecção e planeamento coerente desta área (2007-2008).

3. Elaborar e implementar os Planos de Ordenamento da Orla Costeira, incluindo a identificação e avaliação dos riscos e das condições físicas do território e a sua adequação às opções de planeamento e de salvaguarda dos recursos constantes desses instrumentos de gestão territorial (2007-2013).

Programa das políticas 245

4. Avaliar as situações de ocupação do domínio público marítimo desconformes com a legislação aplicável, repondo a respectiva legalidade, e definir um "espaço litoral tampão" de protecção da zona costeira, no território continental, progressivamente livre de construções fixas (2007-2010).

5. Elaborar, regulamentar e implementar os Planos de Ordenamento dos Estuários, no território continental, articulados com os Planos de Gestão de Bacia Hidrográfica e com os Planos de Ordenamento da Orla Costeira (2007-2013).

6. Executar o Plano Estratégico Nacional para a Pesca e o correspondente Plano Operacional para o Continente e Regiões Autónomas dos Açores e da Madeira, promovendo o desenvolvimento do sector da pesca e das zonas costeiras dependentes desta actividade, e elaborar e implementar planos específicos de ordenamento da actividade de aquicultura (2007-2013).

1.7. *Executar a Estratégia Nacional para o Mar*

A vocação marítima de Portugal e a sua afirmação como país oceânico obrigam a que os recursos do mar sejam objecto de políticas de salvaguarda e valorização particulares. O país deve impor-se internacionalmente como uma referência na gestão sustentável e eco-responsável do oceano, aprofundando e prosseguindo a Estratégia Nacional para o Mar.

A Estratégia Nacional para o Mar (ENM) visa responder a desafios internacionais e promover os objectivos nacionais neste domínio, "permitindo a Portugal fazer valer os seus pontos de vista e tomar iniciativas em processos internacionais que valorizem a governação do oceano e o desenvolvimento das actividades ligadas ao mar, bem como fomentar a economia, valorizar e preservar o património natural e assumir-se como a Nação Marítima da Europa" (ENM).

Portugal dispõe da maior Zona Económica Exclusiva da União Europeia, com 1.732 mil km2 e ainda com possibilidades de extensão futura no âmbito da Convenção das Nações Unidas sobre o Direito do Mar. A dimensão marítima e oceânica, enquanto factores de diferenciação e desenvolvimento, constitui uma oportunidade para colocar Portugal numa importante posição de vantagem comparativa no contexto Europeu e mundial, como plataforma e centro mobilizador da criação de valor associado ao cluster do Mar.

246   *Programa Nacional da Política de Ordenamento do Território*

O território marítimo engloba importantes ecossistemas e uma riquíssima biodiversidade marinha, incluindo os ambientes insulares oceânicos, em que as Regiões dos Açores e da Madeira e assumem um papel de destaque.

Medidas prioritárias

1. Implementar a Estratégia Nacional para o Mar e promover o aproveitamento do seu potencial estratégico no quadro da execução da Estratégia Nacional de Desenvolvimento Sustentável (2007-2015).

2. Implementar a Comissão Interministerial para os Assuntos do Mar (CIAM), de forma a promover a articulação e coordenação das entidades intervenientes nos assuntos do mar e a coordenar as contribuições e posições nacionais para a definição de uma política europeia para os assuntos do mar (2007-2008).

3. Criar e implementar a Rede Nacional de Áreas Marinhas Protegidas e as Redes Regionais de Áreas Marinhas Protegidas dos Arquipélagos dos Açores e da Madeira, definindo as suas condicionantes temporais e territoriais e regulamentando as actividades humanas, de modo a fomentar a conservação da biodiversidade marinha, a produção de recursos piscícolas, tanto pela via da pesca como da aquicultura, e o desenvolvimento sustentável da pesca costeira artesanal (2007-2013).

4. Desenvolver um Programa Nacional de Investigação para a conservação e exploração sustentável da biodiversidade marinha, nomeadamente os que são objecto de pesca, que articule a acção das diversas instituições e promova a cooperação internacional e o desenvolvimento científico e tecnológico (2007-2013).

5. Assegurar a protecção da fronteira marítima e das águas territoriais nacionais, garantindo a eficiência do controlo das áreas vulneráveis e o combate às ameaças sobre a costa portuguesa, incluindo as referentes à poluição, reforçando e modernizando os sistemas de segurança, vigilância e intervenção no domínio das actividades marítimas e costeiras, designadamente através do Sistema de Vigilância da Orla Costeira (SIVIC) e do reforço da cooperação entre as entidades envolvidas (2007-2008).

1.8. Definir e executar uma política de gestão integrada dos recursos geológicos

Os recursos geológicos são bens escassos, não renováveis, necessários para o abastecimento das indústrias transformadora e da construção, sendo de realçar o seu potencial para exportações que coloca o sector extractivo numa posição estratégica, com reflexos directos na economia nacional e no desenvolvimento do mercado de emprego.

Os impactes gerados pela sua exploração interferem, no entanto, com a biodiversidade, o ambiente, a paisagem e a qualidade de vida das populações nas áreas envolventes. Torna-se, por isso, indispensável promover o aproveitamento dos recursos geológicos numa óptica de compatibilização das vertentes ambiental, de ordenamento do território e económica e social, respeitando os princípios de desenvolvimento sustentável.

Medidas prioritárias

1. Actualizar o cadastro e promover a criação de áreas de reserva e áreas cativas para a gestão racional dos recursos geológicos, reforçando a inventariação das potencialidades em recursos geológicos e mantendo um sistema de informação das ocorrências minerais nacionais (2007-2010).

2. Monitorizar e fiscalizar a extracção de recursos geológicos no âmbito da legislação específica do sector extractivo e da avaliação de impacte ambiental e assegurar a logística inversa dos resíduos da exploração mineira e de inertes com respeito pelos valores ambientais (2007-2013).

3. Concluir o Programa Nacional de Recuperação de Áreas Extractivas Desactivadas, em execução para as minas e a finalizar na vertente das pedreiras, com incidência no conteúdo dos Planos Regionais de Ordenamento do Território e nos Planos Municipais de Ordenamento do Território (2007-2008).

4. Monitorizar as antigas áreas mineiras e de extracção de inertes, após a fase de reabilitação ambiental, designadamente pelo desenvolvimento de sistemas de monitorização e controlo *online* (2007-2013).

1.9. Executar a Estratégia Nacional para a Energia e prosseguir a política sustentada para as alterações climáticas

A aposta no uso eficiente dos recursos e na exploração de recursos renováveis, nomeadamente dos energéticos, deve ser uma prioridade da política nacional, no quadro da implementação do Protocolo de Quioto e do Programa Nacional para as Alterações Climáticas.

A Resolução do Conselho de Ministros n.° 169/2005, de 24 de Outubro, estabelece a política energética nacional, definindo como objectivos: garantir a segurança do abastecimento de energia, através da diversificação dos recursos primários e dos serviços energéticos, e promover a eficiência energética; estimular e favorecer a concorrência, competitividade e eficiência das empresas do sector da energia, promovendo as alternativas energéticas e a adopção de enquadramentos incentivadores que lhes assegurem os menores custos de produção no pleno respeito pelas normas ambientais exigidas pelo desenvolvimento sustentável; e garantir a adequação ambiental de todo o processo energético, reduzindo os impactes ambientais às escalas local, regional e global.

No domínio das utilizações da energia, uma especial prioridade deverá ser dada às tecnologias de edificação e aos modos de transporte que permitam poupar energia e reduzir os níveis de emissão de gases com efeito de estufa (GEE), contribuindo para melhorar a qualidade do ar e combater o problema global das alterações climáticas.

Medidas prioritárias

1. Promover a investigação científica e tecnológica que potencie a utilização sustentada dos recursos energéticos renováveis (2007-2013).

2. Dinamizar uma maior participação das fontes renováveis de energia na produção de electricidade e promover a utilização de tecnologias de captura e fixação de CO_2 de molde a reduzir as emissões de gases com efeito de estufa (GEE) (2007-2013).

3. Simplificar e agilizar os procedimentos de licenciamento das infra-estruturas e equipamentos de produção de energia de fonte renovável, nomeadamente no interface entre a economia e o ambiente com respeito pelos procedimentos ambientais (2007-2008).

4. Implementar o Programa Nacional para as Alterações Climáticas,

nomeadamente através da elaboração e execução dos planos e medidas de adaptação às alterações climáticas e da integração das suas orientações nos instrumentos de gestão territorial (2007-2013).

5. Definir um sistema de construção de preços, integrando elementos da economia do carbono (CO_2), que incentive a utilização das melhores tecnologias no sentido da eficiência energética e das energias renováveis (2007-2008).

6. Desenvolver planos de transportes urbanos sustentáveis, visando reforçar a utilização do transporte público e a mobilidade não motorizada e melhorar a qualidade do ar, nomeadamente em áreas de grande densidade populacional (2007-2013).

7. Regulamentar a utilização de veículos em meio urbano, tanto de transporte público como individual, de passageiros ou de mercadorias e mistos, definindo os índices de emissão admissíveis, através de medidas incidentes na aquisição e na utilização (2007-2013).

8. Promover a certificação ambiental de empresas de transporte público de mercadorias (2007-2010).

9. Promover a qualidade ambiental e a eficiência energética dos edifícios e da habitação, nomeadamente desenvolvendo incentivos à incorporação de soluções de sustentabilidade no processo de construção e de reabilitação e através da revisão do Regulamento das Características de Comportamento Térmico dos Edifícios (RCCTE) e do Regulamento dos Sistemas Energéticos de Climatização dos Edifícios (RSECE) e ainda da implementação do Sistema Nacional de Certificação Energética e da Qualidade do Ar nos Edifícios (2007-2012).

1.10. *Proteger e valorizar as paisagens e o património cultural*

As paisagens são um dos suportes da memória colectiva, participando na formação das identidades territoriais e da cultura de um país. A diversidade, qualidade e originalidade das paisagens representam hoje um activo crucial para as regiões.

Também o património cultural tem um valor identitário essencial e deve ser entendido como realidade dinâmica, em permanente actualização.

A protecção, a recuperação e a valorização das paisagens e do património cultural constituem assim vectores prioritários do ordenamento e da qualificação do território, com incidência no desenvolvimento dos

250 *Programa Nacional da Política de Ordenamento do Território*

turismos cultural, da natureza e rural, e factores de melhoria da qualidade de vida.

A Arquitectura constitui uma actividade fundamental na qualificação e valorização do ambiente urbano, das paisagens e do património cultural. A qualidade arquitectónica, em meio urbano ou rural, representa, assim, um importante factor de desenvolvimento dos territórios e de qualidade de vida dos cidadãos.

Medidas prioritárias

1. Elaborar e implementar um Programa Nacional de Recuperação e Valorização das Paisagens, implementando a Convenção Europeia da Paisagem e desenvolvendo uma Política Nacional de Arquitectura e da Paisagem, articulando-a com as políticas de ordenamento do território, no sentido de promover e incentivar a qualidade da arquitectura e da paisagem, tanto no meio urbano como rural (2007-2013).

2. Incentivar os municípios na definição, classificação e gestão de áreas de paisagem protegida (2007-2013).

3. Promover a inventariação, classificação e registo patrimonial dos bens culturais, nomeadamente dos valores patrimoniais arqueológicos e geológicos (2007-2013).

4. Regulamentar a Lei de Bases do Património Cultural, promovendo a articulação com os Instrumentos de Gestão Territorial (2007-2008).

1.11. *Avaliar e prevenir os factores e as situações de risco, e desenvolver dispositivos e medidas de minimização dos respectivos efeitos*

Nas últimas décadas, fortaleceu-se a consciência de que existem riscos que ameaçam as populações e os territórios, merecendo particular atenção os que decorrem da actividade sísmica, dos movimentos de massa, da erosão do litoral, das cheias e inundações, dos incêndios, das secas e da desertificação, da contaminação de aquíferos e solos, da poluição do ar e de explosões As medidas para enfrentar estes riscos têm-se polarizado mais na vertente reactiva, considerada nomeadamente nos dispositivos e Planos de Emergência.

O direito à segurança e à qualidade do ambiente é uma justa expectativa das populações, pelo que, nas áreas de risco, é necessário conhecer em profundidade os fenómenos e actividades perigosos, avaliar as suas consequências potenciais e criar os dispositivos de prevenção e de minimização dos respectivos efeitos, através quer da informação, educação e sensibilização, para que os cidadãos saibam adoptar as medidas de autoprotecção adequadas, quer da intervenção eficaz das entidades públicas, sendo de destacar neste âmbito o papel fundamental da Administração Central e dos municípios através da elaboração de instrumentos de ordenamento do território e no exercício de competências próprias no domínio da protecção civil.

Para compreender e prever os factores e circunstâncias determinantes das ameaças e dos riscos mencionados e assegurar as medidas preventivas e reactivas adequadas será indispensável o contributo activo da comunidade científica e de algumas das componentes mais avançadas do Sistema Científico e Tecnológico Nacional (SCTN), porque o conhecimento necessário neste domínio, além de altamente interdisciplinar, encontra-se ainda em fase de franco progresso.

Medidas prioritárias

1. Definir uma Estratégia Nacional Integrada para a Prevenção e Redução de Riscos (2007-2008).

2. Reforçar na Avaliação Estratégica de Impactes de Planos e Programas e na Avaliação de Impacte Ambiental a vertente da avaliação de riscos naturais, ambientais e tecnológicos, em particular dos riscos de acidentes graves envolvendo substâncias perigosas (2007-2013).

3. Definir para os diferentes tipos de riscos naturais, ambientais e tecnológicos, em sede de Planos Regionais de Ordenamento do Território, de Planos Municipais de Ordenamento do Território e de Planos Especiais de Ordenamento do Território e consoante os objectivos e critérios de cada tipo de plano, as áreas de perigosidade, os usos compatíveis nessas áreas, e as medidas de prevenção e mitigação dos riscos identificados (2007--2013).

4. Definir um sistema integrado de circuitos preferenciais para o transporte, armazenagem, eliminação e valorização de resíduos industriais (2007-2008).

252 *Programa Nacional da Política de Ordenamento do Território*

5. Elaborar cartas de risco geológico que identifiquem as zonas de vulnerabilidade significativa, incluindo cartas geológico-geotécnicas das principais áreas urbanas, tendo em vista a tomada de decisões que permitam a minimização dos efeitos resultantes dos factores meteorológicos e de natureza geológica (2007-2013).

6. Criar medidas preventivas e correctivas para as diversas situações de risco geológico, nomeadamente através de legislação com a sua identificação e localização que estabeleça uma condicionante legal ao uso do solo, a verter nos Instrumentos de Gestão Territorial (2007-2013).

7. Reforçar a capacidade de fiscalização e de investigação dos Órgãos de Polícia e o acompanhamento sistemático, através do SEPNA/GNR e das entidades regionais correspondentes, das acções de prevenção, protecção e socorro, e garantir a unidade de planeamento e de comando destas operações através da institucionalização dos Sistemas Integrados das Redes de Emergência e Segurança de Portugal (SIRESP) e de Operações de Protecção e Socorro (SIOPS), da autonomização dos Centros de Operação e Socorro e da definição do sistema de comando operacional e dos sistemas equivalentes nas Regiões Autónomas (2007-2008).

8. Desenvolver e aperfeiçoar os Planos de Emergência de base territorial, em articulação com os instrumentos de planeamento municipal, reforçando a capacidade de intervenção de protecção e socorro perante situações de emergência, designadamente nas ocorrências de incêndios florestais ou de matérias perigosas e de catástrofes e acidentes graves, através da criação do Grupo de Intervenção de Protecção e Socorro (GIPS/GNR) e de entidades equivalentes nas Regiões Autónomas, garantindo a preservação de acessibilidades quer para acesso dos meios de socorro quer para evacuação das populações (2007-2009).

9. Actualizar e operacionalizar o Plano da Rede Nacional de Aeródromos Secundários e Heliportos e as Redes Regionais equivalentes, enquanto elemento fundamental de apoio à segurança civil e ao combate aos fogos florestais (2007-2013).

Programa das políticas

OBJECTIVO ESTRATÉGICO 2. Reforçar a competitividade territorial de Portugal e a sua integração nos espaços ibérico, europeu, atlântico e global

Objectivos específicos

1. Afirmar a dimensão atlântica do País, consolidando o papel estratégico das Regiões Autónomas como plataformas intermédias entre o continente europeu e os continentes americano e africano.
2. Melhorar os sistemas e infra-estruturas de suporte à conectividade internacional de Portugal no quadro ibérico, europeu, atlântico e global.
3. Reforçar a capacidade de as cidades se afirmarem como motores de internacionalização e desenvolvimento.
4. Promover pólos regionais de competitividade e qualificar o emprego.
5. Promover um maior equilíbrio na distribuição territorial da população e assegurar condições de atracção de populações com níveis elevados de qualificação.
6. Implementar uma estratégia que promova o aproveitamento sustentável do potencial turístico de Portugal às escalas nacional, regional e local.

2.1. *Afirmar a dimensão atlântica do País, consolidando o papel estratégico das Regiões Autónomas como plataformas intermédias entre o continente europeu e os continentes americano e africano*

As Regiões Autónomas dos Açores e da Madeira constituem factores fundamentais de identidade e afirmação do território nacional, ocupando uma posição privilegiada no Oceano Atlântico.

A insularidade dessas Regiões cria algumas dificuldades ao seu desenvolvimento mas constitui, em simultâneo, potencialidades de diferenciação e afirmação económica. Em particular, a especificidade, diversidade e riqueza do seu património e condições naturais e das suas paisagens conferem aos seus territórios atractividade única no contexto dos circuitos turísticos internacionais, que importa valorizar de um modo sustentável, preservando a perenidade e especificidade dos valores paisagísticos e naturais.

254 *Programa Nacional da Política de Ordenamento do Território*

As desvantagens decorrentes da situação de perificidade têm sido progressivamente enfrentadas e mitigadas através da realização de investimentos e melhorias nos sistemas de infra-estruturas portuárias e aeroportuárias, dando lugar a uma maior oferta de soluções de comunicações e transportes com o exterior que interessa consolidar e continuar a melhorar, potenciando a crescente afirmação das Regiões Autónomas nas rotas de ligação dos continentes europeu, africano e americano.

Medidas prioritárias

1. Promover conexões do ordenamento logístico continental com as Regiões Autónomas, tirando vantagem da sua posição geográfica e das suas infra-estruturas portuárias e aeroportuárias (2007-2013).

2. Promover e implementar medidas de minimização das desvantagens da insularidade e da ultraperificidade, nomeadamente a abertura dos portos e aeroportos a novos operadores, a continuidade e diversificação de ligações eficientes com o exterior, a melhoria da eficácia económica e da qualidade dos serviços portuários e aeroportuários e o desenvolvimento equilibrado da cadeia logística de transportes, com particular atenção aos modos rodoviários e marítimos (2007-2013).

3. Desenvolver uma política de transporte marítimo de mercadorias adequada às necessidades das Regiões Autónomas, nomeadamente através de uma melhor distribuição das escalas dos navios e da equiparação dos custos portuários, que permita uma melhor integração daquelas Regiões na suas áreas geográficas tradicionais (sul da Europa, norte de África, ilhas da Macaronésia) (2007-2013).

2.2. *Melhorar os sistemas e infra-estruturas de suporte à conectividade internacional de Portugal no quadro ibérico, europeu, atlântico e global*

As plataformas marítimo portuárias, aeroportuárias e os sistemas de transportes terrestres assumem um papel chave de suporte à conectividade internacional e de afirmação de Portugal no Mundo.

Neste contexto, o país deve conjugar as vertentes de integração europeia e ibérica com a valorização da sua vertente atlântica, considerando nesta última os aspectos especificamente relacionados com a integração e o papel estratégico das Regiões Autónomas (cf. Objectivo 2.1).

Este é um dos caminhos mais profícuos para Portugal se afirmar no seio da União Europeia.

As decisões de investimento em infra-estruturas de transportes dos níveis superiores, bem como nas plataformas logísticas, não devem ser tomadas apenas numa óptica de serviço público. O apoio à eficiência e competitividade internacional das actividades económicas deve assumir uma importância primordial na determinação dessas decisões, garantindo-se, em contrapartida, que o essencial dos custos correspondentes ao investimento e à exploração desses sistemas seja suportado pelas actividades beneficiadas. Tal não obsta a que o Estado surja como promotor quando necessário e que as condições da oferta possam reflectir critérios de equidade e de coesão territoriais.

Para reduzir a vulnerabilidade de Portugal como localização industrial face ao agravamento previsível dos custos de transporte rodoviário de mercadorias importa participar nos programas internacionais de promoção do transporte intermodal, criar condições propiciadoras de maior eficiência no Transporte Marítimo de Curta Distância, participar no Programa Europeu das Auto-estradas do Mar, e integrar a rede ferroviária nacional na rede ibérica e europeia.

Complementarmente, é de considerar que o projecto da Rede Rodoviária Transeuropeia constitui um instrumento válido para o reforço da coesão europeia em termos económicos e sociais.

Medidas prioritárias

1. Construir o Novo Aeroporto Internacional de Lisboa com condições operacionais adequadas em termos de segurança e ambiente, ajustadas ao desenvolvimento dos segmentos de negócios estratégicos de passageiros e carga e à promoção de conexões e interfaces dos transportes aéreos com os transportes terrestres, como forma de garantir uma maior coerência, integração e competitividade ao conjunto das infra-estruturas de transporte, enquanto factor determinante do desenvolvimento económico e social do País, bem como potenciar a inserção do País na rede global de transporte aéreo, através da captação/distribuição de tráfego nas rotas entre a Europa, África e América do Sul (2007-2013).

256 *Programa Nacional da Política de Ordenamento do Território*

2. Consolidar o papel dos Aeroportos de Sá Carneiro, no Norte, e de Faro e Beja, no Sul, bem como nas Regiões Autónomas, assegurando boas articulações intermodais com as redes de transportes terrestres (2007-2010).

3. Implementar uma estratégia de afirmação dos principais portos nacionais, integrando-os nas "auto-estradas do mar" no espaço europeu, e desenvolver, em particular, uma estratégia para os sistemas portuários de Sines, Setúbal, Lisboa e das Regiões Autónomas, afirmando-os como portas atlânticas do Sudoeste Europeu no contexto dos tráfegos marítimos à escala mundial e inserindo os três primeiros num grande corredor rodoviário e ferroviário de acesso a Espanha e ao interior do continente europeu (2007-2013).

4. Elaborar e implementar um plano de desenvolvimento do Sistema Nacional Marítimo-Portuário no Continente e nas Regiões Autónomas, que oriente as actuações dos organismos sectoriais e das Administrações Portuárias, enquadre os instrumentos de planeamento ao nível local e promova os desenvolvimentos mais reprodutivos e o alargamento de *hinterlands* em ambiente concorrencial, regulando a exploração comercial de terminais de forma a limitar excessos de poder de mercado (2007-2013).

5. Concluir e executar o Plano Director da Rede Ferroviária Nacional, articulando as soluções de alta velocidade nas deslocações internacionais e no eixo Lisboa-Porto-Vigo com a concretização de um plano para a rede convencional, reforçando a interoperabilidade segundo padrões europeus, com destaque para a migração da bitola, eliminando os estrangulamentos à circulação de comboios de passageiros e de mercadorias (2007-2010).

6. Promover a integração da rede ferroviária do território continental nas redes ibérica e europeia de passageiros e mercadorias, garantindo a possibilidade de transferência modal da rodovia para a ferrovia e reforçando, assim, a competitividade nacional e o papel de Portugal como plataforma de elevada acessibilidade no espaço europeu e global (2007-2013).

7. Promover acções dirigidas aos principais sectores industriais com capacidade e potencial exportador, suscitando ganhos de competitividade nas cadeias logísticas através da introdução de novas tecnologias e consequente adaptação dos procedimentos de gestão (2007-2013).

8. Promover a execução, no quadro do actual PRN do território continental, das vias que asseguram as ligações entre Portugal e Espanha, dando prioridade à conclusão da Rede Rodoviária Transeuropeia (2007-2013).

2.3. Reforçar a capacidade de as cidades se afirmarem como motores de internacionalização e desenvolvimento

As cidades são concentrações de capital e de potencialidades de desenvolvimento. Cada cidade apresenta elementos diferenciadores que devem ser valorizados na perspectiva da afirmação internacional do País.

A inserção de Portugal nas dinâmicas globais será fortemente determinada pela atractividade das cidades e pela forma como estas se assumirem como motores de inovação, de desenvolvimento económico e de criação e qualificação do emprego. A competitividade do País exige cidades bem equipadas, atractivas e funcionais, com níveis elevados de coesão social, com forte qualificação do capital humano, institucional, cultural e económico, e bem integradas nos respectivos territórios. Uma atenção particular deverá ser dada, neste contexto, à consolidação e desenvolvimento dos sistemas de Ensino Superior e de Investigação e Desenvolvimento.

Portugal precisa de uma política de cidades que tenha uma forte componente de valorização dos factores específicos de cada cidade e de qualificação dos factores de atracção de actividades inovadoras.

As cidades serão um referencial fundamental para reduzir os impactes da situação periférica de Portugal e tornar o território nacional mais atractivo para o investimento estrangeiro e para os actores que agem numa perspectiva global.

Medidas prioritárias

1. Desenvolver instrumentos, no âmbito da Política de Cidades, que incentivem as aglomerações urbanas, isoladamente ou em rede, a assumirem uma visão estratégica de longo prazo que lhes garanta um posicionamento diferenciado e competitivo na economia do conhecimento a nível nacional e internacional (2007-2013).

2. Incentivar a elaboração de programas estratégicos que potenciem a competitividade dos principais espaços de internacionalização da economia nacional, com destaque para os Arcos Metropolitanos de Lisboa, do Porto e do Algarve, para o sistema metropolitano do Centro Litoral e para a Madeira (2007-2013).

3. Incentivar as cidades a criarem condições atractivas de conectividade e serviços em banda larga, em particular com base na infraestrutura-

258 *Programa Nacional da Política de Ordenamento do Território*

ção com fibra óptica, que lhes permitam competir e interrelacionarem-se com os principais centros urbanos internacionais (2007-2013).

4. Incentivar a constituição e a participação das cidades e das regiões portuguesas em programas e redes de cooperação transeuropeus intensivos em conhecimento (2007-2013).

2.4. *Promover pólos regionais de competitividade e qualificar o emprego*

A valorização integrada dos recursos do território nacional exige que outras regiões, para além das duas grandes concentrações metropolitanas de Lisboa e do Porto, se integrem nas dinâmicas de internacionalização, o que pressupõe a cooperação entre cidades para ganharem escala e diversidade funcional e beneficiarem de economias de aglomeração.

O que está em causa é, por um lado, o aproveitamento das "economias de proximidade", para obter massa crítica, diversificação e dimensão funcional que aumentem as vantagens comparativas e o potencial de inovação e, por outro, estruturar sistemas subregionais densos em funções urbanas e em factores dinâmicos de desenvolvimento económico e de criação de emprego qualificado que possam evoluir para novos pólos regionais de competitividade.

O conceito de policentrismo, às diferentes escalas, adequa-se ao sistema de povoamento do País – assimétrico, regionalmente diferenciado – podendo contribuir não só para o aumento da competitividade, da qualidade do emprego e da coesão social e económica, como ainda para a melhoria do desempenho das redes de equipamentos sociais.

As políticas de ordenamento do território e, em particular, a política de cidades deverão dar uma atenção particular às interacções cidade-região, ao reforço do "efeito cidade" como factor de desenvolvimento e à cooperação entre cidades próximas para exploração de complementaridades e sinergias.

Medidas prioritárias

1. Promover acções de incentivo ao desenvolvimento de pólos de competitividade regional baseados em novos factores da economia do conhecimento (2007-2013).

Programa das políticas

2. Incentivar parcerias locais e implementar mecanismos de contratualização entre o Estado, as Autarquias Locais, as empresas e outros actores urbanos com vista ao desenvolvimento de projectos diferenciadores nos domínios da competitividade e da inovação (2007-2013).

3. Promover redes de cooperação entre cidades vizinhas, para ganhar massa crítica nos modernos factores de competitividade e estruturar os diversos sistemas urbanos, recorrendo, nomeadamente, à realização de "contratos de aglomeração" entre o Estado e as Autarquias Locais e à constituição de parcerias entre entidades públicas e entre estas e entidades privadas (2007-2013).

4. Promover programas de intervenção de base territorial, em coerência com a estratégia consagrada no Plano Nacional de Emprego, tendo em vista a qualificação do capital humano e o desenvolvimento de actividades mais qualificantes e inovadoras, melhorando a empregabilidade (2007-2013).

5. Desenvolver uma rede nacional de áreas de localização empresarial, em articulação com os programas de desenvolvimento regional e com o sistema de acessibilidades, que diversifiquem os espaços de acolhimento de actividades inovadoras (2007-2013).

2.5. *Promover um maior equilíbrio na distribuição da população e assegurar condições de atracção de populações com níveis elevados de qualificação*

Portugal tem nos recursos humanos um dos grandes desafios de desenvolvimento. Por um lado, confronta-se com um problema quantitativo, dependendo do contributo da imigração para assegurar elevados níveis de crescimento. Por outro, há um enorme esforço a fazer no domínio da qualificação para se atingirem significativos ritmos de acréscimo da produtividade.

Finalmente, as alterações da estrutura e da geografia económica irão implicar a necessidade de maior mobilidade residencial.

Interessa criar condições para uma maior coerência da distribuição da população relativamente às dinâmicas económicas regionais e para que as cidades e regiões consigam atrair trabalhadores qualificados em actividades intensivas em conhecimento que possibilitem a exploração plena do potencial de desenvolvimento.

A promoção de serviços urbanos de elevada qualidade constitui um factor essencial para atrair quadros qualificados das actividades económicas globais. A mobilidade residencial deve também articular-se com o objectivo de melhorar a atractividade das áreas com maiores níveis de despovoamento.

Importa igualmente pôr em prática a componente de ordenamento territorial de uma política de acolhimento dos imigrantes. O Estado e as autarquias locais, bem como as Instituições Privadas de Solidariedade Social, deverão organizar-se no sentido de oferecer boas condições de inserção aos imigrantes.

Medidas prioritárias

1. Promover oportunidades de emprego qualificado em regiões com menor dinamismo económico e social, nomeadamente através do apoio a iniciativas para valorizar actividades criativas, culturais e desportivas, visando atrair estratos populacionais mais jovens e qualificado e proporcionar um maior equilíbrio na distribuição espacial da população (2007-2013).

2. Apoiar a mobilidade residencial através da maior eficiência do mercado de arrendamento privado, da alteração e melhoria dos modelos de gestão e da qualificação do parque de arrendamento público e de uma melhor adequação e flexibilidade nas condições de financiamento para a aquisição de habitação (2007-2010).

3. Promover a oferta de equipamentos sociais de apoio às famílias mais jovens, nomeadamente na área da infância, favorecendo a conciliação da vida pessoal, familiar e profissional (2007-2013).

4. Desenvolver uma política integrada de imigração que contemple o acolhimento e a inserção social de imigrantes e que lhes garanta a igualdade de tratamento no acesso aos serviços sociais, à educação, à habitação e ao emprego, respondendo às suas necessidades específicas e envolvendo a sociedade civil (2007-2013).

2.6. *Implementar uma estratégia que promova o aproveitamento sustentável do potencial turístico de Portugal às escalas nacional, regional e local*

Portugal deve dispor de uma estratégia de desenvolvimento do sector do Turismo e implementá-la com eficácia. Para além da relevância do sector para o desenvolvimento socioeconómico das regiões, a implementação de uma estratégia de desenvolvimento turístico numa óptica de sustentabilidade constitui também uma via para o necessário ordenamento e reabilitação dos territórios.

Assim, serão elaborados instrumentos de gestão territorial, ou alterados os existentes, de forma a estimular uma oferta estruturada de produtos de turismo rural, cultural e de natureza, num contexto de desenvolvimento sustentável. No âmbito particular do turismo de natureza, serão desenvolvidos modelos de turismo para as Áreas Protegidas, compatíveis com o seu estatuto especial de conservação.

Será avaliado o potencial da costa portuguesa e da ZEE de forma a aferir a viabilidade e as condições de desenvolvimento dos produtos de turismo oceânico. Serão também avaliadas as necessidades de requalificação dos destinos de sol e praia já consolidados e ainda analisadas as melhores formas de aproveitamento sustentável das áreas costeiras.

Promover-se-ão modelos de desenvolvimento de turismo para cada um dos destinos turísticos e definir-se-ão mecanismos de articulação entre o desenvolvimento das regiões com elevado potencial turístico e as políticas do ambiente e do ordenamento do território.

Concretizar-se-á, em parceria com as autarquias locais, regiões e organizações locais de turismo e empresários do sector, acções de qualificação ambiental dos diversos destinos turísticos.

Medidas prioritárias

1. Implementar o Plano Estratégico Nacional de Turismo tendo em vista, nomeadamente, a definição e delimitação das regiões do País com actual especialização turística ou com significativo potencial de desenvolvimento turístico nas suas múltiplas componentes (2007-2013).

2. Elaborar e implementar ou concretizar as estratégias definidas nos Planos Sectoriais e de Ordenamento Turístico no território continental e nas Regiões Autónomas que definam as linhas orientadoras dos modelos de desenvolvimento pretendidos para as áreas com maiores potencialidades de desenvolvimento turístico (2007-2009).

3. Diversificar a oferta estruturada de produtos turísticos numa perspectiva territorial, em particular nos domínios do Turismo no Espaço Rural (TER), cultural e de natureza, potenciando o desenvolvimento de

262   *Programa Nacional da Política de Ordenamento do Território*

complementaridades sub-regionais e locais, nomeadamente nas Regiões Autónomas (2007-2013).

OBJECTIVO ESTRATÉGICO 3. Promover o desenvolvimento policêntrico dos territórios e reforçar as infra-estruturas de suporte à integração e à coesão territoriais

Objectivos específicos

1. Reforçar os centros urbanos estruturantes das regiões, em particular nas regiões menos desenvolvidas.
2. Estruturar e desenvolver as redes de infra-estruturas de suporte à acessibilidade e à mobilidade, favorecendo a consolidação de novas centralidades urbanas e de sistemas urbanos mais policêntricos.
3. Promover um desenvolvimento urbano mais compacto e policêntrico no Continente, contrariar a construção dispersa, estruturar a urbanização difusa e incentivar o reforço de centralidades intra-urbanas.
4. Promover um desenvolvimento integrado dos territórios de baixa densidade e das zonas rurais ajustado à sua diversidade, considerando em especial as necessidades e a especificidade das áreas mais vulneráveis e despovoadas.

Objectivos específicos

3.1. *Reforçar os centros urbanos estruturantes das regiões, em particular nas regiões menos desenvolvidas*

A promoção da coesão territorial pressupõe a capacidade de as cidades dinamizarem processos de desenvolvimento regional e assegurarem o acesso generalizado a serviços de interesse geral, incluindo os serviços económicos. Por outro lado, a eficiência das intervenções de desenvolvimento regional depende da forma como as diversas acções se reforcem mutuamente, o que implica a concentração de intervenções tomando a rede de cidades como referência.

Nas áreas de menor desenvolvimento, o reforço das cidades é condi-

ção de suporte ao desenvolvimento das actividades económicas e do emprego e de renovação demográfica, social e cultural. Mas também nas áreas de urbanização difusa se torna necessário estruturar polarizações urbanas que racionalizem as redes de infra-estruturas e equipamentos. Importa reconhecer o papel das cidades de média dimensão para a coesão territorial e a competitividade dos territórios, integrando o objectivo de reforço destas cidades nas diversas intervenções e programas da Administração.

Medidas prioritárias

1. Dar coerência territorial às redes nacionais dos equipamentos estruturantes, nomeadamente nos domínios da cultura, do ensino superior e da investigação, na perspectiva da polivalência e do reforço das cidades de média dimensão (2007-2013).

2. Racionalizar a localização dos serviços da Administração e incentivar a sua qualificação para uma resposta eficiente às empresas e aos cidadãos (2007-2013).

3. Introduzir nos sistemas de apoio ao investimento critérios que favoreçam soluções e actividades inovadoras nos centros urbanos mais dinâmicos das regiões menos desenvolvidas (2007-2013).

4. Racionalizar e qualificar os espaços para implantação e desenvolvimento de actividades económicas, nomeadamente industriais, e garantir o célere licenciamento e implementação das actividades (2007-2013).

5. Introduzir mecanismos incentivadores da cooperação intermunicipal nos instrumentos de financiamento das infra-estruturas e equipamentos locais e nos programas de investimento (2007-2008).

*3.2. **Estruturar e desenvolver as redes de infra-estruturas de suporte à acessibilidade e à mobilidade, favorecendo a consolidação de novas centralidades urbanas e de sistemas urbanos mais policêntricos***

As infra-estruturas e as redes de transportes assumem um papel chave na acessibilidade e mobilidade inter e intra-regional, impulsionando a coesão, a integração e o ordenamento territorial do país.

O sistema infraestrutural de suporte das acessibilidades constitui também um dos pilares fundamentais do modelo territorial policêntrico que se visa promover.

No desenvolvimento dos sistemas de transportes e para assegurar a eficiência das deslocações, assume especial relevância a boa articulação e integração entre redes de diferentes níveis hierárquicos e modos de transporte, especialmente nas parcelas do território com menor densidade de ocupação. Deverá visar-se também a eliminação das barreiras arquitectónicas existentes, tendo em conta a fruição dos meios de transporte por cidadãos com necessidades especiais.

Medidas prioritárias

1. Rever o desenho institucional e a gestão do sector dos transportes nas Áreas Metropolitanas, implementando autoridades metropolitanas de transportes e melhorando quer a eficiência e coordenação das políticas de transportes, quer a sua articulação com as políticas do ordenamento do território e do ambiente (2007-2010).

2. Assegurar no planeamento da Rede Ferroviária de Alta Velocidade do território continental, a articulação com o reforço e modernização das linhas e serviços do caminho de ferro convencional e com o restante transporte público e, quando se trate de estações localizadas fora dos perímetros urbanos, a ligação à rede rodoviária fundamental (IP e IC) (2007-2013).

3. Restringir o apoio do Governo à implantação de estações de camionagem (interfaces rodoviárias) aos casos em que existam planos de mobilidade, permitindo, nomeadamente, uma fácil acessibilidade pedonal e uma articulação eficiente com as carreiras do transporte colectivo urbano existentes (2007-2013).

4. Rever o PRN no território continental, numa perspectiva de integração no sistema de gestão territorial em vigor (2007-2010).

5. Promover o investimento na articulação entre a rede rodoviária de nível superior (IP e IC) e as redes de hierarquia inferior, através de vias com características adequadas à função a que se destinam, consolidando uma rede de itinerários regionais e integrando os programas de variantes e circulares a centros urbanos (2007-2010).

6. Integrar no planeamento municipal e inter-municipal a dimensão financeira dos sistemas de transportes e de mobilidade, programando os

investimentos, os subsídios e a captação de valor junto dos beneficiários indirectos de forma a assegurar a boa gestão e a sustentabilidade da exploração desses sistemas (2007-2013).

7. Promover a elaboração de planos de mobilidade intermunicipais que contribuam para reforçar a complementaridade entre centros urbanos vizinhos e para uma maior integração das cidades com o espaço envolvente e que contemplem o transporte acessível para todos (2007-2013).

3.3. *Promover um desenvolvimento urbano mais compacto e policêntrico no Continente, contrariar a construção dispersa, estruturar a urbanização difusa e incentivar o reforço das centralidades intra-urbanas*

A qualificação e a afirmação internacional das áreas metropolitanas de Lisboa e Porto devem passar pela consolidação do policentrismo intra-metropolitano e pela qualificação de todas as classes de espaços, no sentido de as tornar mais atractivas e competitivas.

Vastos espaços do País desenvolveram-se segundo um modelo de urbanização difusa e são generalizadas as pressões para a construção dispersa. Esses processos, além dos custos que implicam, originam a desestruturação dos espaços rurais, agrícolas e florestais.

Em geral, as áreas propostas para expansão urbana nos PDM ultrapassam as necessidades decorrentes do desenvolvimento sócio-demográfico e económico dos concelhos, o que origina grandes disfunções, agravando o custo de infra-estruturas, incentivando o abandono de actividades agrícolas e o alargamento dos solos expectantes e aumentando a descontinuidade dos tecidos urbanos e a degradação das paisagens.

Por outro lado, existe uma clara associação entre o crescimento das periferias e o abandono dos núcleos urbanos centrais. Apesar de nos últimos anos ter havido um grande esforço das autarquias para reabilitar os núcleos históricos e as áreas centrais das aglomerações urbanas, não se conseguiu contrariar suficientemente o seu abandono, sendo necessário reforçar a intervenção neste domínio.

Medidas prioritárias

1. Rever o quadro legal, para que nas áreas metropolitanas de Lisboa

e do Porto e nas aglomerações urbanas de maior dimensão se verifique uma maior articulação entre o desenvolvimento de novas urbanizações e o sistema de transportes, nomeadamente através do condicionamento da aprovação de planos de pormenor e do licenciamento de loteamentos à avaliação dos seus impactes no sistema de mobilidade (2007-2009).

2. Reforçar a componente estratégica dos Planos Directores Municipais, integrando no seu conteúdo a definição de opções sobre a dimensão e as formas de desenvolvimento urbano mais adequadas aos respectivos territórios (2007-2009).

3. Definir nos PROT do território continental e das Regiões Autónomas o quadro estratégico de organização dos sistemas regionais de ordenamento do território, designadamente nos domínios ecológico, urbano e das acessibilidades e mobilidade, tendo em conta os objectivos do reforço de centralidades, de um desenvolvimento urbano mais compacto e do controlo e disciplina da dispersão da construção (2007-2008).

4. Incentivar novas parcerias para o desenvolvimento de programas integrados de reabilitação, revitalização e qualificação das áreas urbanas, reforçar e agilizar o papel das Sociedades de Reabilitação Urbana e rever o enquadramento fiscal e financeiro das operações integradas nestes programas (2007-2009).

5. Introduzir procedimentos de avaliação do impacte territorial da criação de infra-estruturas e equipamentos de uso colectivo, nomeadamente em termos do impacte no crescimento urbano, na mobilidade e no uso eficiente dos recursos (2007-2009).

6. Dinamizar a aplicação dos diversos mecanismos de execução dos instrumentos de gestão territorial previstos no Decreto-Lei 380/99, nomeadamente promovendo um urbanismo programado e de parcerias e operações urbanísticas perequativas e com auto-sustentabilidade financeira (2007-2013).

7. Rever e actualizar a legislação dos solos, em coerência com os restantes regimes legais e fiscais e com os instrumentos de gestão do território, evitando a apropriação indevida de mais valias resultantes da reclassificação do uso do solo ou da retenção e intermediação especulativa dos terrenos e aperfeiçoando os mecanismos de assumpção por parte dos promotores das externalidades geradas pelas novas urbanizações, quer sobre as infra-estruturas quer sobre a estrutura ecológica (2007-2009).

Programa das políticas

3.4. *Promover um desenvolvimento integrado dos territórios de baixa densidade e das zonas rurais ajustado à sua diversidade, considerando em especial as necessidades e a especificidade das áreas mais vulneráveis e despovoadas*

O desenvolvimento dos territórios rurais é uma prioridade comum das políticas agrícola, florestal e de desenvolvimento rural, do ambiente e conservação da natureza, do ordenamento do território e do desenvolvimento regional.

As estratégias de desenvolvimento rural devem ter em conta as potencialidades e os problemas específicos dos diferentes tipos de áreas, o que se revela especialmente pertinente no caso português, dada a enorme diversidade dos seus territórios rurais. Neste contexto, as áreas rurais mais marginais e confrontadas com problemas de despovoamento, designadamente áreas de montanha e áreas de fronteira, justificam uma especial atenção.

A dinamização económica e a atractividade das zonas rurais dependem de uma boa articulação com os centros urbanos, devendo promover--se parcerias que valorizem o papel dos aglomerados rurais e a dimensão estratégica dos centros urbanos no apoio ao seu desenvolvimento. O turismo em espaço rural e o turismo de natureza e cultural constituem também vectores importantes da diversificação e dinamização de muitas dessas zonas.

O Plano Estratégico Nacional de Desenvolvimento Rural para 2007-2013 (PEN 2007-2013) e a Estratégia Nacional para as Florestas (vd. supra Objectivo 1.4 deste Programa de Políticas) constituem os dois pilares interligados e fundamentais de orientação estratégica da competitividade e sustentabilidade das actividades agrícolas e florestais e da sua articulação com o ordenamento e desenvolvimento dos espaços rurais.

Medidas prioritárias

1. Executar o Plano Estratégico Nacional de Desenvolvimento Rural para 2007-2013 (PEN 2007-2013) e os correspondentes Programas de Desenvolvimento Rural para o Continente e as Região Autónomas, promovendo a competitividade dos sectores agrícola e florestal, a gestão sustentável dos espaços rurais e a dinamização e diversificação económica e

social das zonas rurais, contribuindo para reforçar a coesão social e territorial (2007-2013).

2. Assegurar uma distribuição coerente e equilibrada de serviços desconcentrados da Administração Central e da oferta de equipamentos e serviços públicos em zonas de baixa densidade e desenvolver uma rede de centros multi-serviços, para prestar serviços de interesse geral às populações aí residentes, através de uma metodologia assente na proximidade aos beneficiários, no uso de unidades móveis e das tecnologias de comunicação à distância, na integração e polivalência de recursos e na contratualização entre os serviços desconcentrados da administração pública central, as autarquias e outros agentes de desenvolvimento local (2007-2013).

3. Promover, através de um programa de valorização económica mercantil dos recursos endógenos diferenciadores dos territórios acções integradas e inovadoras, dinamizadas pelos actores de desenvolvimento locais, visando reforçar a competitividade económica e a criação sustentada de emprego nos territórios abrangidos, designadamente em áreas de baixa densidade e nos espaços interiores menos desenvolvidos (2007-2013).

4. Incentivar parcerias de âmbito urbano-rural para o ordenamento de áreas específicas do território, recorrendo quer aos Programas de Acção Territorial, como instrumentos de coordenação das actuações da autarquias locais e de outros agentes, quer à elaboração e implementação dos Projectos de Intervenção em Espaço Rural (PIER) (2007-2013).

5. Promover o desenvolvimento de soluções inovadoras na organização de sistemas de transportes à escala local (municipal/intermunicipal), no território continental e, com as necessárias adaptações, nos territórios das Regiões Autónomas, incluindo o recurso a frotas de automóveis de gestão centralizada, que assegurem níveis elevados de acessibilidade a todos os grupos da população das áreas rurais e de baixa densidade (2007-2013).

Programa das políticas 269

OBJECTIVO ESTRATÉGICO 4. Assegurar a equidade territorial no provimento de infra-estruturas e de equipamentos colectivos e a universalidade no acesso aos serviços de interesse geral, promovendo a coesão social

Objectivos específicos

1. Promover o ordenamento das redes de educação do pré-escolar, do ensino básico e do secundário, da formação tecnológico/profissionalizante e da educação e formação de adultos, e implementar critérios de racionalidade no ordenamento territorial do ensino superior.

2. Desenvolver uma rede nacional de prestação de cuidados de saúde que garanta a universalidade de acesso e racionalize a procura do Serviço Nacional de Saúde (SNS), valorizando os cuidados de saúde primários e a resposta aos grupos mais vulneráveis.

3. Desenvolver programas e incentivar acções que melhorem as condições de habitação, nomeadamente no que se refere aos grupos sociais mais vulneráveis.

4. Dinamizar redes de equipamentos colectivos e programas para responder com eficácia às necessidades dos diferentes grupos sociais e das famílias, promovendo a integração dos grupos mais vulneráveis face à pobreza e à exclusão social e garantindo a segurança a todos os cidadãos.

5. Desenvolver uma rede supra-municipal articulada de equipamentos desportivos e de lazer activo que valorize a motricidade, aprofunde a equidade de acesso e qualifique a evolução do sistema urbano.

6. Dinamizar uma rede de equipamentos culturais que valorize identidades, patrimónios e formas de expressão artística num quadro de aprofundamento da educação para a cultura e de reforço da equidade de acesso e da participação nas actividades culturais.

7. Desenvolver os serviços de abastecimento público de água, e de recolha, tratamento e reutilização de águas residuais e de resíduos, estruturando a gestão na óptica da co-responsabilidade social e melhorando os níveis e a qualidade de atendimento.

8. Desenvolver as redes de infra-estruturas, de equipamentos e de serviços de suporte à acessibilidade e à mobilidade, reforçando a segurança, a qualidade de serviço e as condições de equidade territorial e social.

270   *Programa Nacional da Política de Ordenamento do Território*

9. Planear e implementar uma rede integrada de serviços de Justiça, definindo a distribuição e implantação geográfica dos equipamentos públicos de Justiça, nomeadamente tribunais, julgados de paz, conservatórias, prisões e centros educativos.

Objectivos específicos

4.1. ***Promover o ordenamento das redes de educação do pré-escolar, do ensino básico e do secundário, da formação tecnológico/ /profissionalizante e da educação e formação de adultos, e implementar critérios de racionalidade no ordenamento territorial do ensino superior***

Ao Estado compete promover o desenvolvimento de uma rede nacional de educação pré-escolar, de ensino básico e secundário, de formação tecnológico/profissionalizante e de educação e formação de adultos que envolva entidades públicas e privadas e garanta a equidade de acesso, respondendo com eficácia e eficiência às necessidades de desenvolvimento.

Simultaneamente, importa aprofundar as políticas de descentralização de competências no domínio do ensino, quer para as autarquias quer para associações intermunicipais, implementando sistemas territoriais de gestão integrada dos recursos educativos.

A estruturação territorial da rede de ensino superior, universitário e politécnico deve ser enquadrada por princípios de racionalização nacional e regional da oferta, tendo em vista um melhor aproveitamento dos recursos e assegurando a formação técnica, a capacidade de inovação e a preparação científica e cultural indispensáveis ao processo de desenvolvimento do país e das regiões.

Medidas prioritárias

1. Reestruturar e consolidar as redes de educação pré-escolar e de ensino básico, em consonância com as dinâmicas de povoamento e assegurando que a dimensão das escolas seja adequada às necessidades pedagógicas e à eficiência da oferta educativa (2007-2013).

Programa das políticas

2. Reorganizar e valorizar as redes de agrupamentos e de escolas de ensino secundário (geral e tecnológico/profissionalizante) em articulação com a rede de centros de formação profissional, considerando a dinâmica da procura, as necessidades de desenvolvimento do país e o sistema de acessibilidades, com destaque para o transporte público (2007-2013).

3. Definir os Territórios Educativos, tendo em vista implementar Programas Educativos Intermunicipais e instituir Conselhos Intermunicipais de Educação e Aprendizagem, com representação das Comunidades Educativas e de outros agentes da sociedade civil, e elaborar a Carta Nacional de Territórios Educativos e as Cartas Educativas respeitantes a cada um desses Territórios (2007-2013).

4. Incentivar a criação de sistemas integrados de transporte que garantam, em meio rural e nos aglomerados urbanos, a acessibilidade aos estabelecimentos de educação incluindo por parte dos alunos com necessidades especiais no âmbito da mobilidade (2007-2013).

5. Avaliar e reestruturar a rede de ensino superior, universitário e politécnico, segundo padrões de referência internacional e respondendo com eficiência aos desafios do desenvolvimento científico e tecnológico e da inovação e competitividade do país, incluindo a captação de novos públicos para o ensino superior, nomeadamente através da inclusão de Cursos de Especialização Tecnológica (2007-2013).

4.2. *Desenvolver uma rede nacional de prestação de cuidados de saúde que garanta a universalidade de acesso e racionalize a procura do Serviço Nacional de Saúde (SNS), valorizando os cuidados de saúde primários e a resposta aos grupos mais vulneráveis*

A rede nacional de saúde deve assegurar a todos os cidadãos o acesso a bons e eficazes cuidados de saúde para melhorar a sua qualidade de vida e as suas condições de desempenho profissional.

O ordenamento territorial dos recursos da saúde deverá permitir a articulação dos vários níveis da rede de cuidados de saúde, garantido a sua proximidade às populações. Neste sentido, será promovida a articulação entre cuidados de saúde primários hospitalares e continuados, de forma a alcançar maiores níveis de efectividade e de eficiência do sistema de saúde, e será reforçado o papel da rede de cuidados de saúde primá-

rios e de saúde pública no quadro do Sistema Nacional de Saúde e do sistema de Saúde das Regiões Autónomas com implementação dos respectivos Planos Regionais de Saúde.

Medidas prioritárias

1. Elaborar e implementar o Plano Nacional de Acção Ambiente e Saúde (2007-2010).

2. Qualificar a investigação em saúde e os recursos humanos, mediante programas de investigação e de formação desenvolvidos à luz das necessidades nacionais e regionais em saúde e dirigidos designadamente aos profissionais e aos serviços de saúde pública locais (2007-2013).

3. Elaborar e implementar, com base nas Redes de Referenciação, um Plano Nacional da Rede Hospitalar e requalificar as Redes de Urgência Geral e Obstétrica, tendo em vista a melhoria da acessibilidade da população a serviços de qualidade e em segurança, adaptando a oferta às evoluções regionais da demografia, da morbilidade e dos sistemas de povoamento e de acessibilidades (2007-2013).

4. Dotar a rede de cuidados de saúde primários dos meios e valências necessários a um eficaz desempenho, densificando os equipamentos nas áreas periurbanas de rápido crescimento, e desenvolver Unidades de Saúde Familiares em todo o território nacional, próximas dos cidadãos com garantia de qualidade uniforme e de igualdade de acesso (2007-2013).

5. Promover a articulação dos serviços de saúde com as comunidades multi-culturais, garantindo o seu acesso ao sistema de saúde (2007-2013).

6. Desenvolver parcerias público-públicas ao nível regional e local, em especial com as autarquias, para facilitar o acesso dos cidadãos a cuidados de saúde de proximidade e implementar Serviços Comunitários de Proximidade no apoio integrado aos idosos, particularmente no apoio domiciliário, incentivando o contributo do voluntariado jovem como forma de aproximação geracional e de solidariedade (2007-2013).

7. Desenvolver a Rede de Cuidados Continuados Integrados, adaptando as estruturas de saúde e reformulando os acordos com as Misericórdias e IPSS, em articulação com o MTSS para o território continental e com os organismos competentes das Regiões Autónomas (2007-2013).

8. Elaborar a rede nacional de diagnóstico e prestação de cuidados através do uso da informática e telecomunicações e desenvolver a aplica-

ção das novas tecnologias no acesso à prestação de cuidados de saúde primários, sobretudo em meio rural, implementando o conceito de "e-saúde" (2007-2013).

9. Garantir a cobertura da totalidade do território continental pelos Centros de Orientação de Doentes Urgentes (CODU) e pelas Viaturas Médicas de Emergência e Reanimação (VMER), consolidar o sistema integrado de transporte secundário devidamente coordenado centralmente e definir uma rede de heliportos e locais de aterragem de emergência devidamente certificados para voos de emergência médica (2007-2013).

10. Desenvolver a Rede de Serviços de Saúde Pública, assegurando adequados dispositivos de vigilância sanitária e de protecção da saúde e prevenindo situações de risco (2007-2008).

4.3. *Desenvolver programas e incentivar acções que melhorem as condições de habitação, nomeadamente no que se refere aos grupos sociais mais vulneráveis*

As Administrações central e local, isoladamente ou em parceria com entidades da sociedade civil, deverão intervir no domínio da habitação, promovendo, a qualidade de vida urbana e o acesso dos cidadãos a uma habitação condigna segundo critérios de qualidade, equidade, mobilidade e sustentabilidade.

Verificando-se uma tendência de envolvimento crescente das autarquias locais no domínio da habitação, esta questão deve assumir uma importância reforçada nos instrumentos de ordenamento do território de nível municipal.

Medidas prioritárias

1. Elaborar e implementar o Plano Estratégico de Habitação (2007--2013).

2. Implementar iniciativas de gestão e dinamização do mercado de arrendamento público, tornando o parque habitacional público mais qualificado, dinâmico e capaz de responder com maior equidade e proximidade às necessidades sociais da população (2007-2009).

3. Incentivar o cumprimento de objectivos sociais por parte dos promotores imobiliários, nomeadamente através da afectação a habitação

274   *Programa Nacional da Política de Ordenamento do Território*

social de uma quota-parte da habitação nova ou a reabilitar ou ainda no âmbito de operações integradas de revitalização urbana (2007-2013).

4. Desenvolver intervenções sócio-urbanísticas em territórios que apresentem factores de vulnerabilidade crítica, do ponto de vista urbanístico, económico e social, no sentido da sua qualificação e reinserção urbana, contribuindo para o desenvolvimento de comunidades urbanas sustentáveis (2007-2013).

5. Promover a inserção nos instrumentos de planeamento municipal dos objectivos sociais de combate à segregação urbana e de acolhimento e integração dos imigrantes e minorias étnicas, designadamente através da institucionalização dos princípios da diversidade nos modelos de usos e tipologias de habitação (2007-2013).

6. Concluir o Programa Especial de Realojamento e implementar programas municipais de resposta às graves carências habitacionais, em coerência com os objectivos de equidade social e territorial, reforçando a solução de reabilitação do parque devoluto em relação à construção nova (2007-2013).

4.4. *Dinamizar redes de equipamentos colectivos e programas para responder com eficácia às necessidades dos diferentes grupos sociais e das famílias, promovendo a integração dos grupos mais vulneráveis face à pobreza e à exclusão social e garantindo a segurança a todos os cidadãos*

Para assegurar a coesão social do País e a melhoria da qualidade de vida dos cidadãos é necessário garantir uma oferta de equipamentos de solidariedade e acção social que responda, em todo o território, às necessidades dos diferentes grupos sociais, contribuindo para a promoção da equidade territorial e da inclusão social e dando uma resposta concertada às famílias. A afirmação de uma política social activa no sentido da eliminação da pobreza e da exclusão pressupõe o desenvolvimento de uma consciência colectiva dos problemas sociais e a crescente mobilização da sociedade portuguesa. Nesse sentido, é fundamental congregar esforços com base na adesão voluntária das autarquias e de outras entidades públicas ou privadas sem fins lucrativos que actuam nos mesmos territórios, contribuindo para um desenvolvimento social enraizado nas dinâmicas opções locais e regionais.

Para promover a coesão social e garantir a segurança de todos os cidadãos importa também assegurar um novo Dispositivo Territorial das Forças de Segurança e planear e implementar a correspondente Rede Nacional de Instalações em articulação com a Lei de Programação de Meios.

Medidas prioritárias

1. Desenvolver um planeamento participado e reforçar a oferta de equipamentos de solidariedade e acção social, por forma a responder com eficácia às necessidades dos diferentes grupos sociais, nomeadamente, da infância e juventude, da população idosa, dos deficientes e de outros grupos vulneráveis, contribuindo para a promoção da equidade, da inclusão social e de uma resposta concertada de apoio às famílias (2007-2013).

2. Desenvolver intervenções integradas de base territorial de combate à pobreza e à exclusão social, em parceria Estado, Autarquias e Instituições públicas e privadas, promovendo acções que contribuam para o desenvolvimento e qualificação de grupos excluídos socialmente ou com necessidades de apoio específico, nomeadamente imigrantes (2007-2013).

3. Reforçar o desenvolvimento das Redes Sociais, através da consolidação e alargamento das parcerias a nível local e do aprofundamento da abordagem estratégica, articulando-as, nomeadamente, com os instrumentos de gestão territorial (2007-2013).

4. Reforçar a oferta de equipamentos desportivos de base, de forma a promover a função do desporto e da actividade física, quer na melhoria do estado geral de saúde das populações mais vulneráveis, quer na promoção da sua inclusão social, incluindo as pessoas com deficiência ou incapacidade (2007-2013).

5. Ampliar os programas de segurança de proximidade e comunitários por parte das forças de segurança, e desenvolver, em especial, acções de apoio a pessoas com deficiência, idosos, crianças em idade escolar e mulheres vítimas de violência (2007-2009).

6. Implementar a construção de novas instalações das Forças de 1ª linha, Postos Territoriais da GNR e Esquadras Tipo A e Tipo B da PSP, e desenvolver a Rede Nacional de Segurança Interna (RNSI) para assegurar a interoperabilidade ao nível informático e de comunicações de todas as Forças de Segurança (2007-2013).

4.5. Desenvolver uma rede supra-municipal articulada de equipamentos desportivos e de lazer activo que valorize a motricidade, aprofunde a equidade de acesso e qualifique a evolução do sistema urbano

Deve promover-se o reforço do papel da actividade física e desportiva como contributo para melhorar a qualidade de vida e a inserção social das populações.

Importa avaliar as distorções qualitativas e quantitativas da distribuição dos equipamentos desportivos aos vários níveis de gestão territorial, tendo em vista um melhor ordenamento e uma melhor programação da oferta, em consonância com as determinantes da demografia e do sistema urbano, e um maior estímulo à prática desportiva formal e informal.

Medidas prioritárias

1. Implementar orientações de ordenamento do território e desenvolver a oferta de equipamentos destinados às actividades de lazer activo e de desporto, no quadro da execução do Plano Nacional de Ordenamento da Rede de Equipamentos Desportivos Estruturantes e da promoção de novas parcerias, com vista a aumentar os índices de actividade física e de prática desportiva da população, incluindo as pessoas com deficiência, e a aumentar o nível e a eficiência de utilização desses equipamentos (2007-2013).

2. Elaborar e implementar Cartas Desportivas de âmbito municipal e/ou intermunicipal, que assegurem em cada território desportivo uma oferta racional e com sustentabilidade financeira, aprofundando as complementaridades entre diferentes tipologias de equipamentos e mobilizando a população para a prática desportiva (2007-2008).

3. Ordenar e regulamentar a utilização dos espaços de prática de desporto de natureza, dentro e fora de Áreas Protegidas, para promover um desenvolvimento consonante com as regras de preservação ambiental (2007-2009).

4.6. Dinamizar uma rede de equipamentos culturais que valorize identidades, patrimónios e formas de expressão artística num quadro de aprofundamento da educação para a cultura e de reforço da equidade de acesso e da participação nas actividades culturais

É necessário criar, nas regiões, condições para a dinamização cultural numa perspectiva de igualdade de oportunidades e de acesso à cultura e de incentivo à participação das populações.

Para tal, o Estado deve promover uma rede nacional de equipamentos culturais articulada com a valorização das cidades médias e interligada com outros equipamentos públicos.

Neste sentido, será reforçada e racionalizada a oferta de espaços e equipamentos culturais, serão potenciadas as articulações entre a educação para as artes e o sistema de ensino, no intuito de criar públicos e desenvolver e democratizar a expressão artística, e serão estimuladas e apoiadas as iniciativas que dinamizem e promovam o turismo cultural.

Medidas prioritárias

1. Dar continuidade aos programas de recuperação e expansão da rede de equipamentos culturais (museus, cine-teatros, centros culturais etc.), em parceria com as autarquias e os particulares (2007-2013).

2. Apoiar as iniciativas de itinerância cultural, como forma de aproximar a oferta cultural das populações e rendibilizar a rede de equipamentos existentes (2007-2013).

3. Realizar, aos níveis regional e local, Planos Estratégicos de Desenvolvimento Cultural, com envolvimento das autarquias e outros actores sociais pertinentes e onde se articulem os objectivos do desenvolvimento cultural, da coesão social e do ordenamento do território (2007-2013).

Programa Nacional da Política de Ordenamento do Território

4.7. Desenvolver os serviços de abastecimento público de água, e de recolha, tratamento e reutilização de águas residuais e de resíduos, estruturando a gestão na óptica da co-responsabilidade social e melhorando os níveis e a qualidade de atendimento

Para promover a coesão nacional, defender os valores ecológicos e garantir a segurança e o bem-estar dos cidadãos, o Estado definirá o modelo de regulação e o papel dos intervenientes nos sectores das águas e resíduos, e as formas de coordenação da sua intervenção, com vista à prestação eficiente de serviços de qualidade à generalidade da população.

Neste quadro, será desenvolvida uma política integrada de gestão de resíduos urbanos, industriais e hospitalares, que fomente a redução na fonte, a reutilização e a reciclagem, bem como a sua valorização e deposição final em condições seguras, em particular dos resíduos industriais perigosos, assegurando uma actualização permanente das soluções adoptadas face aos progressos científico e tecnológico verificados neste sector.

Serão também assegurados serviços de abastecimento de água potável e de drenagem e tratamento de águas residuais com elevado nível de qualidade à generalidade da população portuguesa, no Continente e Regiões Autónomas, a preços compatíveis com as condições geográficas e sócio-económicas dos diversos grupos de utilizadores, garantindo a recuperação integral do custo dos serviços e discriminando positivamente o uso eficiente das águas.

Medidas prioritárias

1. Implementar a Política Nacional de Resíduos consubstanciada nos Planos Nacionais de Gestão de Resíduos e nos Planos Estratégicos Sectoriais dos Resíduos Sólidos Urbanos (PERSU), dos Resíduos Industriais e dos Resíduos Hospitalares, assegurando a integração das suas orientações nos instrumentos de gestão territorial de âmbito regional, inter-municipal e municipal (2007-2013).

2. Executar o Plano Estratégico de Abastecimento de Água e de Saneamento de Águas Residuais (PEAASAR 2007-2013), no território continental, de forma a assegurar o cumprimento dos objectivos de abastecimento de água para consumo humano e de tratamento de águas resi-

Programa das políticas 279

duais urbanas, através da realização dos investimentos necessários para servir a generalidade da população portuguesa com elevada qualidade e a preços acessíveis (2007-2013).

3. Definir critérios para a elaboração de Planos de Segurança, de Qualidade e Quantidade do recurso Água, aumentando a protecção e monitorização da "Reserva Nacional Estratégica de Água" (elaborar planos de contingência, identificar as origens e as infra-estruturas de armazenamento de água) (2007-2008).

4.8. *Desenvolver as redes de infra-estruturas, de equipamentos e de serviços de suporte à acessibilidade e mobilidade, reforçando a segurança, a qualidade de serviço e as condições de equidade territorial e social*

O sistema de transportes e de acessibilidades intervém de modo preponderante no suporte à circulação e mobilidade de pessoas e bens.

O seu papel é estratégico e multifacetado, funcionando, simultaneamente, como pilar do posicionamento do país na Europa e no Mundo, como factor da competitividade da economia, como elemento estruturante do ordenamento do território e como garante da coesão territorial, e como condicionante da equidade social e da qualidade de vida das pessoas.

Consequentemente, torna-se fundamental articular as opções de gestão territorial com as políticas sectoriais em matéria de acessibilidades e transportes, tendo por base princípios de eficiência económica, de equidade social e de respeito pelo ambiente e visando contribuir para melhorar a qualidade do ar e diminuir as emissões de GEE, designadamente por via da melhoria da eficiência energética dos sistemas de transporte.

Assim, a equidade no acesso aos sistemas de transporte constitui um princípio fundamental a respeitar e a eficiência dos sistemas de transportes deve ter em vista, entre outros factores, o suporte à qualidade de vida das pessoas, com atenção especial para as necessidades específicas de pessoas mais vulneráveis em termos sociais ou físicos.

A implantação de interfaces multimodais de transportes em áreas urbanas centrais deve respeitar os seguintes critérios: eficiência das articulações estabelecidas entre os vários modos de transporte; fácil acesso pedonal; localização nas imediações de equipamentos colectivos de

280 Programa Nacional da Política de Ordenamento do Território

grande atracção de utentes, melhorando assim a acessibilidade geral a esses equipamentos e aumentando a competitividade do transporte público.

O aumento da segurança rodoviária e a correlativa diminuição da sinistralidade rodoviária devem constituir também prioridades de primeira linha.

Medidas prioritárias

1. Integrar nos planos de infra-estruturas viárias, as questões da segurança dos transportes e da mobilidade de todos os segmentos da população, incentivando o transporte acessível, seja ferroviário (comboio ou metro) seja transporte colectivo rodoviário urbano ou suburbano, e promover a eliminação de barreiras físicas existentes nas infra-estruturas dos transportes ferroviários e rodoviários, facilitando a mobilidade dos cidadãos com deficiência (2007-2013).

2. Implementar uma Política Metropolitana de Transportes no território continental, como suporte de uma mobilidade sustentada, no quadro da organização e gestão pública do sistema de transportes, promovendo modos de transporte menos poluentes e mais atractivos para os utentes (2007-2009).

3. Lançar programas para a plena integração física, tarifária e lógica dos sistemas de transportes de passageiros, no território continental e com as necessárias adaptações às Regiões Autónomas, garantindo informação acessível relativa à oferta dos vários modos, particularmente nas grandes aglomerações urbanas, promovendo a intermodalidade (2007-2013).

4. Assegurar na revisão dos Planos Directores Municipais, em articulação com a elaboração de Planos Municipais de Mobilidade, que as redes de transporte e mobilidade respondam à sua procura e aos processos de redefinição dos usos do solo, favorecendo a acessibilidade das populações em transporte público aos locais de emprego, aos equipamentos colectivos e serviços de apoio às actividades produtivas, bem como à circulação de mercadorias entre os locais de produção e os de mercado (2007-2010).

5. Executar os Planos Nacionais de Segurança Rodoviária, visando reduzir para metade em cada período de 10 anos o número de acidentes e mortes rodoviários em Portugal e desenvolver inspecções e auditorias de segurança rodoviária, para todos os projectos de construção e conservação

Programa das políticas 281

de estradas, sendo essas auditorias realizadas, por entidade independente ou, dentro da mesma entidade, em unidade orgânica distinta da do projecto, visando padrões de segurança europeus (2007-2013).

4.9. *Planear e implementar uma rede integrada de serviços de Justiça, definindo a distribuição e implantação geográfica dos equipamentos públicos de Justiça, nomeadamente tribunais, julgados de paz, conservatórias, prisões e centros educativos*

Num quadro de coesão nacional e de promoção de valores de uma Justiça mais eficiente e próxima dos cidadãos, o Estado deve implementar um modelo de rede nacional que garanta a equidade de acesso, sustente e impulsione a eficácia da resposta judicial e de resolução de litígios, e promova o desenvolvimento económico e social.

A estruturação territorial das redes da Justiça deve ser enquadrada por princípios de racionalização e proximidade, tendo em vista um melhor aproveitamento dos recursos disponíveis e o ajustamento da capacidade de oferta às necessidades da procura real e perspectivada de meios de resolução de litígios e de meios auxiliares da Justiça.

Medidas prioritárias

1. Implementar a reforma do Mapa judiciário – rede de tribunais (1ª Instância), promovendo o seu ajustamento ao movimento processual existente através da adopção de uma nova matriz de circunscrição territorial (2007-2009).

2. Desenvolver e reforçar a rede de julgados de paz e de centros de mediação e arbitragem, de modo planeado, articulado e complementar com a rede de tribunais, promovendo-se o desenvolvimento de meios alternativos de resolução de litígios (2007-2009).

3. Desenvolver os conceitos de mapa de reinserção social, de mapa penitenciário e de rede médico-legal, promovendo-se a disseminação nacional e regional de serviços da Justiça, designadamente através da reformulação/beneficiação e construção dos respectivos equipamentos por todo o país, centros educativos, estabelecimentos prisionais e gabinetes médico-legais (2007-2009).

282 *Programa Nacional da Política de Ordenamento do Território*

4. Reorganizar e modernizar a rede de balcões das conservatórias, reestruturando todo o sistema dos registos, com o objectivo de prestar um serviço de melhor qualidade, mais célere e mais barato ao cidadão e às empresas (2007-2009).

OBJECTIVO ESTRATÉGICO 5. Expandir as redes e infra-estruturas avançadas de informação e comunicação e incentivar a sua crescente utilização pelos cidadãos, empresas e administração pública

Objectivos específicos

1. Alargar o acesso à *Internet* de Banda Larga em todo o país e promover uma rápida e efectiva apropriação económica e social das Tecnologias de Informação e Comunicação (TIC).
2. Promover as TIC como instrumento fundamental de desenvolvimento territorial e de coesão social, generalizando a sua utilização na difusão de informação e na oferta de serviços de interesse público.

Objectivos específicos

5.1. *Alargar o acesso à* **Internet** *de Banda Larga em todo o país e promover uma rápida e efectiva apropriação económica e social das Tecnologias de Informação e Comunicação (TIC)*

A informação e o conhecimento são centrais para o desenvolvimento sustentável que depende cada vez mais de redes de comunicação digital, em particular da Internet, e do potencial da sua utilização pelas pessoas e pelas organizações. A generalização do uso das TIC irá melhorar o acesso ao conhecimento e na interacção entre os actores económicos e sociais, contribuindo para aumentar o potencial de inovação e a competitividade do país e das regiões e para reforçar a coesão territorial.

A iniciativa Ligar Portugal, que constitui um dos vectores estratégicos e programáticos do Plano Tecnológico, representa um importante quadro de referência para mobilizar os territórios para a sociedade de informação e do conhecimento.

O presente objectivo específico insere-se nessa estratégia, visando promover o acesso e a apropriação económica e social das TIC, conjugando dois objectivos operativos: primeiro, o de aumentar o número de utilizadores de computadores e de multiplicar o número de utilizadores regulares da Internet; segundo, o de criar condições para que as TIC sirvam de suporte ao desenvolvimento de processos de cooperação e de intercâmbio, aumentando a competitividade, a conectividade e a inovação dos tecidos económicos locais.

Neste sentido, a tecnologia digital, e sobretudo a Internet de banda larga, deve estar acessível às empresas e famílias em todas as parcelas do território nacional e a custos competitivos.

Medidas prioritárias

1. Harmonizar os custos de acesso e uso das TIC em todo o território nacional e reduzir os custos de acesso à Internet, tendo por referência os valores mais baixos praticados nos outros países da União Europeia (2007--2009).

2. Promover o desenvolvimento de redes abertas de banda larga nos centros urbanos das regiões menos desenvolvidas (2007-2013).

3. Promover as infra-estruturas fixas necessárias ao acesso às redes de banda larga no âmbito das diferentes operações urbanísticas (2007-2009).

4. Promover a instalação de pontos de acesso à banda larga em locais públicos, designadamente em terminais de transportes, nas escolas, nas instituições de apoio à juventude, em hospitais e outros equipamentos sociais, e nos locais de alojamento e de actividade turística (2007-2010).

5.2. *Promover as TIC como instrumento fundamental de desenvolvimento territorial e de coesão social, generalizando a sua utilização na difusão de informação e na oferta de serviços de interesse público*

Em coerência com as linhas estratégicas da iniciativa Ligar Portugal, visa-se generalizar a utilização das TIC como instrumento de promoção da coesão territorial e da coesão social, de educação e desenvolvimento de competências, de fomento da competitividade e de simplificação e melhoria da informação e da prestação de serviços públicos ao cidadão e às empresas.

As comunidades digitais de base territorial – regiões, cidades e outros aglomerados – deverão contribuir para desenvolver o país, acentuando a interacção entre agentes, fomentando a circulação das ideias e da informação e racionalizando custos de operação. Também a aglomeração espacial das empresas e a internacionalização de clusters competitivos devem ser suportados no uso das TIC. Importa, em particular, estimular a integração e o uso das infra-estruturas de banda larga na actividade económica, especialmente nas aglomerações de pequenas e médias empresas.

A prestação de serviços públicos através do recurso às TIC é igualmente uma vertente essencial para consolidar a sociedade de informação e promover a coesão social e territorial.

Medidas prioritárias

1. Promover a colaboração em rede e a partilha de tarefas e conhecimentos com base nas TIC, envolvendo quer associações municipais, empresariais, profissionais e de solidariedade social, quer escolas, entidades do sistema nacional de saúde e outras em torno de projectos de interesse comum (2007-2013).

2. Disponibilizar, de forma aberta, a informação detida por entidades públicas como suporte ao desenvolvimento de valor acrescentado pela indústria de conteúdos digitais e estímulo ao seu desenvolvimento e competitividade (2007-2013).

3. Incentivar a dinamização de novas actividades ou de novas formas de prestação de serviços no âmbito dos projectos Cidades e Regiões Digitais (2007-2013).

4. Incentivar a criação de Portais Regionais que sejam montra das potencialidades e actividades da região nos diversos domínios, tendo também em consideração as novas tecnologias de acessibilidade para os utilizadores com deficiência (2007-2013).

5. Disponibilizar os conteúdos culturais portugueses em formato digital e estimular o desenvolvimento de conteúdos interactivos nas bibliotecas, incluindo um número considerável de obras literárias de utilização fácil para pessoas com deficiência, sobretudo visual (2007-2013).

6. Alargar a gama de oferta de serviços colectivos e de interesse público suportados na Internet e na utilização das TIC, por exemplo nos domínios da saúde ou da educação, garantindo o seu acesso nos espaços de baixa densidade (2007-2013).

7. Desenvolver novas actividades e plataformas de inclusão social para idosos com base nas TIC, como forma de adaptação a uma sociedade com uma participação maior de populações de idades mais avançadas (2007-2013).

OBJECTIVO ESTRATÉGICO 6. Reforçar a qualidade e a eficiência da gestão territorial, promovendo a participação informada, activa e responsável dos cidadãos e das instituições

Objectivos específicos

1. Produzir e difundir o conhecimento sobre o ordenamento e o desenvolvimento do território.

2. Renovar e fortalecer as capacidades de gestão territorial.

3. Promover a participação cívica e institucional nos processos de ordenamento e desenvolvimento territorial.

4. Incentivar comportamentos positivos e responsáveis face ao ordenamento do território.

OBJECTIVOS ESPECÍFICOS

6.1. *Produzir e difundir o conhecimento sobre o ordenamento e o desenvolvimento do território*

A boa gestão do território pressupõe a disponibilidade e difusão alargada de informação e de conhecimentos actualizados sobre os recursos existentes e as dinâmicas e perspectivas de desenvolvimento às escalas nacional, regional e local.

Para monitorizar as políticas e aumentar a eficiência dos instrumentos de gestão do território, é fundamental acompanhar e avaliar os processos de organização espacial e de ocupação, uso e transformação do solo.

Programa Nacional da Política de Ordenamento do Território

Neste sentido, a Lei de Bases da Política do Ordenamento do Território e do Urbanismo prevê formas de acompanhamento permanente e de avaliação técnica da gestão territorial e a existência de um sistema nacional de dados sobre o território. Estabelece, ainda, que o Governo apresente de dois em dois anos à Assembleia da República um relatório sobre o estado do ordenamento do território, no qual é feito o balanço da execução do programa nacional da política de ordenamento do território e são discutidos os princípios orientadores e as formas de articulação das políticas sectoriais com incidência territorial.

É assim crucial garantir sistemas e dispositivos eficientes de produção e difusão do conhecimento sobre o ordenamento e o desenvolvimento do território.

Medidas prioritárias

1. Criar o Observatório do Ordenamento do Território e do Urbanismo como estrutura responsável pelo acompanhamento e avaliação das dinâmicas territoriais e dos instrumentos de gestão territorial (2007-2008).

2. Criar um portal electrónico sobre o ordenamento do território que organize a partilha de informação entre serviços públicos e particulares, incluindo o acesso em linha a todos os planos em vigor (2007-2009).

3. Desenvolver um Sistema Nacional de Exploração e Gestão de Informação Cadastral como instrumento de apoio à administração pública e de melhoria da qualidade dos serviços prestados aos cidadãos e às empresas (2007-2013).

4. Promover o desenvolvimento de infra-estruturas de adensamento da malha geodésica para melhorar a produção de cartografia (2007-2013).

5. Desenvolver o Sistema Nacional de Informação Geográfica (SNIG) e o Sistema Nacional de Informação Territorial (SNIT) (2007-2013).

6.2. *Renovar e fortalecer as capacidades de gestão territorial*

A boa gestão territorial exige abordagens inovadoras e o respeito pelos seguintes princípios: pertinência e eficácia (resposta às necessidades, com base em objectivos bem definidos e em avaliações adequadas ao nível territorial apropriado); responsabilização (identificação clara das responsabilidades das instituições e prestação de contas); transparência

Programa das políticas 287

(comunicação activa e linguagem acessível); participação (da concepção à execução, monitorização e avaliação numa perspectiva aberta e abrangente); e coerência (entre as políticas sectoriais e territoriais).

Neste quadro, importa prosseguir uma agenda persistente de descentralização de competências, de acordo com o princípio da subsidiariedade, e de simplificação e flexibilização de procedimentos no âmbito das tarefas de planeamento e gestão territorial, sem prejuízo da adequada salvaguarda do interesse público e facilitando a vida aos cidadãos e às empresas.

É também fundamental prosseguir uma acção sistemática de actualização, formação e capacitação científica e técnica dos agentes do ordenamento e do desenvolvimento do território aos níveis nacional, regional e local.

Medidas prioritárias

1. Actualizar e simplificar a base jurídica e os procedimentos administrativos com repercussão no ordenamento do território e no urbanismo, promovendo a sua eficiência e a melhor articulação entre as várias entidades públicas envolvidas (2007-2008).

2. Simplificar o relacionamento dos cidadãos com as entidades com competência no licenciamento de projectos com impacte territorial, através da concentração dos serviços de atendimento e de processamento numa óptica de balcão único (2007-2009).

3. Alargar as atribuições e competências das Autarquias Locais, aprofundando o processo de descentralização administrativa, rever os regimes jurídicos das Associações de Municípios e das Áreas Metropolitanas e reforçar as competências municipais em matéria de ordenamento do território, responsabilizando as Autarquias pela qualidade dos planos, pela sua conformidade com os instrumentos territoriais de ordem superior e pela sua execução em tempo útil (2007-2008).

4. Valorizar o papel das CCDR, no território continental, no acompanhamento das competências exercidas pelos municípios e na promoção de estratégias concertadas de desenvolvimento às escalas regional e sub-regional (2007-2013).

5. Reforçar os meios e a capacidade de intervenção das inspecções sectoriais e da Inspecção-Geral do Ambiente e do Ordenamento do Território (IGAOT), em particular, para que esta possa assegurar com eficácia

288   *Programa Nacional da Política de Ordenamento do Território*

o acompanhamento e a avaliação do cumprimento da legalidade nos domínios do ambiente e do ordenamento do território, designadamente em relação à salvaguarda do património e dos recursos naturais, dos meios e recursos hídricos, da zona costeira e do domínio público marítimo (2007-2013).

6. Desenvolver um programa coerente de actualização e formação especializada no domínio do ordenamento do território e do urbanismo dirigido prioritariamente aos agentes da administração pública desconcentrada e das autarquias locais (2007-2013).

6.3. *Promover a participação cívica e institucional nos processos de planeamento e desenvolvimento territorial*

O desenvolvimento sustentável dos territórios pressupõe a concertação das vontades das entidades interessadas, através da adopção de metodologias participativas.

Os princípios da participação procedimental e da democracia participativa estão consagrados na lei fundamental. A sua concretização deve ser assegurada através do acesso à informação e da intervenção efectiva nos procedimentos de elaboração, execução, avaliação e revisão dos instrumentos de gestão territorial, de modo a reforçar a cidadania activa e a melhorar a qualidade e eficiência desses instrumentos.

O direito à participação tem como corolário o direito dos particulares à informação, desde as fases iniciais e em todo o decurso da elaboração dos instrumentos de gestão territorial, de modo a que o processo de decisão reflicta o efectivo interesse público colectivo.

Neste processo, o acompanhamento e a cooperação activa das entidades públicas que representam diferentes interesses públicos é igualmente importante para a obtenção de soluções concertadas que aumentem a capacidade de concretização de políticas integradas de desenvolvimento.

Medidas prioritárias

1. Reforçar os mecanismos de acesso à informação no âmbito da elaboração e divulgação dos instrumentos de gestão territorial, nomeadamente através do uso das TIC, com vista a uma maior co-responsabilização e envolvimento da sociedade civil (2007-2008).

2. Integrar os princípios e orientações das Agendas 21 Locais nos instrumentos de gestão territorial e incentivar a cooperação aos níveis local e regional, recorrendo nomeadamente à institucionalização de parcerias, à contratualização e à implementação de Programas de Acção Territorial (2007-2009).

3. Rever os modelos de acompanhamento, participação e concertação previstos no regime jurídico dos instrumentos de gestão territorial, no sentido de garantir o maior envolvimento das entidades públicas e das organizações económicas, sociais, culturais e ambientais desde a fase inicial de definição do conteúdo e das principais opções desses instrumentos (2007--2008).

4. Incentivar a organização e a participação qualificada da sociedade civil na prestação de serviços de interesse geral, promovendo parcerias e redes de base territorial (2007-2013).

6.4. *Incentivar comportamentos positivos e responsáveis face ao ordenamento do território*

O ordenamento do território deve ser um instrumento mobilizador da intervenção responsável da sociedade portuguesa nas suas trajectórias de desenvolvimento.

Cidadãos bem informados são parte interessada e capacitada para participar nas decisões e na resolução dos problemas do território. Assim, é fundamental promover uma visão actualizada destes problemas, recorrendo ao conhecimento científico e às modernas tecnologias de informação e comunicação e incorporando os temas do ordenamento do território e urbanismo em diversas áreas de ensino e de formação cultural.

Medidas prioritárias

1. Desenvolver acções de sensibilização, educação e mobilização dos cidadãos para uma cultura valorizadora do ordenamento do território, do urbanismo, das paisagens e do património em geral (2007-2013).

2. Introduzir e reforçar nos programas dos vários graus de ensino, desde o ensino básico ao secundário, os princípios orientadores de boas práticas de ordenamento e qualificação do território (2007-2013).

290 *Programa Nacional da Política de Ordenamento do Território*

3. Estimular o contributo e a participação dos jovens em acções de ordenamento do território, nomeadamente no quadro do Programa Nacional da Juventude e do Voluntariado Jovem com as necessárias adaptações às Regiões Autónomas (2007-2009).

4. Fomentar a investigação e a inovação na área do ordenamento do território e do urbanismo, nomeadamente através da instituição de bolsas de estudo e prémios especiais (2007-2013).

5. Divulgar boas práticas em ordenamento do território e urbanismo e incentivar a participação em concursos para atribuição de prémios a nível internacional (2007-2013).

Síntese do âmbito, estrutura e conteúdo do Programa das Políticas

4. Uma vez exposto o sistema de Objectivos Estratégicos, Objectivos Específicos e Medidas que compõem o Programa das Políticas, justifica-se apresentar algumas considerações de síntese sobre o seu âmbito, estrutura e conteúdo.

Objectivos Estratégicos

1. *Conservar e valorizar a biodiversidade, os recursos e o património natural, paisagístico e cultural, utilizar de modo sustentável os recursos energéticos e geológicos, e monitorizar, prevenir e minimizar os riscos.*

2. *Reforçar a competitividade territorial de Portugal e a sua integração nos espaços ibérico, europeu, atlântico e global.*

3. *Promover o desenvolvimento policêntrico dos territórios e reforçar as infra-estruturas de suporte à integração e à coesão territoriais.*

4. *Assegurar a equidade territorial no provimento de infra-estruturas e de equipamentos colectivos e a universalidade no acesso aos serviços de interesse geral, promovendo a coesão social.*

5. *Expandir as redes e infra-estruturas avançadas de informação e comunicação e incentivar a sua crescente utilização pelos cidadãos, empresas e administração pública.*

6. *Reforçar a qualidade e a eficiência da gestão territorial, promovendo a participação informada, activa e responsável dos cidadãos e das instituições.*

Programa das políticas

5. Uma importante característica deste Programa é a grande abrangência do seu campo de acção. Ele abarca os diversos domínios (ambiental, económico, social e cultural) e as várias dimensões (competitividade, coesão, sustentabilidade, qualidade de vida) do ordenamento e do desenvolvimento territorial, e incide sobre todo o leque dos *recursos territoriais*[1] (recursos e valores naturais; áreas agrícolas e florestais; património; redes de acessibilidades, de infra-estruturas e de equipamentos colectivos; sistema urbano; e localização e distribuição das actividades económicas).

6. Esta característica do Programa das Políticas testemunha uma opção fundamental da legislação fundadora da política de ordenamento do território, ao considerar o território um espaço de iniciativa e de coordenação institucional, de exercício de soberania e de desenvolvimento sustentável, que vai por isso para além da noção mais tradicional e restrita do território como quadro físico que importa ordenar. Essa legislação determina também, na senda de preceitos constitucionais, o *dever de ordenar o território* como uma *missão fundamental do Estado e das Autarquias locais*, assegurando a *harmonização dos interesses públicos e a coordenação das intervenções com incidência territorial das várias instituições públicas.*

7. Também relevante, é o facto de o Programa das Políticas do PNPOT incluir um leque de medidas que excede em muito a produção legislativa e a elaboração de planos, ao incluir diversos outros instrumentos de administração e de coordenação de políticas públicas, de execução de projectos e de programas por entidades públicas, e de incentivo ao investimento e a outras acções desenvolvidas por entidades privadas ou em parceria público-privado.

8. Para caracterizar esta diversidade de instrumentos de política elaborou-se uma matriz de classificação das medidas por tipos de intervenção pública (Anexo I) que constitui um quadro sistemático e calendarizado do conjunto de compromissos governativos assumidos neste âmbito e que se sintetiza em seguida.

---

[1] Cf. os artigos 10.º a 19.º do Decreto-Lei n.º 380/99, de 22 de Setembro.

292   *Programa Nacional da Política de Ordenamento do Território*

**Quadro 1 – Medidas Prioritárias por Objectivos Estratégicos
e Tipos de Intervenção Pública**

Objectivos Estratégicos	N.º de Objectivos Específicos	N.º de Medidas	N.º de Medidas por Tipos de Intervenção Pública [#]			
			Legislação	Estratégia Planeamento Regulação	Informação Coordenação Avaliação	Administração Execução Incentivo
1	11	70	9	30	34	39
2	6	27		20		26
3	4	24	2	15	3	12
4	9	45		38	3	38
5	2	11		1	4	11
6	4	20	2	6	13	9
Total	36	197	13	110	57	135

(#) – Apuramento com base na informação do Anexo I. A execução de uma medida pode envolver diversos tipos de intervenção pública, pelo que a soma das colunas 4 a 7 é superior ao número total de medidas apresentado na coluna 3.

Responsabilidades e coordenação da acção governativa

9. Para se construir um quadro tão abrangente de medidas de política, vinculativo do conjunto das instituições públicas, foi determinante o envolvimento do conjunto do Governo e da Administração Pública, como o será necessariamente na sua execução.

10. Visando clarificar as responsabilidades e as exigências de coordenação institucional para a implementação do Programa das Políticas, apresenta-se no Anexo II uma matriz que indica as grandes Áreas de Acção Governativa envolvidas na prossecução de cada um dos Objectivos Específicos.

11. Em complemento deste aspecto, e também para objectivar a amplitude e a estrutura temática do Programa das Políticas, elaborou-se um quadro que sintetiza a repartição das medidas prioritárias por grandes áreas de acção governativa.

Programa das políticas 293

Quadro 2 – Medidas Prioritárias por Grandes Áreas de Acção Governativa

	N.º Medidas	%
Ambiente	20	10
Ordenamento do território e cidades	59	30
Obras públicas, transportes e comunicações	27	14
Agricultura, florestas e desenvolvimento rural	12	6
Desenvolvimento regional, economia e emprego	26	14
Educação, cultura e ciência	20	10
Áreas sociais	16	8
Administração e soberania	17	8
Total	197	100

12. A síntese assim obtida revela de um modo expressivo a amplitude do Programa das Políticas na cobertura das várias vertentes do ordenamento, do desenvolvimento e da coesão territoriais do País, em que se evidenciam naturalmente as áreas de acção institucional com maior incidência e focagem no ordenamento do território.

3. DIRECTRIZES PARA OS INSTRUMENTOS DE GESTÃO TERRITORIAL

Introdução

1. A execução do Programa Nacional da Política de Ordenamento do Território depende da sua relação e interacção com o conjunto de instrumentos de gestão territorial definidos na Lei de Bases da Política de Ordenamento do Território e de Urbanismo, bem como da sua coerência e articulação com outros instrumentos políticos de carácter estratégico e, em particular, com o Quadro de Referência Estratégico Nacional (QREN) para 2007-2013.

2. No presente capítulo apresentam-se as orientações específicas que derivam das propostas de intervenção contidas no PNPOT, sistematizando-as de forma a evidenciar o modo como devem ser acolhidas e concretizadas nos diversos instrumentos de gestão territorial (IGT).

3. O capítulo organiza-se em três partes. Em primeiro lugar, salienta-se a importância do PNPOT e o seu papel no enquadramento estratégico dos planos, ao constituir um instrumento de coerência de todo o sistema de gestão territorial. Este enquadramento é especificado através da análise da repercussão do Programa das Políticas nos vários tipos de IGT, com recurso a uma matriz que cruza as medidas prioritárias com as diversas figuras de plano instituídas.

4. Em seguida, apresentam-se orientações para a elaboração de cada tipo de IGT, realçando aspectos genéricos e outros, mais concretos, que resultam directamente das medidas prioritárias. Serão futuramente desenvolvidas regras para a elaboração de normas orientadoras para os Planos Regionais de Ordenamento do Território, em execução directa das directrizes que resultam do PNPOT, as quais, conjugadas com as presentes orientações, devem ser observadas pelas diversas entidades intervenientes nos procedimentos de planeamento.

5. Por fim, referem-se as condições necessárias para a execução, o acompanhamento, monitorização e avaliação da implementação do PNPOT.

296 Programa Nacional da Política de Ordenamento do Território

Relação entre o PNPOT e os outros Instrumentos de Gestão Territorial

6. O Programa Nacional da Política de Ordenamento do Território constitui o quadro de referência para o desenvolvimento de um conjunto de instrumentos de gestão territorial que intervêm em domínios temáticos e geográficos mais restritos e que devem desenvolver e concretizar as orientações gerais, nos seus respectivos âmbitos de intervenção.

7. O Relatório do PNPOT traça, em primeiro lugar, um diagnóstico e uma perspectiva da posição de Portugal no Mundo e da Organização, Tendências e Desempenho do Território.

Em segundo lugar, procede à avaliação do contexto territorial e define orientações estratégicas para as diversas Regiões e espaços sub-regionais. Por último, o Relatório do PNPOT apresenta a visão estratégica e o modelo territorial orientadores da política de ordenamento do território até 2025, traçando o quadro de referência para os vários IGT. A visão estratégica e o modelo territorial propostos articulam-se com a Estratégia Nacional de Desenvolvimento Sustentável (ENDS), respeitando os mesmos objectivos gerais de desenvolvimento económico, coesão social e protecção ambiental.

8. A visão estratégica apoia-se numa análise prospectiva da evolução do território nacional, identificando desafios e oportunidades, definindo as grandes orientações e as principais opções para o modelo territorial.

9. O modelo territorial do PNPOT é o quadro de referência nacional para a implementação de um conjunto de estratégias nacionais e de planos sectoriais associados, devendo orientar os modelos territoriais que vierem a ser definidos nos âmbitos regional, sub-regional e local.

10. A visão estratégica e o modelo territorial do PNPOT constituem os elementos de referência para a elaboração, alteração ou revisão dos instrumentos de gestão territorial.

11. O Programa das Políticas define os objectivos estratégicos, os objectivos específicos e as medidas prioritárias propostas para a concretização do PNPOT.

12. No capítulo 2 identificaram-se as responsabilidades institucionais que dão suporte à coordenação da acção governativa no cumprimento dos compromissos assumidos no Programa das Políticas.

13. No presente capítulo explicita-se a repercussão do conteúdo do Programa das Políticas nos diversos Instrumentos de Gestão Territorial

instituídos pela Lei de Bases do Ordenamento do Território e do Urbanismo, conforme se sintetiza na matriz incluída em Anexo (III – Medidas Prioritárias e IGT). Essa matriz mostra a relação entre as Medidas Prioritárias e os diversos IGT que as podem concretizar ou que serão directamente afectados por elas, assinalando-se apenas o primeiro nível de implementação, ou nível preferencial, não significando que, uma vez implementado nesse nível, a medida não venha a ter repercussões aos outros níveis.

14. Uma leitura geral da matriz revela, em primeiro lugar, a dimensão territorial da implementação do PNPOT, que é dada pela diferenciação do âmbito de intervenção dos diversos instrumentos de planeamento. Constata-se ainda que há uma forte incidência no planeamento de âmbito municipal, o que exigirá um elevado envolvimento e responsabilização das Autarquias Locais no processo de implementação do PNPOT.

Orientações para a elaboração dos Instrumentos de Gestão Territorial

Planos Sectoriais

15. O Programa das Políticas acolhe e desenvolve orientações e medidas enquadradas por instrumentos de política sectorial com incidência territorial, nomeadamente Planos Sectoriais, de acordo com o princípio da coordenação interna estabelecido na Lei de Bases da Política de Ordenamento do Território e de Urbanismo e no Regime Jurídico dos Instrumentos de Gestão Territorial.

16. No final do capítulo 2, ao analisar-se a estrutura e o conteúdo desse Programa e as inerentes responsabilidades de acção governativa, destacou-se a amplitude e a diversidade dos instrumentos de política sectorial com incidência territorial que o integram (cf. também as sínteses constantes dos Anexo I – Medidas Prioritárias por Tipos de Intervenção Política e do Anexo II – Objectivos Específicos e Domínios de Acção Governativa).

17. Realça-se assim a contribuição do PNPOT enquanto plataforma de encontro e resultado de uma forte concertação de políticas sectoriais com implicação na organização e ocupação do território. As propostas que consubstanciam o Programa das Políticas representam, pois, um comprometimento de diversos actores políticos e institucionais nacionais na pros-

298   *Programa Nacional da Política de Ordenamento do Território*

secução dos objectivos estratégicos estabelecidos, o que confere a segurança e a estabilidade necessárias para o seu desenvolvimento através de outros instrumentos de política com incidência territorial.

Planos Especiais de Ordenamento do Território

18. Os regimes específicos de salvaguarda de recursos e valores naturais são estabelecidos nos Planos Especiais de Ordenamento do Território (PEOT), com o objectivo de assegurar a permanência dos sistemas indispensáveis à utilização sustentável do território.

19. Os PEOT devem assumir um compromisso recíproco com as orientações dos planos sectoriais e dos planos regionais. Considerando que prevalecem sobre os planos municipais de ordenamento, devem as suas disposições ser transpostas para os planos directores municipais que assim se constituem como o principal instrumento de gestão territorial de âmbito municipal, facilitando os procedimentos de planeamento e gestão do território municipal.

20. Na matriz incluída no Anexo III (Medidas Prioritárias e IGT) assinalam-se, designadamente, as que se relacionam directamente com a elaboração e implementação dos PEOT, reflectindo a compatibilização das opções destes Planos com as do PNPOT.

Planos Regionais de Ordenamento do Território

21. Os princípios, objectivos e orientações consagrados no PNPOT deverão ser desenvolvidos nos vários Planos Regionais de Ordenamento do Território (PROT) que, por sua vez, constituem um quadro de referência estratégico para os PDM. No processo de elaboração e revisão articulada destes três pilares fundamentais do Sistema de Gestão Territorial, em que assenta a política de ordenamento do território e do urbanismo, cabe aos PROT uma posição de charneira fundamental.

22. O significado e as potencialidades dos PROT são ainda significativamente ampliados pela articulação com a revisão dos Planos Directores Municipais (PDM), processo que alarga rapidamente à medida que decorrem mais de 10 anos desde a entrada em vigor dos primeiros planos. Face a uma nova geração de Planos Directores Municipais, que se pretendem

Directrizes para os instrumentos de gestão territorial 299

mais estratégicos, os PROT devem fornecer um quadro de referência estratégica de longo prazo que permita aos municípios estabelecerem as suas opções de desenvolvimento e definirem regras de gestão territorial compatíveis com o modelo consagrado para a região.

23. Os PROT, além de serem um pilar da política de desenvolvimento territorial, são ainda documentos fundamentais para a definição dos programas de acção das intervenções co-financiadas pelos Fundos Estruturais e de Coesão da União Europeia.

24. Face a este contexto, a existência de PROT em todas as regiões e sob coordenação das comissões de coordenação e desenvolvimento regional é um requisito fundamental do processo de integração e coesão territorial.

25. Os PROT têm como funções principais: definir directrizes para o uso, ocupação e transformação do território, num quadro de opções estratégicas estabelecidas a nível regional; promover no plano regional, a integração das políticas sectoriais e ambientais no ordenamento do território e a coordenação das intervenções; e formular orientações para a elaboração dos PMOT.

26. Cada PROT deve incidir sobre espaços com unidade institucional e caracterizados por níveis significativos de coerência das relações funcionais que se estabelecem quer no seu interior, quer entre o conjunto da área e o exterior. A responsabilidade pela elaboração dos PROT é da competência das comissões de coordenação e desenvolvimento regional (CCDR). Sendo a actual área de intervenção de cada CCDR correspondente a uma Região (NUTS 2), deverão ser elaborados PROT para cada uma das cinco Regiões: Norte, Centro, Lisboa, Alentejo e Algarve.

27. Nas Regiões Autónomas a responsabilidade pela elaboração dos PROT é da competência dos respectivos Governos Regionais, devendo pelo menos ser elaborado um PROT para cada um dos territórios que integram os arquipélagos.

28. Para a elaboração dos PROT consideram-se dois quadros de referência:

a) Enquadramento Estratégico Nacional – conjunto de orientações estabelecidas a nível de estratégias e políticas nacionais, nomeadamente, no Programa Nacional da Política de Ordenamento do Território (PNPOT), na Estratégia Nacional de Desenvolvimento Sustentável (ENDS), na Estratégia Nacional para a Conservação da Natureza e Biodiversidade, bem

300   *Programa Nacional da Política de Ordenamento do Território*

como nos planos e estratégias sectoriais que estejam formalmente em vigor ou em elaboração;

b) Enquadramento Estratégico Regional – contempla orientações estratégicas eventualmente existentes para a Região em documentos independentes ou inseridas noutros instrumentos de planeamento e intervenção, orientações que resultem da coordenação, ao nível regional, das políticas sectoriais e, ainda, disposições constantes dos planos especiais de ordenamento do território que tenham incidência específica na Região.

29. O PROT, enquanto instrumento de planeamento de âmbito regional, tem um papel fundamental na coordenação das políticas sectoriais regionais, pelo que a concertação de interesses e objectivos é um factor crítico de sucesso. Esta concertação deverá envolver directamente as Autarquias Locais, dado que é em sede de planeamento municipal que se concretizarão grande parte das opções do PROT. Deste modo, a elaboração do PROT deverá constituir uma oportunidade para criar um fórum de carácter inter-sectorial e interinstitucional, através do qual a concertação seja assumida desde a fase inicial como um processo contínuo do qual deverá resultar a co-integração de políticas sectoriais e territoriais aplicadas à região.

30. Na matriz incluída no Anexo III (Medidas Prioritárias e IGT) assinalam-se, designadamente, as que se relacionam directamente com a elaboração e implementação dos PROT, evidenciando o modo como as opções do PNPOT se deverão traduzir na sua elaboração e a grande relevância que os PROT assumem no Sistema de Gestão Territorial e na implementação da política de ordenamento do território.

Planos Intermunicipais de Ordenamento do Território

31. Os Planos Intermunicipais de Ordenamento do Território (PIOT), tendo por objecto a articulação estratégica entre áreas territoriais interdependentes ou com interesses comuns, complementares ou afins situadas em municípios distintos, são um instrumento de gestão territorial adequado a políticas e programas de acção baseados em processos de cooperação intermunicipal.

32. A cooperação intermunicipal é uma referência fortemente presente nas orientações do PNPOT, tanto ao nível do modelo de organização

Directrizes para os instrumentos de gestão territorial

territorial como na definição de objectivos estratégicos de promoção da competitividade territorial, de racionalização da utilização de recursos e de reforço das capacidades de gestão do território.

33. Na matriz incluída no Anexo III (Medidas Prioritárias e IGT) assinalam-se, designadamente, as medidas prioritárias que se relacionam directamente com os PIOT.

Planos Municipais de Ordenamento do Território

34. O planeamento de nível municipal, da responsabilidade das Autarquias Locais, tem como objectivo definir o regime de uso do solo e a respectiva programação, através de opções próprias de desenvolvimento enquadradas pelas directrizes de âmbito nacional e regional. Os planos municipais de ordenamento do território, de natureza regulamentar, constituem os instrumentos que servem as actividades de gestão territorial do município.

35. Quando têm um carácter estratégico, como é o caso dos Planos Directores Municipais, devem reflectir uma visão integrada do território municipal e a articulação entre os seus diversos elementos estruturantes. Por sua vez, os planos que se destinam a apoiar a gestão urbanística e a ocupação efectiva do solo (Planos de Urbanização e Planos de Pormenor) devem corresponder a um planeamento mais pormenorizado, com localizações precisas.

Assim:

a) Os Planos Directores Municipais são de elaboração obrigatória para todos os municípios, devendo ser revistos com base numa avaliação da sua execução sempre que as condições sócio-económicas e ambientais se alterem significativamente ou passados dez anos da entrada em vigor. Estes planos devem ter um inequívoco carácter estratégico, definindo o regime de uso do solo e o modelo de organização territorial num quadro de flexibilidade que permita o acompanhamento das dinâmicas perspectivadas para um período de 10 anos;

b) Os Planos Directores Municipais são os instrumentos privilegiados para operar a coordenação entre as várias políticas municipais com incidência territorial e a política de ordenamento do território e de urbanismo. É igualmente o instrumento privilegiado para operar a coordenação externa entre as políticas municipais e as políticas nacionais e regionais com incidência territorial;

302 *Programa Nacional da Política de Ordenamento do Território*

c) Os Planos Directores Municipais devem concentrar todas as disposições necessárias à gestão do território, incluindo as que constam em planos especiais, planos sectoriais e planos regionais de ordenamento do território e devem ser dotados de flexibilidade suficiente para absorverem a evolução previsível a partir das dinâmicas normais em curso;

d) Os Planos de Urbanização definem a organização espacial de partes do território, devendo ser elaborados sempre que haja necessidade de estruturar o solo urbano e enquadrar a programação da sua execução;

e) Os Planos de Urbanização devem estar associados a uma visão estratégica da cidade e ao reforço do seu papel como pólo integrado num determinado sistema urbano;

f) Os Planos de Pormenor definem com detalhe a ocupação de parcelas do território municipal, sendo um instrumento privilegiado para a concretização dos processos de urbanização e revestindo formas e conteúdos adaptáveis aos seus objectivos específicos.

36. A concretização do Programa das Políticas em orientações específicas para a elaboração dos PMOT está traduzida e sintetizada na matriz incluída no Anexo III (Medidas Prioritárias e IGT).

Programas de Acção Territorial

37. A coordenação das actuações dos diferentes agentes territoriais exige práticas de gestão territorial, suportadas na aplicação de técnicas e de procedimentos avançados de governança e de negociação, envolvendo as entidades públicas, os interesses privados e os cidadãos.

38. Os Programas de Acção Territorial (PAT) previstos na LBPOTU são instrumentos contratuais de enquadramento das actuações das entidades públicas e privadas, que definem objectivos a atingir em matéria de transformação do território, especificam as acções a realizar pelas entidades envolvidas e estabelecem o escalonamento temporal dos investimentos necessários.

39. No âmbito da execução dos PDM, os PAT devem ser utilizados, tanto no âmbito da colaboração público-público como no âmbito da colaboração público-privado, para enquadrar os investimentos da administração do Estado no território do município, articulando-os com os investimentos municipais que lhes devem ser complementares, e para enquadrar

Directrizes para os instrumentos de gestão territorial 303

as grandes operações urbanísticas da iniciativa de particulares, articulando-as com os objectivos da política de ordenamento do território e de urbanismo do município.

40. Os PAT devem também ser utilizados para negociar, programar e contratualizar a elaboração de PU e PP, a realização das operações fundiárias necessárias à execução destes planos, a realização de infra-estruturas urbanas e territoriais e de outras obras de urbanização e edificação neles previstas, bem como a implantação de equipamentos públicos e privados de utilização colectiva, fornecendo à condução dessas actuações urbanísticas as necessárias segurança jurídica, programação técnica e transparência.

Acções de natureza legislativa e administrativa

41. A concretização das orientações indicadas no número anterior requer algumas acções de natureza legislativa e administrativa que o Governo e a Administração Central devem desenvolver no curto prazo, nomeadamente:

- Definir, em conformidade com o modelo territorial do PNPOT, os critérios gerais de classificação de uso do solo a desenvolver nos PMOT;
- Elaborar critérios de referência para o estabelecimento de Programas de Acção Territorial;
- Aperfeiçoar os instrumentos de execução dos planos, promovendo o desenvolvimento das relações contratuais entre os sectores público e privado;
- Estabelecer novas formas de participação directa dos privados na elaboração e execução dos planos de ordenamento;
- Definir incentivos à urbanização programada e à requalificação dos espaços urbanos, a desenvolver e concretizar ao nível do planeamento municipal;
- Definir um sistema de qualidade e certificação do planeamento territorial que promova a qualificação das práticas de ordenamento do território e do urbanismo.

Execução, acompanhamento, avaliação e revisão do PNPOT

42. No quadro das respectivas atribuições e competências, a Assembleia da República e o Governo deverão assegurar os meios necessários, designadamente nos domínios legislativo, administrativo e orçamental, incluindo no âmbito do QREN para 2007-2013, para executar o programa de acção do PNPOT.

43. Incumbe ao Governo definir a política de ordenamento do território e urbanismo e garantir a sua execução e avaliação, com destaque para o Programa Nacional da Política de Ordenamento do Território, e assegurar a articulação com as políticas sectoriais com incidência na organização do território.

44. No quadro da orgânica do Governo tais atribuições são exercidas pelo Ministério do Ambiente, do Ordenamento do Território e do Desenvolvimento Regional (MAOTDR), que no plano administrativo as prossegue através da Direcção-Geral do Ordenamento do Território e do Desenvolvimento Urbano (DGOTDU).

45. Nos termos da Lei de Bases da Política de Ordenamento do Território e Urbanismo (LBPOTU), compete ao Governo submeter à apreciação da Assembleia da República, de dois em dois anos, um relatório sobre o estado do Ordenamento do Território no qual será feito o balanço da execução do PNPOT e serão discutidos os princípios orientadores e as formas de articulação das políticas sectoriais com incidência territorial.

46. Este relatório deve reflectir as conclusões do trabalho de acompanhamento, monitorização e avaliação, da responsabilidade do Observatório do Ordenamento do Território e do Urbanismo, em articulação com a DGOTDU, incidindo sobre as dinâmicas territoriais em curso, as formas de articulação das políticas sectoriais com incidência territorial e o balanço da sua aplicação, bem como sobre a concretização e adequação dos instrumentos de gestão territorial em vigor.

47. O Observatório do Ordenamento do Território e do Urbanismo deverá articular-se com outras entidades nacionais e internacionais. A articulação com a autoridade estatística nacional (Instituto Nacional de Estatística) e com as CCDR, que deverão promover a criação de observatórios para monitorização da execução dos PROT, é prioritária.

48. Para efeitos do acompanhamento, da monitorização e da regular implementação do PNPOT, o Observatório do Ordenamento do Território e do Urbanismo apoiar-se-á num sistema de informação territorial (SNIT),

Directrizes para os instrumentos de gestão territorial 305

de responsabilidade da DGOTDU. O SNIT deve reunir o conjunto da informação geográfica relativa aos instrumentos de gestão do território, contribuindo para reforçar a eficácia do sistema de planeamento territorial e, em particular, da execução do PNPOT.

49. Igualmente no âmbito do Observatório deverá ser definido um sistema de indicadores, devendo este sistema ser articulado com os sistemas de indicadores da ENDS, do QREN e do PNAC. Este sistema de indicadores deverá estar criado seis meses após a entrada em funcionamento do Observatório.

50. Os resultados da execução do PNPOT e da acção de acompanhamento e avaliação desenvolvidos pelo Observatório, bem como da elaboração periódica dos Relatórios sobre o Estado do Ordenamento do Território poderão conduzir:

– à necessidade de alteração ou revisão do PNPOT, em particular quando se verificar um desajustamento do modelo territorial ou das opções estratégicas de desenvolvimento preconizadas para o país;
– à necessidade de alteração dos instrumentos de gestão territorial;
– a recomendações sobre a necessidade de melhorar a coordenação e concertação entre políticas territoriais e sectoriais.

51. Será mantida no âmbito da DGOTDU uma plataforma electrónica de comunicação e partilha de informação sobre a implementação do PNPOT, que estimule, dando-lhe continuidade, um processo de participação activa dos cidadãos e das instituições como o que caracterizou o período de discussão pública.

306 *Programa Nacional da Política de Ordenamento do Território*

I – Medidas Prioritárias por Tipo de Intervenção Pública

Objectivos Específicos	Medidas Prioritárias	Intervenção Pública			
		Legislação	Estratégia Planeamento e Regulação	Informação, Coordenação e Avaliação	Administração, Execução e Incentivo
		(^{2})	(^{3})	(^{4})	(^{5})
1.1	**Desenvolver os sistemas de conhecimento e informação sobre o ambiente e os recursos naturais**				
	1. Implementar um sistema de indicadores da biodiversidade e a recolha de dados para avaliar e monitorizar os ecossistemas costeiros e marinhos, recorrendo aos contributos inovadores da ciência e tecnologia (2007-2013).			•	
	2. Realizar o levantamento do potencial efectivo e da taxa de renovação natural dos recursos renováveis, incluindo a conclusão do levantamento do potencial energético renovável, e das pressões a que estão sujeitos (2007-2010).			•	
	3. Complementar e aperfeiçoar o Sistema de Informação do Património Natural do ICN sobre o território continental, designadamente através do inventário, cartografia e cadastro de habitats e valores naturais classificados, assim como os sistemas de informação das Regiões Autónomas relativos a aspectos específicos da sua vulnerabilidade e da sua biodiversidade (2007-2013).			•	
	4. Completar e actualizar a cobertura do território continental, com as cartas de solos à escala adequada e com o levantamento do património geológico e mineiro, incluindo a identificação e classificação dos respectivos elementos notáveis (2007-2013).			•	
	5. Avaliar e monitorizar a evolução do estado e qualidade dos solos, numa perspectiva preventiva e de mitigação das ameaças à sua degradação (2007-2013).			•	
	6. Estabelecer e implementar um programa de monitorização do estado químico e ecológico das águas de superfície e do estado químico e quantitativo das águas subterrâneas, incluindo as massas de água classificadas como zonas protegidas, visando o cumprimento dos objectivos ambientais definidos na Lei da Água (2007-2013).			•	
	7. Implementar a recolha de dados para avaliar e monitorizar a fisiografia costeira, em particular as zonas de risco de erosão costeira, e fundamentar as opções para essas áreas e os planos de acção necessários a uma adequada protecção, prevenção e socorro (2007-2013).			•	
	8. Identificar, classificar e conservar os leitos oceânicos profundos, as fontes hidrotermais e o relevo submarino (2007-2013).			•	
	9. Completar a cartografia geoquímica do sistema rocha-solo de todo o território, através do reconhecimento das concentrações de fundo geoquímico do solo (2007-2013).			•	
	10. Completar e actualizar o levantamento geológico na escala de 1:50 000 e identificar e classificar os elementos notáveis do património geológico e mineiro (2007-2013).			•	
	11. Redefinir e densificar a rede básica de recolha de dados da qualidade do ar, especialmente nas áreas urbanas (2007-2008).			•	

(^{2}) Lei, Decreto-Lei e outra legislação.
(^{3}) Estratégias, Instrumentos de Gestão Territorial e outros instrumentos de planeamento ou de regulação.
(^{4}) Sistemas de informação, monitorização, coordenação e avaliação de políticas públicas.
(^{5}) Inclui, designadamente, actos de Administração Pública, incluindo acções de inspecção e fiscalização, execução de projectos e acções de desenvolvimento de natureza material ou imaterial por entidades públicas e o apoio ao investimento e a outras acções desenvolvidas por entidade privadas ou em parceria público-privado.

Directrizes para os instrumentos de gestão territorial

Objectivos Específicos	Medidas Prioritárias	Intervenção Pública				
		Legislação	Estratégia Planeamento e Regulação	Informação, Coordenação e Avaliação	Administração, Execução e Incentivo	
1.2	*Aperfeiçoar e consolidar os regimes, os sistemas e as áreas fundamentais para proteger e valorizar a biodiversidade e os recursos naturais*					
	1. Rever o regime jurídico da Reserva Ecológica Nacional, actualizando os conceitos, aperfeiçoando os critérios técnicos e permitindo formas de gestão mais eficazes e consentâneas, em articulação com as Administrações Regional e Local, com o objectivo de preservação dos recursos e valores em causa (2007-2008).	•				
	2. Elaborar uma Lei-Quadro de Conservação da Natureza e da Biodiversidade que clarifique o conteúdo, o regime jurídico e os instrumentos da política de conservação da natureza (2007-2008).	•				
	3. Elaborar e implementar os Planos Sectoriais da Rede Natura 2000 e os Planos de Ordenamento das Áreas Protegidas, no território do continente e nas Regiões Autónomas, tendo por objectivo estabelecer as orientações para a gestão territorial dos Sítios de Importância Comunitária e Zonas de Protecção Especial e os usos compatíveis com a salvaguarda dos recursos e dos valores naturais respectivos (2007-2013).		•		•	
	4. Instituir medidas de discriminação positiva para os municípios com maior incidência de áreas classificadas integradas na Rede Fundamental de Conservação da Natureza, incluindo as medidas previstas nos Planos de Desenvolvimento e de Ordenamento das Regiões Autónomas (2007-2013).		•		•	
	5. Definir nos Planos Regionais de Ordenamento do Território e nos Planos Municipais de Ordenamento do Território as estruturas ecológicas, respectivamente, regionais e municipais, assegurando a sua coerência e compatibilidade (2007-2013).		•			
	6. Reforçar os mecanismos de prevenção e fiscalização do ambiente e, em especial, o Serviço de Protecção da Natureza e do Ambiente da GNR (SEPNA), beneficiando da integração naquela força de segurança do Corpo Nacional da Guarda Florestal, melhorando a eficácia do Corpo dos Vigilantes da Natureza (CVN), no território continental, e as entidades correspondentes nas Regiões Autónomas, impulsionando a cooperação entre as diversas entidades envolvidas (2007-2008).				•	
1.3	*Definir e executar uma Estratégia Nacional de Protecção do Solo*					
	1. Avaliar e monitorizar a evolução da Reserva Agrícola Nacional (RAN), salvaguardando a conservação e o uso agrícola do solo e as condições favoráveis à sustentabilidade das explorações agrícolas (2007-2008).			•		
	2. Implementar as orientações da Política Agrícola Comum de incentivo às boas práticas de conservação do solo, através do cumprimento das regras de condicionalidade ambiental na execução dos regimes de ajudas directas e do pagamento único e da aplicação do regulamento comunitário de apoio ao desenvolvimento rural (2007-2013).				•	
	3. Promover a aplicação do Código de Boas Práticas Agrícolas, com carácter obrigatório nas zonas vulneráveis à poluição de nitratos de origem agrícola, e do Código das Boas Práticas Florestais, em articulação com outras medidas de conservação do solo e de utilização sustentável dos pesticidas (2007-2013).			•	•	
	4. Implementar e avaliar o Programa Nacional de Combate à Desertificação (PANCD), considerando nesse âmbito medidas de discriminação positiva para as áreas e municípios mais afectados ou vulneráveis (2007-2008).		•	•	•	
	5. Definir e executar uma Estratégia Nacional de Geoconservação (2007-2013).		•		•	

Programa Nacional da Política de Ordenamento do Território

Objectivos Específicos	Medidas Prioritárias	Legislação	Estratégia Planeamento e Regulação	Informação, Coordenação e Avaliação	Administração, Execução e Incentivo
				Intervenção Pública	
1.4	***Promover o ordenamento e a gestão sustentável da silvicultura e dos espaços florestais***				
	1. Executar a Estratégia Nacional para as Florestas, melhorando a competitividade, a eficiência e a sustentabilidade da produção florestal com base, por um lado, na especialização do território segundo a função dominante de produção lenhosa ou do aproveitamento e gestão multifuncional, designadamente dos espaços com menor valia económica directa, e, por outro, na aplicação do conhecimento científico e na qualificação dos agentes do sector florestal (2007-2013).		•		•
	2. Implementar o Sistema Nacional de Informação sobre Recursos Florestais (SNIRF) e o sistema permanente de Inventário Florestal Nacional e realizar o cadastro florestal (2007-2013).				•
	3. Implementar os Planos Regionais de Ordenamento Florestal, nomeadamente através da elaboração e aplicação dos Planos de Gestão Florestal, em articulação com os Planos Regionais de Ordenamento do Território, os Planos Municipais de Ordenamento do Território e os diversos de instrumentos de planeamento ambiental e os planos e instrumentos equivalentes nas Regiões Autónomas (2007-2013).		•	•	•
	4. Minimizar os riscos de incêndio, implementando o Plano Nacional de Defesa da Floresta Contra Incêndios (PNDFCI), bem como os Planos Regionais e Municipais de Defesa da Floresta, e reforçando as acções preventivas em particular através do Programa de Sapadores Florestais, no território continental, e executar o Plano da Região Autónoma da Madeira de protecção das florestas contra incêndios (2007-2013).		•	•	•
	5. Integrar os espaços florestais em Zonas de Intervenção Florestal (ZIF), prioritariamente nas áreas de minifúndio ou a recuperar após incêndio, para garantir a escala e as condições necessárias a uma gestão profissional, responsável e economicamente viável (2007-2013).				•
	6. Articular a política de ordenamento e gestão sustentável da floresta com a política energética, aproveitando e organizando a recolha e o transporte dos resíduos florestais (biomassa) como fonte renovável de energia, designadamente para produção de electricidade (2007-2013).		•	•	•
1.5	***Executar a política de gestão integrada da água***				
	1. Regulamentar a Lei n.º 58/2005 (Lei da Água), que transpôs para a ordem jurídica interna a Directiva Quadro da Água (Directiva nº 2000/60/CE), estabelecendo, o regime de utilização dos recursos hídricos e o correspondente regime económico e financeiro (2007).	•			
	2. Implementar no território continental as Administrações das Regiões Hidrográficas (ARH) e articular o exercício das suas competências com as das CCDR (2007-2008).			•	•
	3. Implementar e acompanhar o Plano Nacional da Água, o Programa Nacional para o Uso Eficiente da Água (PNUEA) e os Planos Regionais da Água dos Açores e da Madeira e assegurar a sua revisão até 2010 (2007-2010).			•	•
	4. Elaborar e implementar os Planos de Gestão de Bacia Hidrográfica (PGBH), os Planos de Ordenamento de Bacias Hidrográficas e Lagoas (POBHL) na Região Autónoma dos Açores e os Planos de Ordenamento equivalentes na Região Autónoma da Madeira, assegurando a sua articulação com os outros instrumentos de ordenamento do território (2007-2013).			•	
	5. Implementar, no território continental, o Plano Nacional de Regadios de forma articulada com as estratégias para a gestão da água definidas no Plano Nacional da Água e nos PGBH (2007-2010).			•	•

Directrizes para os instrumentos de gestão territorial

309

Objectivos Específicos	Medidas Prioritárias	Intervenção Pública				
		Legislação	Estratégia Planeamento e Regulação	Informação, Coordenação e Avaliação	Administração, Execução e Incentivo	
1.6	**Definir e executar uma política de ordenamento e gestão integrada da zona costeira, nas suas componentes terrestre e marítima**					
	1. Elaborar e implementar a Estratégia para a Gestão Integrada da Zona Costeira Nacional, em articulação, nomeadamente, com o PNAC (2007-2013).		•		•	
	2. Definir as bases legais de gestão do litoral, em articulação com os Planos de Ordenamento da Orla Costeira e legislação relativa à água e aos recursos hídricos, incluindo os aspectos referentes à construção e funcionamento das barragens, que assegurem a preservação, protecção e planeamento coerente desta área (2007-2008).	•				
	3. Elaborar e implementar os Planos de Ordenamento da Orla Costeira, incluindo a identificação e avaliação dos riscos e das condições físicas do território e a sua adequação às opções de planeamento e de salvaguarda dos recursos constantes desses instrumentos de gestão territorial (2007-2013).		•	•		
	4. Avaliar as situações de ocupação do domínio público marítimo desconformes com a legislação aplicável, repondo a respectiva legalidade, e definir um "espaço litoral tampão" de protecção da zona costeira, no território continental, progressivamente livre de construções fixas (2007-2010).			•	•	
	5. Elaborar, regulamentar e implementar os Planos de Ordenamento dos Estuários, no território continental, articulados com os Planos de Gestão de Bacia Hidrográfica e com os Planos de Ordenamento da Orla Costeira (2007-2013).		•	•	•	
	6. Executar o Plano Estratégico Nacional para a Pesca e o correspondente Plano Operacional para o Continente e Regiões Autónomas dos Açores e da Madeira, promovendo o desenvolvimento do sector da pesca e das zonas costeiras dependentes desta actividade, e elaborar e implementar planos específicos de ordenamento da actividade de aquicultura (2007-2013).			•		
1.7	**Executar a Estratégia Nacional para o Mar**					
	1. Implementar a Estratégia Nacional para o Mar e promover o aproveitamento do seu potencial estratégico no quadro da execução da Estratégia Nacional de Desenvolvimento Sustentável (2007-2015).		•			
	2. Implementar a Comissão Interministerial e Assuntos do Mar (CIAM), de forma a promover a articulação e coordenação das entidades intervenientes nos assuntos do mar e a coordenar as contribuições e posições nacionais para a definição de uma política europeia para os assuntos do mar (2007-2008).			•		
	3. Criar e implementar a Rede Nacional de Áreas Marinhas Protegidas e as Redes Regionais de Áreas Marinhas Protegidas dos Arquipélagos dos Açores e da Madeira, definindo as suas condicionantes temporais e territoriais e regulamentando as actividades humanas, de modo a fomentar a conservação da biodiversidade marinha, a produção de recursos piscícolas, tanto pela via da pesca como da aquicultura, e o desenvolvimento sustentável da pesca costeira artesanal (2007-2013).	•		•	•	
	4. Desenvolver um Programa Nacional de Investigação para a Conservação e Exploração Sustentável da biodiversidade marinha, nomeadamente os que são objecto de pesca, que articule a acção das diversas instituições e promova a cooperação internacional e o desenvolvimento científico e tecnológico (2007-2013).			•	•	
	5. Assegurar a protecção da fronteira marítima e das águas territoriais nacionais, garantindo a eficiência do controlo das áreas vulneráveis e o combate às ameaças sobre a costa portuguesa, incluindo as referentes à poluição, reforçando e modernizando os sistemas de segurança, vigilância e intervenção no domínio das actividades marítimas e costeiras, designadamente através do Sistema de Vigilância da Orla Costeira (SIVIC) e do reforço da cooperação entre as entidades envolvidas (2007-2008).			•	•	

310 Programa Nacional da Política de Ordenamento do Território

Objectivos Específicos	Medidas Prioritárias	Intervenção Pública			
		Legislação	Estratégia Planeamento e Regulação	Informação, Coordenação e Avaliação	Administração, Execução e Incentivo
1.8	**Definir e executar uma política de gestão integrada dos recursos geológicos**				
	1. Actualizar o cadastro e promover a criação de áreas de reserva e áreas cativas para a gestão racional dos recursos geológicos, reforçando a inventariação das potencialidades em recursos geológicos e mantendo um sistema de informação das ocorrências minerais nacionais (2007-2010).		•	•	
	2. Monitorizar e fiscalizar a extracção de recursos geológicos no âmbito da legislação específica do sector extractivo e da avaliação de impacte ambiental e assegurar a logística inversa dos resíduos da exploração mineira e de inertes com respeito pelos valores ambientais (2007-2013).			•	•
	3. Concluir o Programa Nacional de Recuperação de Áreas Extractivas Desactivadas, em execução para as minas e a finalizar na vertente das pedreiras, com incidência no conteúdo dos Planos Regionais de Ordenamento do Território e nos Planos Municipais de Ordenamento do Território (2007-2008).		•		
	4. Monitorizar as antigas áreas mineiras e de extracção de inertes, após a fase de reabilitação ambiental, designadamente pelo desenvolvimento de sistemas de monitorização e controlo on-line (2007-2013).			•	
1.9	**Executar a Estratégia Nacional para a Energia e prosseguir a política sustentada para as alterações climáticas**				
	1. Promover a investigação científica e tecnológica que potencie a utilização sustentada dos recursos energéticos renováveis (2007-2013).				•
	2. Dinamizar uma maior participação das fontes renováveis de energia na produção de electricidade e promover a utilização de tecnologias de captura e fixação de CO_2 de molde a reduzir as emissões de gases com efeito de estufa (GEE) (2007-2013).				•
	3. Simplificar e agilizar os procedimentos de licenciamento das infra-estruturas e equipamentos de produção de energia de fonte renovável, nomeadamente no interface entre a economia e o ambiente com respeito pelos procedimentos ambientais (2007-2008).	•			
	4. Implementar o Programa Nacional para as Alterações Climáticas, nomeadamente através da elaboração e execução dos planos e medidas de adaptação às alterações climáticas e da integração das suas orientações nos instrumentos de gestão territorial (2007-2013).			•	•
	5. Definir um sistema de construção de preços, integrando elementos da economia do carbono (CO2), que incentive a utilização das melhores tecnologias no sentido da eficiência energética e das energias renováveis (2007-2008).			•	•
	6. Desenvolver planos de transportes urbanos sustentáveis, visando reforçar a utilização do transporte público e a mobilidade não motorizada e melhorar a qualidade do ar, nomeadamente em áreas de grande densidade populacional (2007-2013).			•	•
	7. Regulamentar a utilização de veículos em meio urbano, tanto de transporte público como individual, de passageiros ou de mercadorias e mistos, definindo os índices de emissão admissíveis, através de medidas incidentes na aquisição e na utilização (2007-2013).			•	
	8. Promover a certificação ambiental de empresas de transporte público de mercadorias (2007-2010).				•
	9. Promover a qualidade ambiental e a eficiência energética dos edifícios e da habitação, nomeadamente desenvolvendo incentivos à incorporação de soluções de sustentabilidade no processo de construção e de reabilitação e através da revisão do Regulamento das Características de Comportamento Térmico dos Edifícios (RCCTE) e do Regulamento dos Sistemas Energéticos de Climatização dos Edifícios (RSECE) e ainda da implementação do Sistema Nacional de Certificação Energética e da Qualidade do Ar nos Edifícios (2007-2012).			•	•

Directrizes para os instrumentos de gestão territorial 311

Objectivos Específicos	Medidas Prioritárias	Intervenção Pública				
		Legislação	Estratégia Planeamento e Regulação	Informação, Coordenação e Avaliação	Administração, Execução e Incentivo	
1.10	**Proteger e valorizar as paisagens e o património cultural**					
	1. Elaborar e implementar um Programa Nacional de Recuperação e Valorização das Paisagens, implementando a Convenção Europeia da Paisagem e desenvolvendo uma Política Nacional de Arquitectura e da Paisagem, articulando-a com as políticas de ordenamento do território, no sentido de promover e incentivar a qualidade da arquitectura e da paisagem, tanto no meio urbano como rural (2007-2013).		•			
	2. Incentivar os municípios na definição, classificação e gestão de áreas de paisagem protegida (2007-2013).		•		•	
	3. Promover a inventariação, classificação e registo patrimonial dos bens culturais, nomeadamente dos valores patrimoniais arqueológicos e geológicos (2007-2013).			•		
	4. Regulamentar a Lei de Bases do Património Cultural, promovendo a articulação com os Instrumentos de Gestão Territorial (2007-2008).	•	•			
1.11	**Avaliar e prevenir os factores e as situações de risco, e desenvolver dispositivos e medidas de minimização dos respectivos efeitos**					
	1. Definir uma Estratégia Nacional Integrada para a Prevenção e Redução de Riscos (2007-2008).		•			
	2. Reforçar na Avaliação Estratégica de Impactes de Planos e Programas e na Avaliação de Impacte Ambiental a vertente da avaliação de riscos naturais, ambientais e tecnológicos, em particular dos riscos de acidentes graves envolvendo substâncias perigosas (2007-2013).		•	•		
	3. Definir para os diferentes tipos de riscos naturais, ambientais e tecnológicos, em sede de Planos Regionais de Ordenamento do Território, de Planos Municipais de Ordenamento do Território e de Planos Especiais de Ordenamento do Território e consoante os objectivos e critérios de cada tipo de plano, as áreas de perigosidade, os usos compatíveis nessas áreas, e as medidas de prevenção e mitigação dos riscos identificados (2007-2013).		•	•		
	4. Definir um sistema integrado de circuitos preferenciais para o transporte, armazenagem, eliminação e valorização de resíduos industriais (2007-2008).				•	
	5. Elaborar cartas de risco geológico que identifiquem as zonas de vulnerabilidade significativa, incluindo cartas geológico-geotécnicas das principais áreas urbanas, tendo em vista a tomada de decisões que permitam a minimização dos efeitos resultantes dos factores meteorológicos e de natureza geológica (2007-2013).			•		
	6. Criar medidas preventivas e correctivas para as diversas situações de risco geológico, nomeadamente através de legislação com a sua identificação e localização criando uma condicionante legal ao uso do solo, através dos Instrumentos de Gestão Territorial (2007-2013).	•		•		
	7. Reforçar a capacidade de fiscalização e de investigação dos Órgãos de Polícia e o acompanhamento sistemático, através do SEPNA/GNR e das entidades regionais correspondentes, das acções de prevenção, protecção e socorro, e garantir a unidade de planeamento e de comando destas operações através da institucionalização dos Sistemas Integrados das Redes de Emergência e Segurança de Portugal (SIRESP) e de Operações de Protecção e Socorro (SIOPS), da autonomização dos Centros de Operação e Socorro e da definição do sistema de comando operacional e dos sistemas equivalentes nas Regiões Autónomas (2007-2008).				•	

Programa Nacional da Política de Ordenamento do Território

Objectivos Específicos	Medidas Prioritárias	Intervenção Pública			
		Legislação	Estratégia Planeamento e Regulação	Informação, Coordenação e Avaliação	Administração, Execução e Incentivo
	8. Desenvolver e aperfeiçoar os Planos de Emergência de base territorial, em articulação com os instrumentos de planeamento municipal, reforçando a capacidade de intervenção de protecção e socorro perante situações de emergência, designadamente nas ocorrências de incêndios florestais ou de matérias perigosas e de catástrofes e acidentes graves, através da criação do Grupo de Intervenção de Protecção e Socorro (GIPS/GNR) e de entidades equivalentes nas Regiões Autónomas, garantindo a preservação de acessibilidades quer para acesso dos meios de socorro quer para evacuação das populações (2007-2009).			•	•
	9. Actualizar e operacionalizar o Plano da Rede Nacional de Aeródromos Secundários e Heliportos e as Redes Regionais equivalentes, enquanto elemento fundamental de apoio à segurança civil e ao combate aos fogos florestais (2007-2013).				
2.1	Afirmar a dimensão atlântica do País, consolidando o papel estratégico das Regiões Autónomas como plataformas intermédias entre o continente europeu e os continentes americano e africano				
	1. Promover conexões do ordenamento logístico continental com as Regiões Autónomas, tirando vantagem da sua posição geográfica e das suas infra-estruturas portuárias e aeroportuárias (2007-2013).			•	•
	2. Promover e implementar medidas de minimização das desvantagens da insularidade e da ultraperificidade, nomeadamente a abertura dos portos e aeroportos a novos operadores, a continuidade e diversificação de ligações eficientes com o exterior, a melhoria da eficácia económica e da qualidade dos serviços portuários e aeroportuários e o desenvolvimento equilibrado da cadeia logística de transportes, com particular atenção aos modos rodoviários e marítimos (2007-2013).			•	•
	3. Desenvolver uma política de transporte marítimo de mercadorias adequada às necessidades das Regiões Autónomas, nomeadamente através de uma melhor distribuição das escalas dos navios e da equiparação dos custos portuários, que permita uma melhor integração daquelas Regiões nas suas áreas geográficas tradicionais (sul da Europa, norte de África, ilhas da Macaronésia) (2007-2013).			•	•
2.2	Melhorar os sistemas e infra-estruturas de suporte à conectividade internacional de Portugal no quadro ibérico, europeu, atlântico e global				
	1. Construir o Novo Aeroporto Internacional de Lisboa com condições operacionais adequadas em termos de segurança e ambiente, ajustadas ao desenvolvimento dos segmentos de negócios estratégicos de passageiros e carga e à promoção de conexões e interfaces dos transportes aéreos com os transportes terrestres, como forma de garantir uma maior coerência, integração e competitividade ao conjunto das infra-estruturas de transporte, enquanto factor determinante do desenvolvimento económico e social do País, bem como potenciar a inserção do País na rede global de transporte aéreo, através da captação/distribuição de tráfego nas rotas entre a Europa, África e América do Sul (2007-2013).			•	•
	2. Consolidar o papel dos Aeroportos de Sá Carneiro, no Norte, e de Faro e Beja, no Sul, bem como nas Regiões Autónomas, assegurando boas articulações intermodais com as redes de transportes terrestres (2007-2010).			•	
	3. Implementar uma estratégia de afirmação dos principais portos nacionais, integrando-os nas "auto-estradas do mar" no espaço europeu, e desenvolver, em particular, uma estratégia para os sistemas portuários de Sines, Setúbal, Lisboa e das Regiões Autónomas, afirmando-os como portas atlânticas do Sudoeste Europeu no contexto dos tráfegos marítimos à escala mundial e inserindo os três primeiros num grande corredor rodoviário e ferroviário de acesso a Espanha e ao interior do continente europeu (2007-2013).			•	•

Directrizes para os instrumentos de gestão territorial

Objectivos Específicos	Medidas Prioritárias	Intervenção Pública				
		Legislação	Estratégia Planeamento e Regulação	Informação, Coordenação e Avaliação	Administração, Execução e Incentivo	
	4. Elaborar e implementar um plano de desenvolvimento do Sistema Nacional Marítimo-Portuário no Continente e nas Regiões Autónomas, que oriente as actuações dos organismos sectoriais e das Administrações Portuárias, enquadre os instrumentos de planeamento ao nível local e promova os desenvolvimentos mais reprodutivos e o alargamento de *hinterlands* em ambiente concorrencial, regulando a exploração comercial de terminais de forma a limitar excessos de poder de mercado (2007-2013).		•		•	
	5. Concluir e executar o Plano Director da Rede Ferroviária Nacional, articulando as soluções de alta velocidade nas deslocações internacionais e no eixo Lisboa-Porto-Vigo com a concretização de um plano para a rede convencional, reforçando a interoperabilidade segundo padrões europeus, com destaque para a migração da bitola, eliminando os estrangulamentos à circulação de comboios de passageiros e de mercadorias (2007-2010).		•		•	
	6. Promover a integração da rede ferroviária do território continental nas redes ibérica e europeia de passageiros e mercadorias, garantindo a possibilidade de transferência modal da rodovia para a ferrovia e reforçando, assim, a competitividade nacional e o papel de Portugal como plataforma de elevada acessibilidade no espaço europeu e global (2007-2013).		•		•	
	7. Promover acções dirigidas aos principais sectores industriais com capacidade e potencial exportador, suscitando ganhos de competitividade nas cadeias logísticas através da introdução de novas tecnologias e consequente adaptação dos procedimentos de gestão (2007-2013).		•		•	
	8. Promover a execução, no quadro do actual PRN do território continental, das vias que asseguram as ligações entre Portugal e Espanha, dando prioridade à conclusão da Rede Rodoviária Transeuropeia (2007-2013).		•		•	
2.3	**Reforçar a capacidade de as cidades se afirmarem como motores de internacionalização e desenvolvimento**					
	1. Desenvolver instrumentos, no âmbito da Política de Cidades, que incentivem as aglomerações urbanas, isoladamente ou em rede, a assumirem uma visão estratégica de longo prazo que lhes garanta um posicionamento diferenciado e competitivo na economia do conhecimento a nível nacional e internacional (2007-2013).				•	
	2. Incentivar a elaboração de programas estratégicos que potenciem a competitividade dos principais espaços de internacionalização da economia nacional, com destaque para os Arcos Metropolitanos de Lisboa, do Porto e do Algarve, para o sistema metropolitano do Centro Litoral e para a Madeira (2007-2013).			•	•	
	3. Incentivar as cidades a criarem condições atractivas de conectividade e serviços em banda larga, em particular com base na infraestruturação com fibra óptica, que lhes permitam competir e interrelacionarem-se com os principais centros urbanos internacionais (2007-2013).			•	•	
	4. Incentivar a constituição e a participação das cidades e das regiões portuguesas em programas e redes de cooperação transeuropeus intensivos em conhecimento (2007-2013).			•	•	
2.4	**Promover pólos regionais de competitividade e qualificar o emprego**					
	1. Promover acções de incentivo ao desenvolvimento de pólos de competitividade regional baseados em novos factores da economia do conhecimento (2007-2013).				•	
	2. Incentivar parcerias locais e implementar mecanismos de contratualização entre o Estado, as Autarquias Locais, as empresas e outros actores urbanos com vista ao desenvolvimento de projectos diferenciadores nos domínios da competitividade e da inovação (2007-2013).			•		

Programa Nacional da Política de Ordenamento do Território

Objectivos Específicos	Medidas Prioritárias	Intervenção Pública			
		Legislação	Estratégia Planeamento e Regulação	Informação, Coordenação e Avaliação	Administração, Execução e Incentivo
	3. Promover redes de cooperação entre cidades vizinhas, para ganhar massa crítica nos modernos factores de competitividade e estruturar os diversos sistemas urbanos, recorrendo, nomeadamente, à realização de "contratos de aglomeração" entre o Estado e as Autarquias Locais e à constituição de parcerias entre entidades públicas e entre estas e entidades privadas (2007-2013).				•
	4. Promover programas de intervenção de base territorial, em coerência com a estratégia consagrada no Plano Nacional de Emprego, tendo em vista a qualificação do capital humano e o desenvolvimento de actividades mais qualificantes e inovadoras, melhorando a empregabilidade (2007-2013).				•
	5. Desenvolver uma rede nacional de áreas de localização empresarial, em articulação com os programas de desenvolvimento regional e com o sistema de acessibilidades, que diversifiquem os espaços de acolhimento de actividades inovadoras (2007-2013)			•	•
2.5	*Promover um maior equilíbrio na distribuição territorial da população e assegurar condições de atracção de populações com níveis elevados de qualificação*				
	1. Promover oportunidades de emprego qualificado em regiões com menor dinamismo económico e social, nomeadamente através do apoio a iniciativas para valorizar actividades criativas, culturais e desportivas, visando atrair estratos populacionais mais jovens e qualificados e proporcionar um maior equilíbrio na distribuição espacial da população (2007-2013).				•
	2. Apoiar a mobilidade residencial através da maior eficiência do mercado de arrendamento privado, da alteração e melhoria dos modelos de gestão e da qualificação do parque de arrendamento público e de uma melhor adequação e flexibilidade nas condições de financiamento para a aquisição de habitação (2007-2010).			•	•
	3. Promover a oferta de equipamentos sociais de apoio às famílias mais jovens, nomeadamente na área da infância, favorecendo a conciliação da vida pessoal, familiar e profissional (2007-2013).				•
	4. Desenvolver uma política integrada de imigração que contemple o acolhimento e a inserção social de imigrantes e que lhes garanta a igualdade de tratamento no acesso aos serviços sociais, à educação, à habitação e ao emprego, respondendo às suas necessidades específicas e envolvendo a sociedade civil (2007-2013).			•	•
2.6	*Implementar uma estratégia que promova o aproveitamento sustentável do potencial turístico de Portugal às escalas nacional, regional e local*				
	1. Implementar o Plano Estratégico Nacional de Turismo tendo em vista, nomeadamente, a definição e delimitação das regiões do País com actual especialização turística ou com significativo potencial de desenvolvimento turístico nas suas múltiplas componentes (2007-2013).		•		
	2. Elaborar e implementar ou concretizar as estratégias definidas nos Planos Sectoriais e de Ordenamento Turístico no território continental e nas Regiões Autónomas que definam as linhas orientadoras dos modelos de desenvolvimento pretendidos para as áreas com maiores potencialidades de desenvolvimento turístico (2007-2009).			•	•
	3. Diversificar a oferta estruturada de produtos turísticos numa perspectiva territorial, em particular nos domínios do Turismo no Espaço Rural (TER), cultural e de natureza, potenciando o desenvolvimento de complementaridades sub-regionais e locais, nomeadamente nas Regiões Autónomas (2007-2013).				•

Directrizes para os instrumentos de gestão territorial

Objetivos Específicos	Medidas Prioritárias	Intervenção Pública				
		Legislação	Estratégia Planeamento e Regulação	Informação, Coordenação e Avaliação	Administração, Execução e Incentivo	
3.1	**Reforçar os centros urbanos estruturantes das regiões, em particular nas regiões menos desenvolvidas**					
	1. Dar coerência territorial às redes nacionais dos equipamentos estruturantes, nomeadamente nos domínios da cultura, do ensino superior e da investigação, na perspectiva da polivalência e do reforço das cidades de média dimensão (2007-2013).				•	
	2. Racionalizar a localização dos serviços da Administração e incentivar a sua qualificação para uma resposta eficiente às empresas e aos cidadãos (2007-2013).				•	
	3. Introduzir nos sistemas de apoio ao investimento critérios que favoreçam soluções e actividades inovadoras nos centros urbanos mais dinâmicos das regiões menos desenvolvidas (2007-2013).				•	
	4. Racionalizar e qualificar os espaços para implantação e desenvolvimento de actividades económicas, nomeadamente industriais, e garantir o célere licenciamento e implementação das actividades (2007-2013).				•	
	5. Introduzir mecanismos incentivadores da cooperação intermunicipal nos instrumentos de financiamento das infra-estruturas e equipamentos locais e nos programas de investimento (2007-2008).				•	
3.2	**Estruturar e desenvolver as redes de infra-estruturas de suporte à acessibilidade e à mobilidade, favorecendo a consolidação de novas centralidades urbanas e de sistemas urbanos mais policêntricos**					
	1. Rever o desenho institucional dos transportes nas Áreas Metropolitanas, implementando autoridades metropolitanas de transportes e melhorando quer a eficiência e coordenação das políticas de transportes, quer a sua articulação com as políticas do ordenamento do território e do ambiente (2007-2010).	•				
	2. Assegurar no planeamento da Rede Ferroviária de Alta Velocidade do território continental, a articulação com o reforço e modernização das linhas e serviços do caminho de ferro convencional e com o restante transporte público e, quando se trate de estações localizadas fora dos perímetros urbanos, a ligação à rede rodoviária fundamental (IP e IC) (2007-2013).			•	•	
	3. Restringir o apoio do Governo à implantação de estações de camionagem (interfaces rodoviárias) aos casos em que existam planos de mobilidade, permitindo, nomeadamente, uma fácil acessibilidade pedonal e uma articulação eficiente com as carreiras do transporte colectivo urbano existentes (2007-2013).				•	
	4. Rever o PRN no território continental, numa perspectiva de integração no sistema de gestão territorial em vigor (2007-2010).		•			
	5. Promover o investimento na articulação entre a rede rodoviária de nível superior (IP e IC) e as redes de hierarquia inferior, através de vias com características adequadas à função a que se destinam, consolidando uma rede de itinerários regionais e integrando os programas de variantes e circulares a centros urbanos (2007-2010).			•	•	
	6. Integrar no planeamento municipal e inter-municipal a dimensão financeira dos sistemas de transportes e de mobilidade, programando os investimentos, os subsídios e a captação de valor junto dos beneficiários indirectos de forma a assegurar a boa gestão e a sustentabilidade da exploração desses sistemas (2007-2013).			•	•	
	7. Promover a elaboração de planos de mobilidade intermunicipais que contribuam para reforçar a complementaridade entre centros urbanos vizinhos e para uma maior integração das cidades com o espaço envolvente e que contemplem o transporte acessível para todos (2007-2013).			•		

Programa Nacional da Política de Ordenamento do Território

Objectivos Especificos	Medidas Prioritárias	Intervenção Pública			
		Legislação	Estratégia Planeamento e Regulação	Informação, Coordenação e Avaliação	Administração, Execução e Incentivo
3.3	**Promover um desenvolvimento urbano mais compacto e policêntrico no Continente, contrariar a construção dispersa, estruturar a urbanização difusa e incentivar o reforço de centralidades intra-urbanas**				
	1. Rever o quadro legal, para que nas áreas metropolitanas de Lisboa e do Porto e nas aglomerações urbanas de maior dimensão se verifique uma maior articulação entre o desenvolvimento de novas urbanizações e o sistema de transportes, nomeadamente através do condicionamento da aprovação de planos de pormenor e do licenciamento de loteamentos à avaliação dos seus impactes no sistema de mobilidade (2007-2009).	•			
	2. Reforçar a componente estratégica dos Planos Directores Municipais, integrando no seu conteúdo a definição de opções sobre a dimensão e as formas de desenvolvimento urbano mais adequadas aos respectivos territórios (2007-2009).		•		
	3. Definir nos PROT do território continental e das Regiões Autónomas o quadro estratégico de organização dos sistemas regionais de ordenamento do território, designadamente nos domínios ecológico, urbano e das acessibilidades e mobilidade, tendo em conta os objectivos do reforço de centralidades, de um desenvolvimento urbano mais compacto e do controlo e disciplina da dispersão da construção (2007-2008).		•		
	4. Incentivar novas parcerias para o desenvolvimento de programas integrados de reabilitação, revitalização e qualificação das áreas urbanas, reforçar e agilizar o papel das Sociedades de Reabilitação Urbana e rever o enquadramento fiscal e financeiro das operações integradas nestes programas (2007-2009).				•
	5. Introduzir procedimentos de avaliação do impacte territorial da criação de infra-estruturas e equipamentos de uso colectivo, nomeadamente em termos do impacte no crescimento urbano, na mobilidade e no uso eficiente dos recursos (2007-2009).			•	•
	6. Dinamizar a aplicação dos diversos mecanismos de execução dos instrumentos de gestão territorial previstos no Decreto-Lei 380/99, nomeadamente promovendo um urbanismo programado e de parcerias e operações urbanísticas perequativas e com auto-sustentabilidade financeira (2007-2013).		•		
	7. Aperfeiçoar os mecanismos de assumpção por parte dos promotores das externalidades geradas pelas novas urbanizações, quer sobre as infra-estruturas quer sobre a estrutura ecológica (2007-2009).	•	•		
3.4	**Promover um desenvolvimento integrado dos territórios de baixa densidade e das zonas rurais ajustado à sua diversidade, considerando em especial as necessidades e a especificidade das áreas mais vulneráveis e despovoadas**				
	1. Executar o Plano Estratégico Nacional de Desenvolvimento Rural para 2007-2013 (PEN 2007-2013) e os correspondentes Programas de Desenvolvimento Rural para o Continente e as Região Autónomas, promovendo a competitividade dos sectores agrícola e florestal, a gestão sustentável dos espaços rurais e a dinamização e diversificação económica e social das zonas rurais, contribuindo para reforçar a coesão social e territorial (2007-2013).		•		•
	2. Assegurar uma distribuição coerente e equilibrada de serviços desconcentrados da Administração Central e da oferta de equipamentos e serviços públicos em zonas de baixa densidade e desenvolver uma rede de centros multi-serviços, para prestar serviços de interesse geral às populações aí residentes, através de uma metodologia assente na proximidade aos beneficiários, no uso de unidades móveis e das tecnologias de comunicação à distância, na integração e polivalência de recursos e na contratualização entre os serviços desconcentrados da administração pública central, as autarquias e outros agentes de desenvolvimento local (2007-2013).				•
	3. Promover, através de um programa de valorização económica mercantil dos recursos endógenos diferenciadores dos territórios acções integradas e inovadoras, dinamizadas pelos actores de desenvolvimento locais, visando reforçar a competitividade económica e a criação sustentada de emprego nos territórios abrangidos, designadamente em áreas de baixa densidade e nos espaços interiores menos desenvolvidos (2007-2013).		•	•	

Directrizes para os instrumentos de gestão territorial

Objectivos Específicos	Medidas Prioritárias	Intervenção Pública			
		Legislação	Estratégia Planeamento e Regulação	Informação, Coordenação e Avaliação	Administração, Execução e Incentivo
	4. Incentivar parcerias de âmbito urbano-rural para o ordenamento de áreas específicas do território, recorrendo quer aos Programas de Acção Territorial, como instrumentos de coordenação das actuações da autarquias locais e de outros agentes, quer à elaboração e implementação dos Projectos de Intervenção em Espaço Rural (PIER) (2007-2013).			•	•
	5. Promover o desenvolvimento de soluções inovadoras na organização de sistemas de transportes à escala local (municipal/intermunicipal), no território continental e, com as necessárias adaptações, nos territórios das Regiões Autónomas, incluindo o recurso a frotas de automóveis de gestão centralizada, que assegurem níveis elevados de acessibilidade a todos os grupos da população das áreas rurais e de baixa densidade (2007-2013).			•	
4.1	*Promover o ordenamento das redes de educação do pré-escolar, do ensino básico e do secundário, da formação tecnológico/profissionalizante e da educação e formação de adultos, e implementar critérios de racionalidade no ordenamento territorial do ensino superior*				
	1. Reestruturar e consolidar as redes de educação pré-escolar e de ensino básico, em consonância com as dinâmicas de povoamento e assegurando que a dimensão das escolas seja adequada às necessidades pedagógicas e à eficiência da oferta educativa (2007-2013).		•		•
	2. Reorganizar e valorizar as redes de agrupamentos e de escolas de ensino secundário (geral e tecnológico/profissionalizante) em articulação com a rede de centros de formação profissional, considerando a dinâmica da procura, as necessidades de desenvolvimento do país e o sistema de acessibilidades, com destaque para o transporte público (2007-2013).		•		•
	3. Definir os Territórios Educativos, tendo em vista implementar Programas Educativos Intermunicipais e instituir Conselhos Intermunicipais de Educação e Aprendizagem, com representação das Comunidades Educativas e de outros agentes da sociedade civil, e elaborar a Carta Nacional de Territórios Educativos e as Cartas Educativas respeitantes a cada um desses Territórios (2007-2013).			•	
	4. Incentivar a criação de sistemas integrados de transporte que garantam, em meio rural e nos aglomerados urbanos, a acessibilidade aos estabelecimentos de educação incluindo por parte dos alunos com necessidades especiais no âmbito da mobilidade (2007-2013).			•	•
	5. Avaliar e reestruturar a rede de ensino superior, universitário e politécnico, segundo padrões de referência internacional e respondendo com eficiência aos desafios do desenvolvimento científico e tecnológico e da inovação e competitividade do país, incluindo a captação de novos públicos para o ensino superior, nomeadamente através da inclusão de Cursos de Especialização Tecnológica (2007-2013).		•		•
4.2	*Desenvolver uma rede nacional de prestação de cuidados de saúde que garanta a universalidade de acesso e racionalize a procura do Serviço Nacional de Saúde (SNS), valorizando os cuidados de saúde primários e a resposta aos grupos mais vulneráveis*				
	1. Elaborar e implementar o Plano Nacional de Acção Ambiente e Saúde (2007-2010).			•	
	2. Qualificar a investigação em saúde e os recursos humanos, mediante programas de investigação e de formação desenvolvidos à luz das necessidades nacionais e regionais em saúde e dirigidos designadamente aos profissionais e aos serviços de saúde pública locais (2007-2013).				•

Programa Nacional da Política de Ordenamento do Território

Objectivos Específicos	Medidas Prioritárias	Intervenção Pública			
		Legislação	Estratégia Planeamento e Regulação	Informação, Coordenação e Avaliação	Administração, Execução e Incentivo
	3. Elaborar e implementar, com base nas Redes de Referenciação, um Plano Nacional da Rede Hospitalar e requalificar as Redes de Urgência Geral e Obstétrica, tendo em vista a melhoria da acessibilidade da população a serviços de qualidade e em segurança, adaptando a oferta às evoluções regionais da demografia, da morbilidade e dos sistemas de povoamento e de acessibilidades (2007-2013).		•		•
	4. Dotar a rede de cuidados de saúde primários dos meios e valências necessários a um eficaz desempenho, densificando os equipamentos nas áreas periurbanas de rápido crescimento, e desenvolver Unidades de Saúde Familiares em todo o território nacional, próximas dos cidadãos com garantia de qualidade uniforme e de igualdade de acesso (2007-2013).			•	•
	5. Promover a articulação dos serviços de saúde com as comunidades multi-culturais, garantindo o seu acesso ao sistema de saúde (2007-2013).	•		•	•
	6. Desenvolver parcerias público-públicas ao nível regional e local, em especial com as autarquias, para facilitar o acesso dos cidadãos a cuidados de saúde de proximidade e implementar Serviços Comunitários de Proximidade no apoio integrado aos idosos, particularmente no apoio domiciliário, incentivando o contributo do voluntariado jovem como forma de aproximação geracional e de solidariedade (2007-2013).				•
	7. Desenvolver a Rede de Cuidados Continuados Integrados, adaptando as estruturas de saúde e reformulando os acordos com as Misericórdias e IPSS, em articulação com o MTSS para o território continental e com os organismos competentes das Regiões Autónomas (2007-2013).			•	•
	8. Elaborar a rede nacional de diagnóstico e prestação de cuidados através do uso da informática e telecomunicações e desenvolver a aplicação das novas tecnologias no acesso à prestação de cuidados de saúde primários, sobretudo em meio rural, implementando o conceito de "e-saúde" (2007-2013).			•	•
	9. Garantir a cobertura da totalidade do território continental pelos Centros de Orientação de Doentes Urgentes (CODU) e pelas Viaturas Médicas de Emergência e Reanimação (VMER), consolidar o sistema integrado de transporte secundário devidamente coordenado centralmente e definir uma rede de heliportos e locais de aterragem de emergência devidamente certificados para voos de emergência médica (2007-2013).			•	•
	10. Desenvolver a Rede de Serviços de Saúde Pública, assegurando adequados dispositivos de vigilância sanitária e de protecção da saúde e prevenindo situações de risco (2007-2008).			•	•
4.3	*Desenvolver programas e incentivar acções que melhorem as condições de habitação, nomeadamente no que se refere aos grupos sociais mais vulneráveis*				
	1. Elaborar e implementar o Plano Estratégico de Habitação (2007-2013).		•		•
	2. Implementar iniciativas de gestão e dinamização do mercado de arrendamento público, tornando o parque habitacional público mais qualificado, dinâmico e capaz de responder com maior equidade e proximidade às necessidades sociais da população (2007-2009).		•		•
	3. Incentivar o cumprimento de objectivos sociais por parte dos promotores imobiliários, nomeadamente através da afectação a habitação social de uma quota-parte da habitação nova ou a reabilitar ou ainda no âmbito de operações integradas de revitalização urbana (2007-2013).				•
	4. Desenvolver intervenções socio-urbanísticas em territórios que apresentem factores de vulnerabilidade crítica, do ponto de vista urbanístico, económico e social, no sentido da sua qualificação e reinserção urbana, contribuindo para o desenvolvimento de comunidades urbanas sustentáveis (2007-2013).				•

Directrizes para os instrumentos de gestão territorial

Objectivos Específicos	Medidas Prioritárias	Intervenção Pública			
		Legislação	Estratégia Planeamento e Regulação	Informação, Coordenação e Avaliação	Administração, Execução e Incentivo
	5. Promover a inserção nos instrumentos de planeamento municipal dos objectivos sociais de combate à segregação urbana e de acolhimento e integração dos imigrantes e minorias étnicas, designadamente através da institucionalização dos princípios da diversidade nos modelos de usos e tipologias de habitação (2007-2013).	•			
	6. Concluir o Programa Especial de Realojamento e implementar programas municipais de resposta às graves carências habitacionais, em coerência com os objectivos de equidade social e territorial, reforçando a solução de reabilitação do parque devoluto em relação à construção nova (2007-2013).		•		•
4.4	*Dinamizar redes de equipamentos colectivos e programas para responder com eficácia às necessidades dos diferentes grupos sociais e das famílias, promovendo a integração dos grupos mais vulneráveis face à pobreza e à exclusão social e garantindo a segurança a todos os cidadãos*				
	1. Desenvolver um planeamento participado e reforçar a oferta de equipamentos de solidariedade e acção social, por forma a responder com eficácia às necessidades dos diferentes grupos sociais, nomeadamente, da infância e juventude, da população idosa, dos deficientes e de outros grupos vulneráveis, contribuindo para a promoção da equidade, da inclusão social e de uma resposta concertada de apoio às famílias (2007-2013).		•		•
	2. Desenvolver intervenções integradas de base territorial de combate à pobreza e à exclusão social, em parceria Estado, Autarquias e Instituições públicas e privadas, promovendo acções que contribuam para o desenvolvimento e qualificação de grupos excluídos socialmente ou com necessidades de apoio específico, nomeadamente imigrantes (2007-2013).		•	•	•
	3. Reforçar o desenvolvimento das Redes Sociais, através da consolidação e alargamento das parcerias a nível local e do aprofundamento da abordagem estratégica, articulando-as, nomeadamente, com os instrumentos de gestão territorial (2007-2013).		•	•	•
	4. Reforçar a oferta de equipamentos desportivos de base, de forma a promover a função do desporto e da actividade física, quer na melhoria do estado geral de saúde das populações mais vulneráveis, quer na promoção da sua inclusão social, incluindo as pessoas com deficiência ou incapacidade (2007-2013).				•
	5. Ampliar os programas de segurança de proximidade e comunitários por parte das forças de segurança, e desenvolver, em especial, acções de apoio a pessoas com deficiência, idosos, crianças em idade escolar e mulheres vítimas de violência (2007-2009).			•	•
	6. Implementar a construção de novas instalações das Forças de 1ª linha, Postos Territoriais da GNR e Esquadras Tipo A e Tipo B da PSP, e desenvolver a Rede Nacional de Segurança Interna (RNSI) para assegurar a interoperabilidade ao nível informático e de comunicações de todas as Forças de Segurança (2007-2013).				•
4.5	*Desenvolver uma rede supra-municipal articulada de equipamentos desportivos e de lazer activo que valorize a motricidade, aprofunde a equidade de acesso e qualifique a evolução do sistema urbano*				
	1. Implementar orientações de ordenamento do território e desenvolver a oferta de equipamentos destinados às actividades de lazer activo e de desporto, no quadro da execução do Plano Nacional de Ordenamento da Rede de Equipamentos Desportivos Estruturantes e da promoção de novas parcerias, com vista a aumentar os índices de actividade física e de prática desportiva da população, incluindo as pessoas com deficiência, e a aumentar o nível e a eficiência de utilização desses equipamentos (2007-2013).			•	•
	2. Elaborar e implementar Cartas Desportivas de âmbito municipal e/ou intermunicipal, que assegurem em cada território desportivo uma oferta racional e com sustentabilidade financeira, aprofundando as complementaridades entre diferentes tipologias de equipamentos e mobilizando a população para a prática desportiva (2007-2008).			•	•

320   *Programa Nacional da Política de Ordenamento do Território*

Objectivos Específicos	Medidas Prioritárias	Intervenção Pública			
		Legislação	Estratégia, Planeamento e Regulação	Informação, Coordenação e Avaliação	Administração, Execução e Incentivo
	3. Ordenar e regulamentar a utilização dos espaços de prática de desporto de natureza, dentro e fora de Áreas Protegidas, para promover um desenvolvimento consonante com as regras de preservação ambiental (2007-2009).		•		
4.6	*Dinamizar uma rede de equipamentos culturais que valorize identidades, patrimónios e formas de expressão artística num quadro de aprofundamento da educação para a cultura e de reforço da equidade de acesso e da participação nas actividades culturais*				
	1. Dar continuidade aos programas de recuperação e expansão da rede de equipamentos culturais (museus, cine-teatros, centros culturais etc.), em parceria com as autarquias e os particulares (2007-2013).		•		•
	2. Apoiar as iniciativas de itinerância cultural, como forma de aproximar a oferta cultural das populações e rendibilizar a rede de equipamentos existentes (2007-2013).				•
	3. Realizar, aos níveis regional e local, Planos Estratégicos de Desenvolvimento Cultural, com envolvimento das autarquias e outros actores sociais pertinentes e onde se articulem os objectivos do desenvolvimento cultural, da coesão social e do ordenamento do território (2007-2013).		•		•
4.7	*Desenvolver os serviços de abastecimento público de água, e de recolha, tratamento e reutilização de águas residuais e de resíduos, estruturando a gestão na óptica da co-responsabilidade social e melhorando os níveis e a qualidade de atendimento*				
	1. Implementar a Política Nacional de Resíduos consubstanciada nos Planos Nacionais de Gestão de Resíduos e nos Planos Estratégicos Sectoriais dos Resíduos Sólidos Urbanos (PERSU), dos Resíduos Industriais e dos Resíduos Hospitalares, assegurando a integração das suas orientações nos instrumentos de gestão territorial de âmbito regional, inter-municipal e municipal (2007-2013).		•		•
	2. Executar o Plano Estratégico de Abastecimento de Água e de Saneamento de Águas Residuais (PEAASAR 2007-2013), no território continental, de forma a assegurar o cumprimento dos objectivos de abastecimento de água para consumo humano e de tratamento de águas residuais urbanas, através da realização dos investimentos necessários para servir a generalidade da população portuguesa com elevada qualidade e a preços acessíveis (2007-2013).		•		•
	3. Definir critérios para a elaboração de Planos de Segurança, de Qualidade e Quantidade do recurso Água, aumentando a protecção e monitorização da "Reserva Nacional Estratégica de Água" (elaborar planos de contingência, identificar as origens e as infra-estruturas de armazenamento de água) (2007-2008).		•		
4.8	*Desenvolver as redes de infra-estruturas, de equipamentos e de serviços de suporte à acessibilidade e à mobilidade, reforçando a segurança, a qualidade de serviço e as condições de equidade territorial e social*				
	1. Integrar nos planos de infra-estruturas viárias, as questões da segurança dos transportes e da mobilidade de todos os segmentos da população, incentivando o transporte acessível, seja ferroviário (comboio ou metro) seja transporte colectivo rodoviário urbano ou suburbano, e promover a eliminação de barreiras físicas existentes nas infra-estruturas dos transportes ferroviários e rodoviários, facilitando a mobilidade dos cidadãos com deficiência (2007-2013).		•		
	2. Implementar uma Política Metropolitana de Transportes no território continental, como suporte de uma mobilidade sustentada, no quadro da organização e gestão pública do sistema de transportes, promovendo modos de transporte menos poluentes e mais atractivos para os utentes (2007-2009).		•		

Directrizes para os instrumentos de gestão territorial 321

Objectivos Específicos		Medidas Prioritárias	Intervenção Pública			
			Legislação	Estratégia Planeamento e Regulação	Informação, Coordenação e Avaliação	Administração, Execução e Incentivo
	3.	Lançar programas para a plena integração física, tarifária e lógica dos sistemas de transportes de passageiros, no território continental e com as necessárias adaptações às Regiões Autónomas, garantindo informação acessível relativa à oferta dos vários modos, particularmente nas grandes aglomerações urbanas, promovendo a intermodalidade (2007-2013).		•		•
	4.	Assegurar na revisão dos Planos Directores Municipais, em articulação com a elaboração de Planos Municipais de Mobilidade, que as redes de transporte e mobilidade respondam à sua procura e aos processos de redefinição dos usos do solo, favorecendo a acessibilidade das populações em transporte público aos locais de emprego, aos equipamentos colectivos e serviços de apoio às actividades produtivas, bem como à circulação de mercadorias entre os locais de produção e os de mercado (2007-2010).		•		
	5.	Executar os Planos Nacionais de Segurança Rodoviária, visando reduzir para metade em cada período de 10 anos o número de acidentes e mortes rodoviários em Portugal e desenvolver inspecções e auditorias de segurança rodoviária, para todos os projectos de construção e conservação de estradas, sendo essas auditorias realizadas, por entidade independente ou, dentro da mesma entidade, em unidade orgânica distinta da do projecto, visando padrões de segurança europeus (2007-2013).		•		•
4.9		*Planear e implementar uma rede integrada de serviços de Justiça, definindo a distribuição e implantação geográfica dos equipamentos públicos de Justiça, nomeadamente tribunais, julgados de paz, conservatórias, prisões e centros educativos*				
	1.	Implementar a reforma do Mapa judiciário – rede de tribunais (1ª Instância), promovendo o seu ajustamento ao movimento processual existente através da adopção de uma nova matriz de circunscrição territorial (2007-2009).		•		•
	2.	Desenvolver e reforçar a rede de julgados de paz e de centros de mediação e arbitragem, de modo planeado, articulado e complementar com a rede de tribunais, promovendo-se o desenvolvimento de meios alternativos de resolução de litígios (2007-2009).		•		•
	3.	Desenvolver os conceitos de mapa de reinserção social, de mapa penitenciário e de rede médico-legal, promovendo-se a disseminação nacional e regional de serviços da Justiça, designadamente através da reformulação/beneficiação e construção dos respectivos equipamentos por todo o país, centros educativos, estabelecimentos prisionais e gabinetes médico-legais (2007-2009).		•		•
	4.	Reorganizar e modernizar a rede de balcões das conservatórias, reestruturando todo o sistema dos registos, com o objectivo de prestar um serviço de melhor qualidade, mais célere e mais barato ao cidadão e às empresas (2007-2009).		•		•
5.1		*Alargar o acesso à Internet de Banda Larga em todo o país e promover uma rápida e efectiva apropriação económica e social das Tecnologias de Informação e Comunicação (TIC)*				
	1.	Harmonizar os custos de acesso e uso das TIC em todo o território nacional e reduzir os custos de acesso à Internet, tendo por referência os valores mais baixos praticados nos outros países da União Europeia (2007-2009).		•		•
	2.	Promover o desenvolvimento de redes abertas de banda larga nos centros urbanos das regiões menos desenvolvidas (2007-2013).				•
	3.	Promover as infra-estruturas fixas necessárias ao acesso às redes de banda larga no âmbito das diferentes operações urbanísticas (2007-2009).				•
	4.	Promover a instalação de pontos de acesso à banda larga em locais públicos, designadamente em terminais de transportes, nas escolas, nas instituições de apoio à juventude, em hospitais e outros equipamentos sociais, e nos locais de alojamento e de actividade turística (2007-2010).				•

Programa Nacional da Política de Ordenamento do Território

Objetivos Específicos	Medidas Prioritárias	Intervenção Pública			
		Legislação	Estratégia Planeamento e Regulação	Informação, Coordenação e Avaliação	Administração, Execução e Incentivo
5.2	**Promover as TIC como instrumento fundamental de desenvolvimento territorial e de coesão social, generalizando a sua utilização na difusão de informação e na oferta de serviços de interesse público**				
	1. Promover a colaboração em rede e a partilha de tarefas e conhecimentos com base nas TIC, envolvendo quer associações municipais, empresariais, profissionais e de solidariedade social, quer escolas, entidades do sistema nacional de saúde e outras em torno de projectos de interesse comum (2007-2013).			•	•
	2. Disponibilizar, de forma aberta, a informação detida por entidades públicas como suporte ao desenvolvimento de valor acrescentado pela indústria de conteúdos digitais e estímulo ao seu desenvolvimento e competitividade (2007-2013).			•	•
	3. Incentivar a dinamização de novas actividades ou de novas formas de prestação de serviços no âmbito dos projectos Cidades e Regiões Digitais (2007-2013).				•
	4. Incentivar a criação de Portais Regionais que sejam montra das potencialidades e actividades da região nos diversos domínios, tendo também em consideração as novas tecnologias de acessibilidade para os utilizadores com deficiência (2007-2013).			•	•
	5. Disponibilizar os conteúdos culturais portugueses em formato digital e estimular o desenvolvimento de conteúdos interactivos nas bibliotecas, incluindo um número considerável de obras literárias de utilização fácil para pessoas com deficiência, sobretudo visual (2007-2013).			•	•
	6. Alargar a gama de oferta de serviços colectivos e de interesse público suportados na Internet e na utilização das TIC, por exemplo nos domínios da saúde ou da educação, garantindo o seu acesso nos espaços de baixa densidade (2007-2013).				•
	7. Desenvolver novas actividades e plataformas de inclusão social para idosos com base nas TIC, como forma de adaptação a uma sociedade com uma participação maior de populações de idades mais avançadas (2007-2013).				•
6.1	**Produzir e difundir o conhecimento sobre o ordenamento e o desenvolvimento do território**				
	1. Criar o Observatório do Ordenamento do Território e do Urbanismo como estrutura responsável pelo acompanhamento e avaliação das dinâmicas territoriais e dos instrumentos de gestão territorial (2007-2008).			•	•
	2. Criar um portal electrónico sobre o ordenamento do território que organize a partilha de informação entre serviços públicos e particulares, incluindo o acesso em linha a todos os planos em vigor (2007-2009).				•
	3. Desenvolver um Sistema Nacional de Exploração e Gestão de Informação Cadastral como instrumento de apoio à administração pública e de melhoria da qualidade dos serviços prestados aos cidadãos e às empresas (2007-2013).				•
	4. Promover o desenvolvimento de infra-estruturas de adensamento da malha geodésica para melhorar a produção de cartografia (2007-2013).				•
	5. Desenvolver o Sistema Nacional de Informação Geográfica (SNIG) e o Sistema Nacional de Informação Territorial (SNIT) (2007-2013).				•

Directrizes para os instrumentos de gestão territorial

Objectivos Específicos	Medidas Prioritárias	Intervenção Pública				
		Legislação	Estratégia Planeamento e Regulação	Informação, Coordenação e Avaliação	Administração, Execução e Incentivo	
6.2	**Renovar e fortalecer as capacidades de gestão territorial**					
	1. Actualizar e simplificar a base jurídica e os procedimentos administrativos com repercussão no ordenamento do território e no urbanismo, promovendo a sua eficiência e a melhor articulação entre as várias entidades públicas envolvidas (2007-2008).	•		•		
	2. Simplificar o relacionamento dos cidadãos com as entidades com competência no licenciamento de projectos com impacte territorial, através da concentração dos serviços de atendimento e de processamento numa óptica de balcão único (2007-2009).				•	
	3. Alargar as atribuições e competências das Autarquias Locais, aprofundando o processo de descentralização administrativa, rever os regimes jurídicos das Associações de Municípios e das Áreas Metropolitanas e reforçar as competências municipais em matéria de ordenamento do território, responsabilizando as Autarquias pela qualidade dos planos, pela sua conformidade com os instrumentos territoriais de ordem superior e pela sua execução em tempo útil (2007-2008).	•				
	4. Valorizar o papel das CCDR, no território Continental, no acompanhamento das competências exercidas pelos municípios e na promoção de estratégias concertadas de desenvolvimento às escalas regional e sub-regional (2007-2013).		•	•		
	5. Reforçar os meios e a capacidade de intervenção das inspecções sectoriais e da Inspecção-Geral do Ambiente e do Ordenamento do Território (IGAOT), em particular, para que esta possa assegurar com eficácia o acompanhamento e a avaliação do cumprimento da legalidade nos domínios do ambiente e do ordenamento do território, designadamente em relação à salvaguarda do património e dos recursos naturais, dos meios e recursos hídricos, da zona costeira e do domínio público marítimo (2007-2013).	•			•	
	6. Desenvolver um programa coerente de actualização e formação especializada no domínio do ordenamento do território e do urbanismo dirigido prioritariamente aos agentes da administração pública desconcentrada e das autarquias locais (2007-2013).				•	
6.3	**Promover a participação cívica e institucional nos processos de ordenamento e desenvolvimento territorial**					
	1. Reforçar os mecanismos de acesso à informação no âmbito da elaboração e divulgação dos instrumentos de gestão territorial, nomeadamente através do uso das TIC, com vista a uma maior co-responsabilização e envolvimento da sociedade civil (2007-2008).			•	•	
	2. Integrar os princípios e orientações das Agendas 21 Locais nos instrumentos de gestão territorial e incentivar a cooperação aos níveis local e regional, recorrendo nomeadamente à institucionalização de parcerias, à contratualização e à implementação de Programas de Acção Territorial (2007-2009).		•	•	•	
	3. Rever os modelos de acompanhamento, participação e concertação previstos no regime jurídico dos instrumentos de gestão territorial, no sentido de garantir o maior envolvimento das entidades públicas e das organizações económicas, sociais, culturais e ambientais desde a fase inicial de definição do conteúdo e das principais opções desses instrumentos (2007-2008).	•	•	•		
	4. Incentivar a organização e a participação qualificada da sociedade civil na prestação de serviços de interesse geral, promovendo parcerias e redes de base territorial (2007-2013).				•	

324 Programa Nacional da Política de Ordenamento do Território

Objectivos Específicos	Medidas Prioritárias	Intervenção Pública				
		Legislação	Estratégia Planeamento e Regulação	Informação, Coordenação e Avaliação	Administração, Execução e Incentivo
6.4	*Incentivar comportamentos positivos e responsáveis face ao ordenamento do território*				
	1. Desenvolver acções de sensibilização, educação e mobilização dos cidadãos para uma cultura valorizadora do ordenamento do território, do urbanismo, das paisagens e do património em geral (2007-2013).				•
	2. Introduzir e reforçar nos programas dos vários graus de ensino, desde o ensino básico ao secundário, os princípios orientadores de boas práticas de ordenamento e qualificação do território (2007-2013).		•		•
	3. Estimular o contributo e a participação dos jovens em acções de ordenamento do território, nomeadamente no quadro do Programa Nacional da Juventude e do Voluntariado Jovem com as necessárias adaptações às Regiões Autónomas (2007-2009).				•
	4. Fomentar a investigação e a inovação na área do ordenamento do território e do urbanismo, nomeadamente através da instituição de bolsas de estudo e prémios especiais (2007-2013).				•
	5. Divulgar boas práticas em ordenamento do território e urbanismo e incentivar a participação em concursos para atribuição de prémios a nível internacional (2007-2013).				•

Directrizes para os instrumentos de gestão territorial 325

II – Objectivos Específicos e Domínios de Acação Governativa [6]

PNPOT – Programa de Acação – Objectivos específicos	Domínios de Acação Governativa / Ministérios
1.1 Desenvolver os sistemas de conhecimento e informação sobre o ambiente e os recursos naturais	MAOTDR MADRP MCTES MDN MEI
1.2 Aperfeiçoar e consolidar os regimes, os sistemas e as áreas fundamentais para proteger e valorizar a biodiversidade e os recursos naturais	MAOTDR MADRP MAI
1.3 Definir e executar uma Estratégia Nacional de Protecção do Solo	MAOTDR MADRP
1.4 Promover o ordenamento e a gestão sustentável da silvicultura e dos espaços florestais	MADRP MAOTDR MAI MEI
1.5 Executar a política de gestão integrada da água	MAOTDR MADRP
1.6 Definir e executar uma política de ordenamento e gestão integrada da orla costeira, nas suas componentes terrestre e marítima	MAOTDR MOPTC MADRP MDN
1.7 Proteger e valorizar o espaço marítimo e os recursos oceânicos	MDN MAOTDR MOPTC MADRP MAI
1.8 Definir e executar uma política de gestão integrada dos recursos geológicos	MEI MAOTDR
1.9 Executar a Estratégia Nacional para a Energia e prosseguir a política sustentada para as alterações climáticas	MEI MAOTDR MOPTC MCTES MADRP
1.10 Proteger e valorizar as paisagens e o património cultural.	MAOTDR MOPTC MC MADRP

---

[6] Nas Regiões Autónomas, compete aos Órgãos de Governo Próprio a elaboração e aprovação dos Instrumentos de Gestão Territorial Regionais e Autárquicos e ainda o direito de participação em Planos Nacionais que incidam sobre o seu território, pelo que as referências do quadro seguinte aos Ministérios se reportam às correspondentes Secretarias Regionais.

326 *Programa Nacional da Política de Ordenamento do Território*

PNPOT – Programa de Acção – Objectivos específicos	Domínios de Acção Governativa / Ministérios
1.11 Avaliar e prevenir os factores e as situações de risco, e desenvolver dispositivos e medidas de minimização dos respectivos efeitos	MAI MAOTDR MCTES MOPTC MS MEI
2.1 Afirmar a dimensão atlântica do País, consolidando o papel estratégico das Regiões Autónomas como plataformas intermédias entre o continente europeu e os continentes americano e africano	MOPTC MAOTDR MAI
2.2 Melhorar os sistemas e infra-estruturas de suporte à conectividade internacional de Portugal no quadro ibérico, europeu, atlântico e global	MOPTC MAOTDR MEI
2.3 Reforçar a capacidade de as cidades se afirmarem como motores de internacionalização e desenvolvimento	MAOTDR MEI MOPTC MCTES MTSS MC
2.4 Promover pólos regionais de competitividade e qualificar o emprego	MEI MAOTDR MTSS MOPTC
2.5 Promover um maior equilíbrio na distribuição territorial da população e assegurar condições de atracção de populações de níveis elevados de qualificação	MAOTDR MAI MTSS MC
2.6 Implementar uma estratégia que promova o aproveitamento sustentável do potencial turístico de Portugal às escalas nacional, regional e local	MEI MAOTDR
3.1 Reforçar os centros urbanos estruturantes das regiões, em particular nos espaços de urbanização difusa e nas regiões menos desenvolvidas	MAOTDR MEI MAI MOPTC
3.2 Estruturar e desenvolver as redes de infra-estruturas de suporte à acessibilidade e à mobilidade, favorecendo a consolidação de novas centralidades urbanas e de sistemas urbanos mais policêntricos.	MOPTC MAOTDR MEI MAI
3.3 Promover um desenvolvimento urbano mais compacto e policêntrico no Continente, contrariar a construção dispersa, estruturar a urbanização difusa e incentivar o reforço de centralidades intra-urbanas	MAOTDR MAI MOPTC
3.4 Promover um desenvolvimento integrado dos territórios de baixa densidade e das zonas rurais ajustado à sua diversidade, considerando em especial as necessidades e a especificidade das áreas mais vulneráveis e despovoadas	MADRP MAOTDR MTSS MOPTC MEI
4.1 Promover o ordenamento das redes de educação do pré-escolar, do ensino básico e do secundário, da formação tecnológico/profissionalizante e da educação e formação de adultos, e implementar critérios de racionalidade no ordenamento territorial do ensino superior	ME MCTES MTSS MAOTDR

Directrizes para os instrumentos de gestão territorial

327

PNPOT – Programa de Acção – Objectivos específicos	Domínios de Acção Governativa / Ministérios
4.2 Desenvolver uma rede nacional de prestação de cuidados de saúde que garanta a universalidade de acesso e racionalize a procura do Serviço Nacional de Saúde (SNS), valorizando os cuidados de saúde primários e a resposta aos grupos mais vulneráveis	MS
4.3 Desenvolver programas e incentivar acções que melhorem as condições de habitabilidade, nomeadamente no que se refere aos grupos sociais mais vulneráveis	MAOTDR MOPTC MTSS MEI
4.4 Dinamizar redes de equipamentos colectivos e programas para responder com eficácia às necessidades dos diferentes grupos sociais e das famílias, promovendo a integração dos grupos mais vulneráveis face à pobreza e à exclusão social e garantindo a segurança a todos os cidadãos	MTSS MAI MAOTDR
4.5 Desenvolver uma rede supra-municipal articulada de equipamentos desportivos e de lazer activo que valorize a motricidade, aprofunde a equidade de acesso e qualifique a evolução do sistema urbano	SEJD MOPTC
4.6 Dinamizar uma rede de equipamentos culturais que valorize identidades, patrimónios e formas de expressão artística num quadro de aprofundamento da educação para a cultura e de reforço da equidade de acesso e da participação nas actividades culturais	MC ME MCTES
4.7 Desenvolver os serviços de abastecimento público de água, e de recolha, tratamento e reutilização de águas residuais e de resíduos urbanos, estruturando a gestão na óptica da co-responsabilidade social e melhorando os níveis e a qualidade de atendimento	MAOTDR MS
4.8 Desenvolver as redes de infra-estruturas, de equipamentos e de serviços de suporte à acessibilidade e à mobilidade, reforçando a segurança, a qualidade de serviço e as condições de equidade territorial e social	MAOTDR MOPTC MAI
4.9 Planear e implementar uma rede integrada de serviços de Justiça, definindo a distribuição e implantação geográfica dos equipamentos públicos de Justiça, nomeadamente tribunais, julgados de paz, conservatórias, prisões e centros educativos	MJ
5.1 Alargar o acesso à Internet de Banda Larga em todo o país e promover uma rápida e efectiva apropriação económica e social das Tecnologias de Informação e Comunicação (TIC).	MCTES MOPTC MEI MFAP
5.2 Promover as TIC como instrumento fundamental de desenvolvimento territorial e de coesão social, generalizando a sua utilização na difusão de informação e na oferta de serviços de interesse público	MEI MCTES MFAP
6.1 Produzir e difundir o conhecimento sobre o ordenamento e o desenvolvimento do território	MAOTDR MADRP MAI MFAP MJ
6.2 Renovar e fortalecer as capacidades de gestão territorial	MAOTDR MAI
6.3 Promover a participação cívica e institucional nos processos de ordenamento e desenvolvimento territorial	MAOTDR MAI
6.4 Incentivar comportamentos positivos e responsáveis face ao ordenamento do território	ME MAOTDR

328 Programa Nacional da Política de Ordenamento do Território

III – Medidas Prioritárias e Instrumentos de Gestão Territorial

Objectivos Específicos	Medidas Prioritárias	PEOT	PROT	PIOT	PMOT
1.2	*Aperfeiçoar e consolidar os regimes, os sistemas e as áreas fundamentais para proteger e valorizar a biodiversidade e os recursos naturais*				
	3. Elaborar e implementar os Planos Sectoriais da Rede Natura 2000 e os Planos de Ordenamento das Áreas Protegidas, no território do continente e nas Regiões Autónomas, tendo por objectivo estabelecer as orientações para a gestão territorial dos Sítios de Importância Comunitária e Zonas de Protecção Especial e os usos compatíveis com a salvaguarda dos recursos e dos valores naturais respectivos (2007-2013).	•			•
	4. Instituir medidas de discriminação positiva para os municípios com maior incidência de áreas classificadas integradas na Rede Fundamental de Conservação da Natureza, incluindo as medidas previstas nos Planos de Desenvolvimento e de Ordenamento das Regiões Autónomas (2007-2013).		•		
	5. Definir nos Planos Regionais de Ordenamento do Território e nos Planos Municipais de Ordenamento do Território as estruturas ecológicas, respectivamente, regionais e municipais, assegurando a sua coerência e compatibilidade (2007-2013).		•		•
1.3	*Definir e executar uma Estratégia Nacional de Protecção do Solo*				
	4. Implementar e avaliar o Programa Nacional de Combate à Desertificação (PANCD), considerando nesse âmbito medidas de discriminação positiva para as áreas e municípios mais afectados ou vulneráveis (2007-2008).		•		•
1.4	*Promover o ordenamento e a gestão sustentável da silvicultura e dos espaços florestais*				
	3. Implementar os Planos Regionais de Ordenamento Florestal, nomeadamente através da elaboração e aplicação dos Planos de Gestão Florestal, em articulação com os Planos Regionais de Ordenamento do Território, os Planos Municipais de Ordenamento do Território e os diversos de instrumentos de planeamento ambiental e os planos e instrumentos equivalentes nas Regiões Autónomas (2007-2013).	•	•		•
1.5	*Executar a política de gestão integrada da água*				
	4. Elaborar e implementar os Planos de Gestão de Bacia Hidrográfica (PGBH), os Planos de Ordenamento de Bacias Hidrográficas e Lagoas (POBHL) na Região Autónoma dos Açores e os Planos de Ordenamento equivalentes na Região Autónoma da Madeira, assegurando a sua articulação com os outros instrumentos de ordenamento do território (2007-2013).	•	•	•	•
	5. Implementar, no território continental, o Plano Nacional de Regadios de forma articulada com as estratégias para a gestão da água definidas no Plano Nacional da Água e nos PGBH (2007-2010).	•	•		•
1.6	*Definir e executar uma política de ordenamento e gestão integrada da zona costeira, nas suas componentes terrestre e marítima*				
	1. Elaborar e implementar a Estratégia para a Gestão Integrada da Zona Costeira Nacional, em articulação, nomeadamente, com o PNAC (2007-2013).	•	•		
	3. Elaborar e implementar os Planos de Ordenamento da Orla Costeira, incluindo a identificação e avaliação dos riscos e das condições físicas do território e a sua adequação às opções de planeamento e de salvaguarda dos recursos constantes desses instrumentos de gestão territorial (2007-2013).	•			•
	5. Elaborar, regulamentar e implementar os Planos de Ordenamento dos Estuários, no território continental, articulados com os Planos de Gestão de Bacia Hidrográfica e com os Planos de Ordenamento da Orla Costeira (2007-2013).	•			

Directrizes para os instrumentos de gestão territorial 329

Objectivos Específicos	Medidas Prioritárias	PEOT	PROT	PIOT	PMOT
1.8	*Definir e executar uma política de gestão integrada dos recursos geológicos*				
	3. Concluir o Programa Nacional de Recuperação de Áreas Extractivas Desactivadas, em execução para as minas e a finalizar na vertente das pedreiras, com incidência no conteúdo dos Planos Regionais de Ordenamento do Território e nos Planos Municipais de Ordenamento do Território (2007-2008).		•		•
1.9	*Executar a Estratégia Nacional para a Energia e prosseguir a política sustentada para as alterações climáticas*				
	4. Implementar o Programa Nacional para as Alterações Climáticas, nomeadamente através da elaboração e execução dos planos e medidas de adaptação às alterações climáticas e da integração das suas orientações nos instrumentos de gestão territorial (2007-2013).	•	•	•	•
1.10	*Proteger e valorizar as paisagens e o património cultural*				
	1. Elaborar e implementar um Programa Nacional de Recuperação e Valorização das Paisagens, implementando a Convenção Europeia da Paisagem e desenvolvendo uma Política Nacional de Arquitectura e da Paisagem, articulando-a com as políticas de ordenamento do território, no sentido de promover e incentivar a qualidade da arquitectura e da paisagem, tanto no meio urbano como rural (2007-2013).		•		
	2. Incentivar os municípios na definição, classificação e gestão de áreas de paisagem protegida (2007-2013).		•	•	•
	4. Regulamentar a Lei de Bases do Património Cultural, promovendo a articulação com os Instrumentos de Gestão Territorial (2007-2008).	•	•	•	•
1.11	*Avaliar e prevenir os factores e as situações de risco, e desenvolver dispositivos e medidas de minimização dos respectivos efeitos*				
	2. Reforçar na Avaliação Estratégica de Impactes de Planos e Programas e na Avaliação de Impacte Ambiental a vertente da avaliação de riscos naturais, ambientais e tecnológicos, em particular dos riscos de acidentes graves envolvendo substâncias perigosas (2007-2013).	•	•		
	3. Definir para os diferentes tipos de riscos naturais, ambientais e tecnológicos, em sede de Planos Regionais de Ordenamento do Território, de Planos Municipais de Ordenamento do Território e de Planos Especiais de Ordenamento do Território e consoante os objectivos e critérios de cada tipo de plano, as áreas de perigosidade, os usos compatíveis nessas áreas, e as medidas de prevenção e mitigação dos riscos identificados (2007-2013).	•	•	•	•
2.2	*Melhorar os sistemas e infra-estruturas de suporte à conectividade internacional de Portugal no quadro ibérico, europeu, atlântico e global*				
	1. Construir o Novo Aeroporto Internacional de Lisboa com condições operacionais adequadas em termos de segurança e ambiente, ajustadas ao desenvolvimento dos segmentos de negócios estratégicos de passageiros e carga e à promoção de conexões e interfaces dos transportes aéreos com os transportes terrestres, como forma de garantir uma maior coerência, integração e competitividade ao conjunto das infra-estruturas de transporte, enquanto factor determinante do desenvolvimento económico e social do País, bem como potenciar a inserção do País na rede global de transporte aéreo, através da captação/distribuição de tráfego nas rotas entre a Europa, África e América do Sul (2007-2013).	•			•
	2. Consolidar o papel dos Aeroportos de Sá Carneiro, no Norte, e de Faro e Beja, no Sul, bem como nas Regiões Autónomas, assegurando boas articulações intermodais com as redes de transportes terrestres (2007-2010).	•			
	3. Implementar uma estratégia de afirmação dos principais portos nacionais, integrando-os nas "auto-estradas do mar" no espaço europeu, e desenvolver, em particular, uma estratégia para os sistemas portuários de Sines, Setúbal, Lisboa e das Regiões Autónomas, afirmando-os como portas atlânticas do Sudoeste Europeu no contexto dos tráfegos marítimos à escala mundial e inserindo os três primeiros num grande corredor rodoviário e ferroviário de acesso a Espanha e ao interior do continente europeu (2007-2013).	•			

330 Programa Nacional da Política de Ordenamento do Território

Objectivos Específicos	Medidas Prioritárias	PEOT	PROT	PIOT	PMOT
	5. Concluir e executar o Plano Director da Rede Ferroviária Nacional, articulando as soluções de alta velocidade nas deslocações internacionais e no eixo Lisboa-Porto-Vigo com a concretização de um plano para a rede convencional, reforçando a interoperabilidade segundo padrões europeus, com destaque para a migração da bitola, eliminando os estrangulamentos à circulação de comboios de passageiros e de mercadorias (2007-2010).		•		•
	6. Promover a integração da rede ferroviária do território continental nas redes ibérica e europeia de passageiros e mercadorias, garantindo a possibilidade de transferência modal da rodovia para a ferrovia e reforçando, assim, a competitividade nacional e o papel de Portugal como plataforma de elevada acessibilidade no espaço europeu e global (2007-2013).		•		
	8. Promover a execução, no quadro do actual PRN do território continental, das vias que asseguram as ligações entre Portugal e Espanha, dando prioridade à conclusão da Rede Rodoviária Transeuropeia (2007-2013).		•		•
2.3	*Reforçar a capacidade de as cidades se afirmarem como motores de internacionalização e desenvolvimento*				
	2. Incentivar a elaboração de programas estratégicos que potenciem a competitividade dos principais espaços de internacionalização da economia nacional, com destaque para os Arcos Metropolitanos de Lisboa, do Porto e do Algarve, para o sistema metropolitano do Centro Litoral e para a Madeira (2007-2013).		•		
2.4	*Promover pólos regionais de competitividade e qualificar o emprego*				
	5. Desenvolver uma rede nacional de áreas de localização empresarial, em articulação com os programas de desenvolvimento regional e com o sistema de acessibilidades, que diversifiquem os espaços de acolhimento de actividades inovadoras (2007-2013).				•
3.2	*Estruturar e desenvolver as redes de infra-estruturas de suporte à acessibilidade e à mobilidade, favorecendo a consolidação de novas centralidades urbanas e de sistemas urbanos mais policêntricos*				
	2. Assegurar no planeamento da Rede Ferroviária de Alta Velocidade do território continental, a articulação com o reforço e modernização das linhas e serviços do caminho de ferro convencional e com o restante transporte público e, quando se trate de estações localizadas fora dos perímetros urbanos, a ligação à rede rodoviária fundamental (IP e IC) (2007-2013).		•		
	4. Rever o PRN no território continental, numa perspectiva de integração no sistema de gestão territorial em vigor (2007-2010).		•		
	5. Promover o investimento na articulação entre a rede rodoviária de nível superior (IP e IC) e as redes de hierarquia inferior, através de vias com características adequadas à função a que se destinam, consolidando uma rede de itinerários regionais e integrando os programas de variantes e circulares a centros urbanos (2007-2010).		•		
	7. Promover a elaboração de planos de mobilidade intermunicipais que contribuam para reforçar a complementaridade entre centros urbanos vizinhos e para uma maior integração das cidades com o espaço envolvente e que contemplem o transporte acessível para todos (2007-2013).				•
3.3	*Promover um desenvolvimento urbano mais compacto e policêntrico no Continente, contrariar a construção dispersa, estruturar a urbanização difusa e incentivar o reforço de centralidades intra-urbanas*				
	2. Reforçar a componente estratégica dos Planos Directores Municipais, integrando no seu conteúdo a definição de opções sobre a dimensão e as formas de desenvolvimento urbano mais adequadas aos respectivos territórios (2007-2009).			•	•

Directrizes para os instrumentos de gestão territorial

331

Objectivos Específicos		Medidas Prioritárias	PEOT	PROT	PIOT	PMOT
	3.	Definir nos PROT do território continental e das Regiões Autónomas o quadro estratégico de organização dos sistemas regionais de ordenamento do território, designadamente nos domínios ecológico, urbano e das acessibilidades e mobilidade, tendo em conta os objectivos do reforço de centralidades, de um desenvolvimento urbano mais compacto e do controlo e disciplina da dispersão da construção (2007-2008).		•		
	6.	Dinamizar a aplicação dos diversos mecanismos de execução dos instrumentos de gestão territorial previstos no Decreto-Lei 380/99, nomeadamente promovendo um urbanismo programado e de parcerias e operações urbanísticas perequativas e com auto-sustentabilidade financeira (2007-2013).				•
	7.	Aperfeiçoar os mecanismos de assumpção por parte dos promotores das externalidades geradas pelas novas urbanizações, quer sobre as infra-estruturas quer sobre a estrutura ecológica (2007-2009).				•
3.4	*Promover um desenvolvimento integrado dos territórios de baixa densidade e das zonas rurais ajustado à sua diversidade, considerando em especial as necessidades e a especificidade das áreas mais vulneráveis e despovoadas*					
	1.	Executar o Plano Estratégico Nacional de Desenvolvimento Rural para 2007-2013 (PEN 2007-2013) e os correspondentes Programas de Desenvolvimento Rural para o Continente e as Região Autónomas, promovendo a competitividade dos sectores agrícola e florestal, a gestão sustentável dos espaços rurais e a dinamização e diversificação económica e social das zonas rurais, contribuindo para reforçar a coesão social e territorial (2007-2013).		•		
	4.	Incentivar parcerias de âmbito urbano-rural para o ordenamento de áreas específicas do território, recorrendo quer aos Programas de Acção Territorial, como instrumentos de coordenação das actuações da autarquias locais e de outros agentes, quer à elaboração e implementação dos Projectos de Intervenção em Espaço Rural (PIER) (2007-2013).				•
	5.	Promover o desenvolvimento de soluções inovadoras na organização de sistemas de transportes à escala local (municipal/intermunicipal), no território continental e, com as necessárias adaptações, nos territórios das Regiões Autónomas, incluindo o recurso a frotas de automóveis de gestão centralizada, que assegurem níveis elevados de acessibilidade a todos os grupos da população das áreas rurais (2007-2013).			•	•
4.1	*Promover o ordenamento das redes de educação do pré-escolar, do ensino básico e do secundário, da formação tecnológico/profissionalizante e da educação e formação de adultos, e implementar critérios de racionalidade no ordenamento territorial do ensino superior*					
	1.	Reestruturar e consolidar as redes de educação pré-escolar e de ensino básico, em consonância com as dinâmicas de povoamento e assegurando que a dimensão mínima das escolas seja adequada às necessidades pedagógicas e à eficiência da oferta educativa (2007-2013).				•
	2.	Reorganizar e valorizar as redes de agrupamentos e de escolas de ensino secundário (geral e tecnológico/profissionalizante) em articulação com a rede de centros de formação profissional, considerando a dinâmica da procura, as necessidades de desenvolvimento do país e o sistema de acessibilidades, com destaque para o transporte público (2007-2013).				•
	3.	Definir os Territórios Educativos, tendo em vista implementar Programas Educativos Intermunicipais e instituir Conselhos Intermunicipais de Educação e Aprendizagem, com representação das Comunidades Educativas e de outros agentes da sociedade civil, e elaborar a Carta Nacional de Territórios Educativos e as Cartas Educativas respeitantes a cada um desses Territórios (2007-2013).			•	•

332   *Programa Nacional da Política de Ordenamento do Território*

Objectivos Específicos	Medidas Prioritárias	PEOT	PROT	PIOT	PMOT
4.3	*Desenvolver programas e incentivar acções que melhorem as condições de habitação, nomeadamente no que se refere aos grupos sociais mais vulneráveis*				
	1. Elaborar e implementar o Plano Estratégico de Habitação (2007-2013).				•
	2. Implementar iniciativas de gestão e dinamização do mercado de arrendamento público, tornando o parque habitacional público mais qualificado, dinâmico e capaz de responder com maior equidade e proximidade às necessidades sociais da população (2007-2009).				•
	5. Promover a inserção nos instrumentos de planeamento municipal dos objectivos sociais de combate à segregação urbana e de acolhimento e integração dos imigrantes e minorias étnicas, designadamente através da institucionalização dos princípios da diversidade nos modelos de usos e tipologias de habitação (2007-2013).				•
	6. Concluir o Programa Especial de Realojamento e implementar programas municipais de resposta às graves carências habitacionais, em coerência com os objectivos de equidade social e territorial, reforçando a solução de reabilitação do parque devoluto em relação à construção nova (2007-2013).				•
4.4	*Dinamizar redes de equipamentos colectivos e programas para responder com eficácia às necessidades dos diferentes grupos sociais e das famílias, promovendo a integração dos grupos mais vulneráveis face à pobreza e à exclusão social e garantindo a segurança a todos os cidadãos*				
	1. Desenvolver um planeamento participado e reforçar a oferta de equipamentos de solidariedade e acção social, por forma a responder com eficácia às necessidades dos diferentes grupos sociais, nomeadamente, da infância e juventude, da população idosa, dos deficientes e de outros grupos vulneráveis, contribuindo para a promoção da equidade, da inclusão social e de uma resposta concertada de apoio às famílias (2007-2013).				•
	3. Reforçar o desenvolvimento das Redes Sociais, através da consolidação e alargamento das parcerias a nível local e do aprofundamento da abordagem estratégica, articulando-as, nomeadamente, com os instrumentos de gestão territorial (2007-2013).				•
4.5	*Desenvolver uma rede supra-municipal articulada de equipamentos desportivos e de lazer activo que valorize a motricidade, aprofunde a equidade de acesso e qualifique a evolução do sistema urbano*				
	1. Implementar orientações de ordenamento do território e desenvolver a oferta de equipamentos destinados às actividades de lazer activo e de desporto, no quadro da execução do Plano Nacional de Ordenamento da Rede de Equipamentos Desportivos Estruturantes e da promoção de novas parcerias, com vista a aumentar os índices de actividade física e de prática desportiva da população, incluindo as pessoas com deficiência, e a aumentar o nível e a eficiência de utilização desses equipamentos (2007-2013).			•	•
	2. Elaborar e implementar Cartas Desportivas de âmbito municipal e/ou intermunicipal, que assegurem em cada território desportivo uma oferta racional e com sustentabilidade financeira, aprofundando as complementaridades entre diferentes tipologias de equipamentos e mobilizando a população para a prática desportiva (2007-2008).			•	•
	3. Ordenar e regulamentar a utilização dos espaços de prática de desporto de natureza, dentro e fora de Áreas Protegidas, para promover um desenvolvimento consonante com as regras de preservação ambiental (2007-2009).			•	

Directrizes para os instrumentos de gestão territorial

333

Objectivos Específicos	Medidas Prioritárias	PEOT	PROT	PIOT	PMOT
4.6	***Dinamizar uma rede de equipamentos culturais que valorize identidades, patrimónios e formas de expressão artística num quadro de aprofundamento da educação para a cultura e de reforço da equidade de acesso e da participação nas actividades culturais***				
	1. Dar continuidade aos programas de recuperação e expansão da rede de equipamentos culturais (museus, cine-teatros, centros culturais etc.), em parceria com as autarquias e os particulares (2007-2013).		•	•	•
	3. Realizar, aos níveis regional e local, Planos Estratégicos de Desenvolvimento Cultural, com envolvimento das autarquias e outros actores sociais pertinentes e onde se articulem os objectivos do desenvolvimento cultural, da coesão social e do ordenamento do território (2007-2013).		•	•	•
4.7	***Desenvolver os serviços de abastecimento público de água, e de recolha, tratamento e reutilização de águas residuais e de resíduos, estruturando a gestão na óptica da co-responsabilidade social e melhorando os níveis e a qualidade de atendimento***				
	1. Implementar a Política Nacional de Resíduos consubstanciada nos Planos Nacionais de Gestão de Resíduos e nos Planos Estratégicos Sectoriais dos Resíduos Sólidos Urbanos (PERSU), dos Resíduos Industriais e dos Resíduos Hospitalares, assegurando a integração das suas orientações nos instrumentos de gestão territorial de âmbito regional, inter-municipal e municipal (2007-2013).		•		•
	2. Executar o Plano Estratégico de Abastecimento de Água e de Saneamento de Águas Residuais (PEAASAR 2007-2013), no território continental, de forma a assegurar o cumprimento dos objectivos de abastecimento de água para consumo humano e de tratamento de águas residuais urbanas, através da realização dos investimentos necessários para servir a generalidade da população portuguesa com elevada qualidade e a preços acessíveis (2007-2013).		•		
	3. Definir critérios para a elaboração de Planos de Segurança, de Qualidade e Quantidade do recurso Água, aumentando a protecção e monitorização da "Reserva Nacional Estratégica de Água" (elaborar planos de contingência, identificar as origens e as infra-estruturas de armazenamento de água) (2007-2008).		•		
4.8	***Desenvolver as redes de infra-estruturas, de equipamentos e de serviços de suporte à acessibilidade e à mobilidade, reforçando a segurança, a qualidade de serviço e as condições de equidade territorial e social***				
	1. Integrar nos planos de infra-estruturas viárias, as questões da segurança dos transportes e da mobilidade de todos os segmentos da população, incentivando o transporte acessível, seja ferroviário (comboio ou metro) seja transporte colectivo rodoviário urbano ou suburbano, e promover a eliminação de barreiras físicas existentes nas infra-estruturas dos transportes ferroviários e rodoviários, facilitando a mobilidade dos cidadãos com deficiência (2007-2013).				•
	4. Assegurar na revisão dos Planos Directores Municipais, em articulação com a elaboração de Planos Municipais de Mobilidade, que as redes de transporte e mobilidade respondam à sua procura e aos processos de redefinição dos usos do solo, favorecendo a acessibilidade das populações em transporte público aos locais de emprego, aos equipamentos colectivos e serviços de apoio às actividades produtivas, bem como à circulação de mercadorias entre os locais de produção e os de mercado (2007-2010).				•
6.1	***Produzir e difundir o conhecimento sobre o ordenamento e o desenvolvimento do território***				
	1. Criar o Observatório do Ordenamento do Território e do Urbanismo como estrutura responsável pelo acompanhamento e avaliação das dinâmicas territoriais e dos instrumentos de gestão territorial (2007-2008).	•	•	•	•

4. ANEXO: MAPAS A CORES

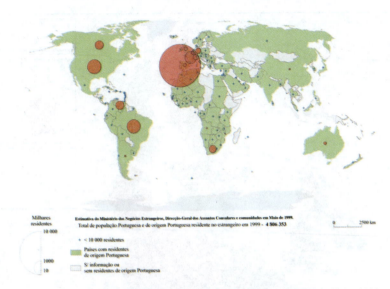

Fonte: IC/CP, DGACCP/DAX/DID, Maio 1999; INE, Estatísticas Demográficas, 1999
Figura 6: Distribuição da população portuguesa no Mundo, 1999

Portugal na União Europeia

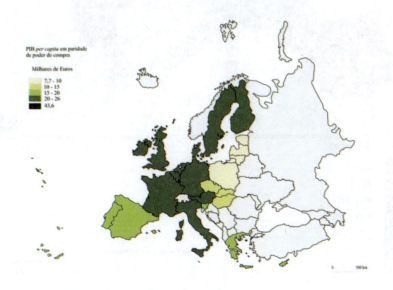

Fonte: Eurostat 2003
Figura 7: PIB *per capita* em paridade de poder de compra na UE 25, 2001

338 *Programa Nacional da Política de Ordenamento do Território*

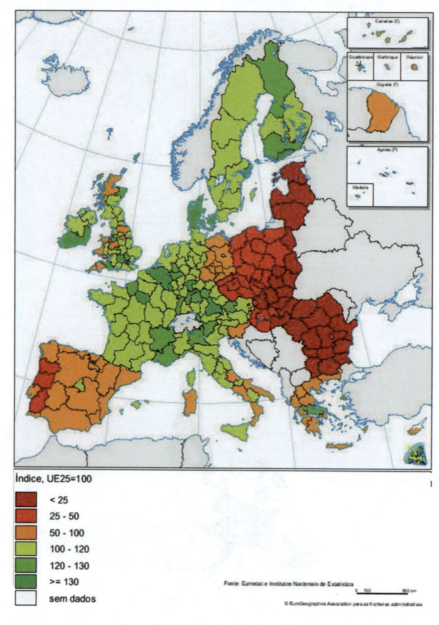

Fonte: CE, 2004 (Terceiro Relatório da Coesão)
Figura 8: PIB por pessoa empregada na UE 25, 2001

Directrizes para os instrumentos de gestão territorial 339

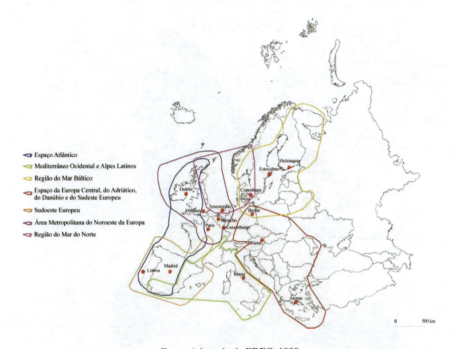

Fonte: Adaptado de EDEC, 1999
Figura 9: Programa de Cooperação Transnacional no Espaço Europeu

340 *Programa Nacional da Política de Ordenamento do Território*

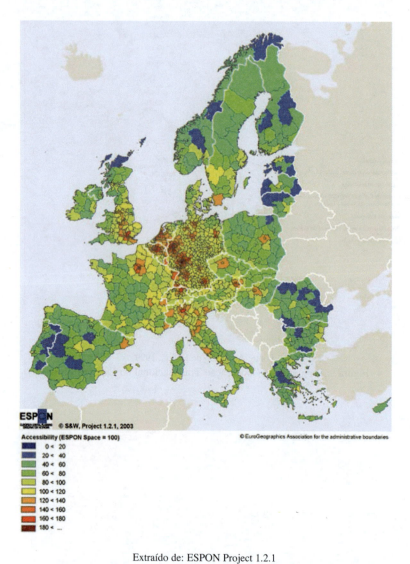

Extraído de: ESPON Project 1.2.1
Figura 10: Acessibilidade potencial multimodal no Espaço Europeu, 2001

Directrizes para os instrumentos de gestão territorial 341

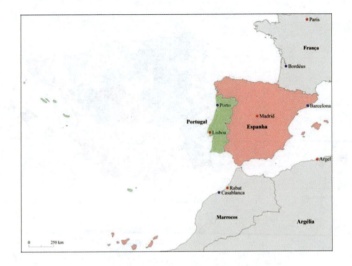

Fonte: *Environmental Systems Research Institute*, 2003
Figura 11: Enquadramento geográfico de Portugal e Espanha

Adaptado de: J.GASPAR, 1999 e 2003
Figura 12: Península Ibérica e grandes conjuntos

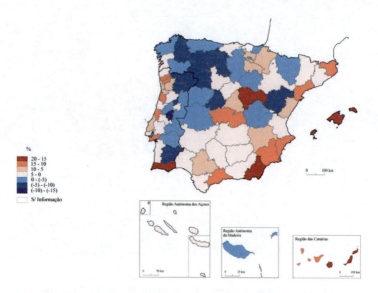

Fonte: INE, RGP, 2001; INE (Espanha), *Cifras de Población de derecho desde 1986 hasta 1995*;
INE (Espanha), *Censos de Población y Viviendas*, 2001
Figura 13: Variação da população por NUTS III de Portugal e Espanha, 1991-2001

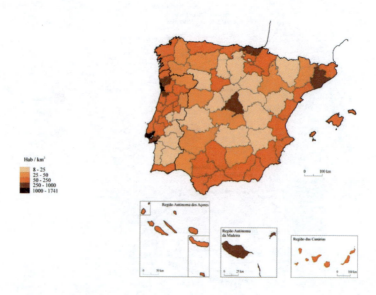

Fonte: INE, RGP, 2001; INE (Espanha), *Censos de Población y Viviendas*, 2001;
Environmental Systems research Institute, 2003
Figura 14: Densidade populacional por NUTS III de Portugal e Espanha, 2001

Directrizes para os instrumentos de gestão territorial 343

Extraído de: *www.qca.pt*
Figura 15: Cooperação transfronteiriça

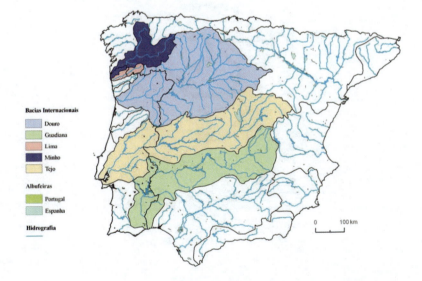

Fonte: INAG
Fig. 16 – Bacias Hidrográficas Internacionais

344 *Programa Nacional da Política de Ordenamento do Território*

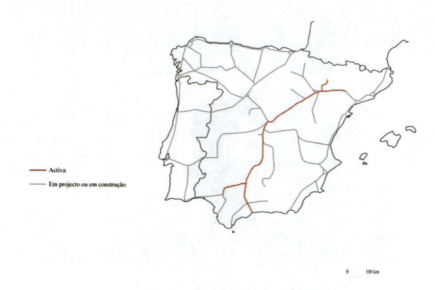

Fonte: XIX Cimeira Ibérica, 2003
Figura 17: Rede de Alta Velocidade da Península Ibérica

Fonte: DGDR *e t al*, 2001; extraído de *www.ccr-c.pt/cooperaçao*
Figura 19: Rede Natura 2000 Inter-fronteiriça

Directrizes para os instrumentos de gestão territorial 345

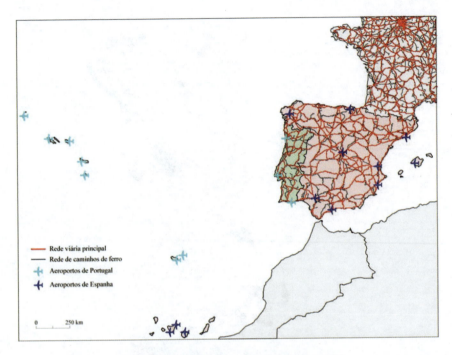

Fonte: *Environmental Systems Research Institute*, 2003
Figura 20: Rede viária principal, rede de caminhos-de-ferro
e aeroportos da Península Ibérica

346 *Programa Nacional da Política de Ordenamento do Território*

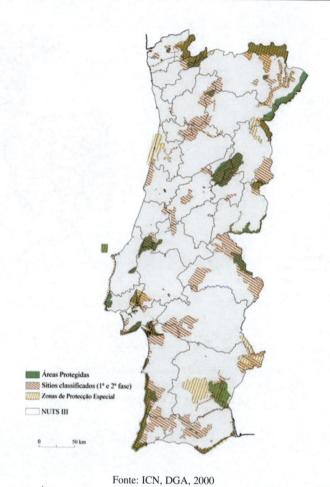

Fonte: ICN, DGA, 2000
Figura 21: Áreas com enquadramento legal de Protecção da Natureza, 2000

Directrizes para os instrumentos de gestão territorial 347

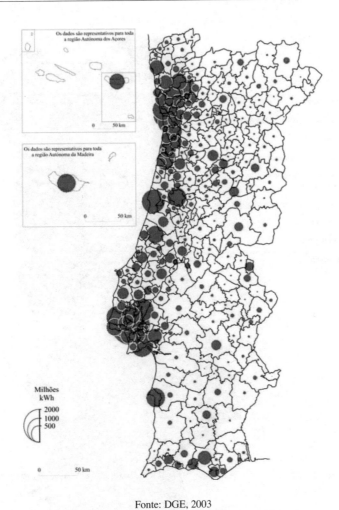

Fonte: DGE, 2003
Figura 25: Consumo total de electricidade por concelho
de Portugal Continental, 2001

348 *Programa Nacional da Política de Ordenamento do Território*

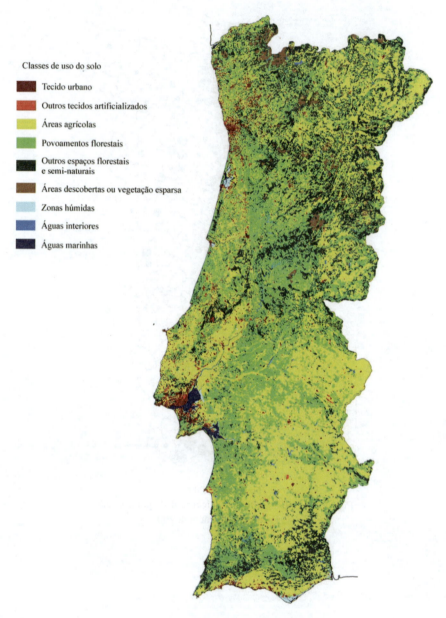

Fonte: Corine Land Cover, IGP, 2005; SIG PNPOT, 2006
Figura 26: Uso do solo em Portugal Continental em 2000

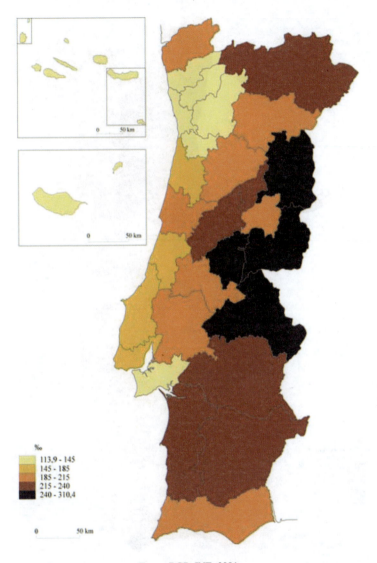

Fonte: RGP, INE, 2001
Figura 27: População com mais de 65 Anos por NUTS III de Portugal, 2001

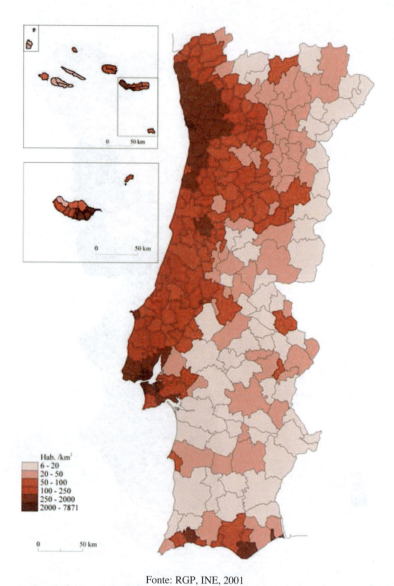

Fonte: RGP, INE, 2001
Figura 28: Densidade populacional por concelho de Portugal, 2001

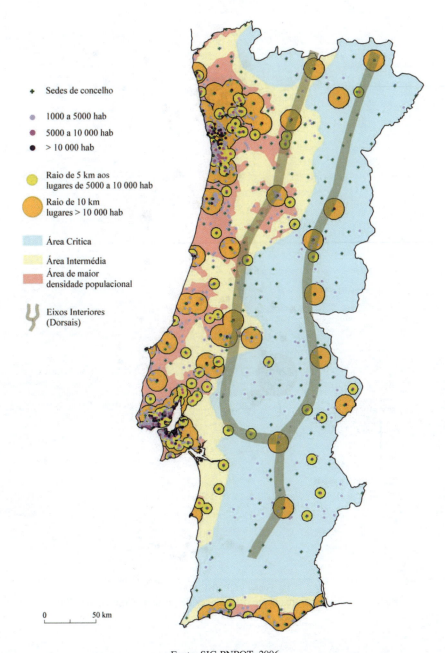

Fonte: SIG PNPOT, 2006
Figura 29: Povoamento e eixos interiores no Continente

Fonte: RGP, INE, 2001
Figura 30: População residente nas cidades de Portugal Continental, 2001

Directrizes para os instrumentos de gestão territorial 353

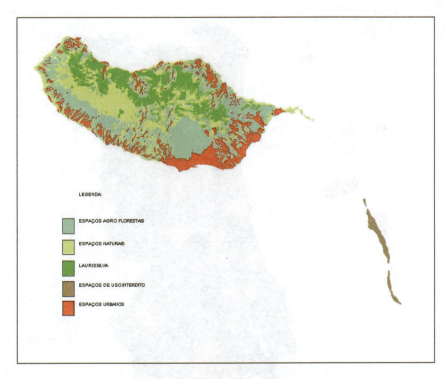

Fonte: SRES – RAM, 2006
Figura 32: Ocupação do território nas ilhas da Madeira e Desertas

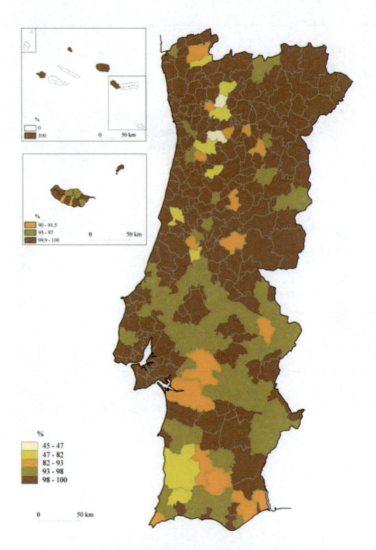

Fonte: Anuários Estatísticos Regionais, INE; 2002
Figura 36: População servida pelo sistema de recolha de resíduos por concelho de Portugal, 2001

Directrizes para os instrumentos de gestão territorial 355

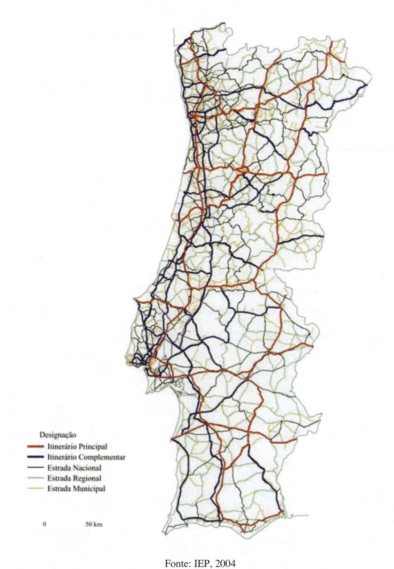

Fonte: IEP, 2004
Figura 37: Plano Rodoviário Nacional 2000 de Portugal Continental

356 *Programa Nacional da Política de Ordenamento do Território*

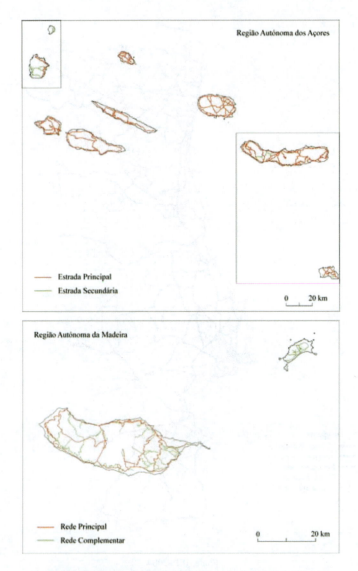

Fonte: VMAP 1 Portugal, IGeoE, 1998; Direcção Regional de Estradas,
Secretaria Regional do Equipamento Social e Transportes, 2004
Figura 38: Rede viária das Regiões Autónomas dos Açores e da Madeira

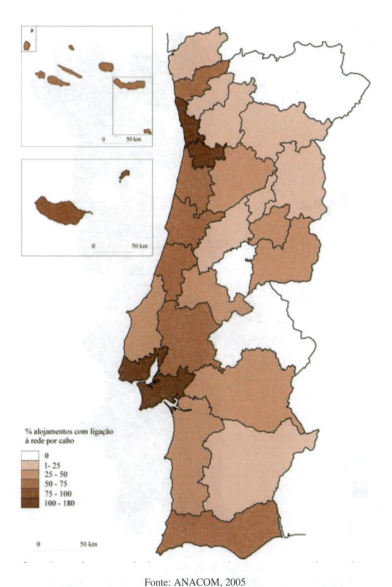

Fonte: ANACOM, 2005
Figura 39: Percentagem de alojamentos cablados por NUTS III no 1.º trimestre de 2005

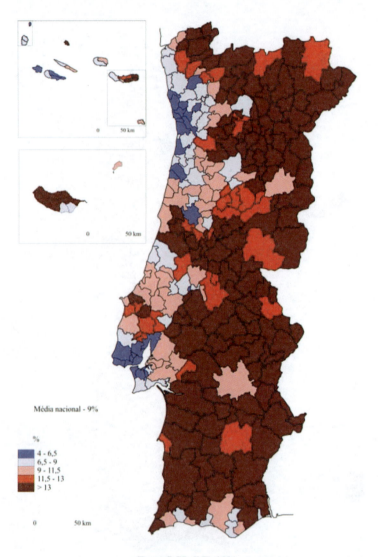

Fonte: RGP, INE, 2001
Figura 40: Taxa de analfabetismo por concelho de Portugal, 2001

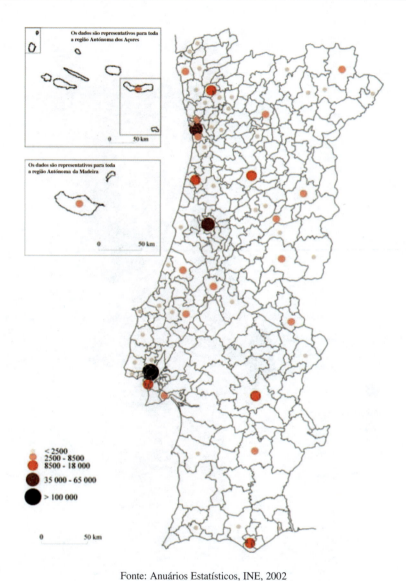

Fonte: Anuários Estatísticos, INE, 2002
Figura 41: Alunos matriculados em estabelecimentos de ensino superior, público e privado em Portugal, 2001

360 *Programa Nacional da Política de Ordenamento do Território*

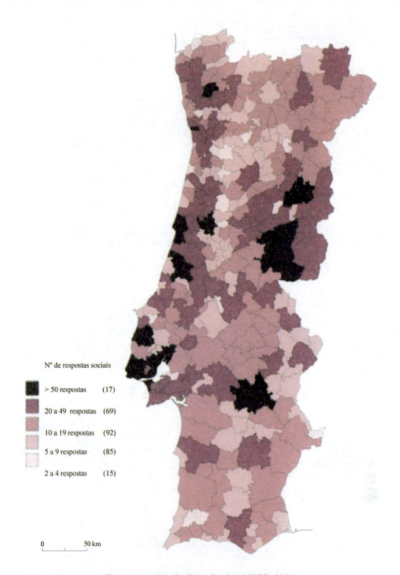

Fonte: extraído da Carta Social, MSST, 2001
Figura 42: Distribuição da oferta de equipamentos de apoio à população idosa por concelho de Portugal Continental, 2001

Directrizes para os instrumentos de gestão territorial 361

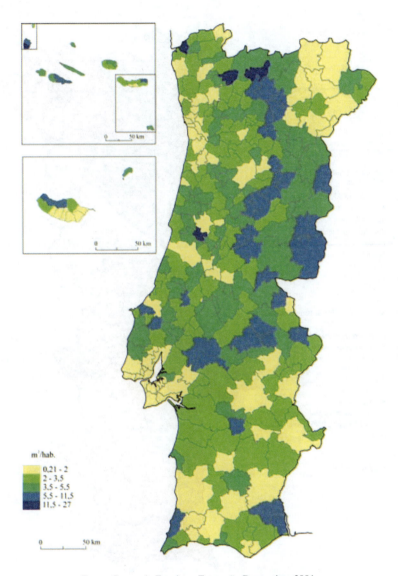

Fonte: Centro de Estudos e Formação Desportiva, 2001;
Carta das Instalações Desportivas Artificiais, 1998.
Figura 43: Cobertura da área desportiva útil por habitante, 1998*

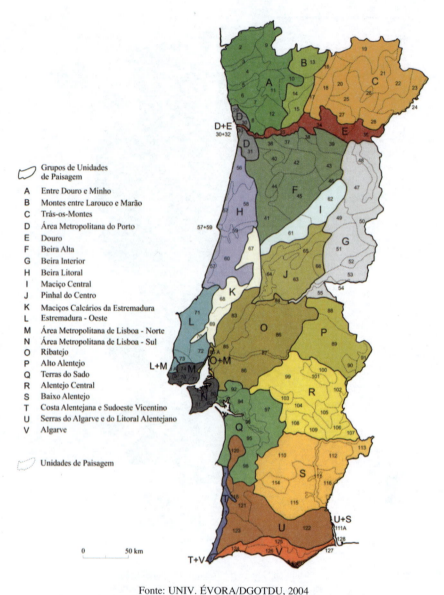

Fonte: UNIV. ÉVORA/DGOTDU, 2004
Figura 44: Unidades e grupos de unidades de paisagem em Portugal Continental

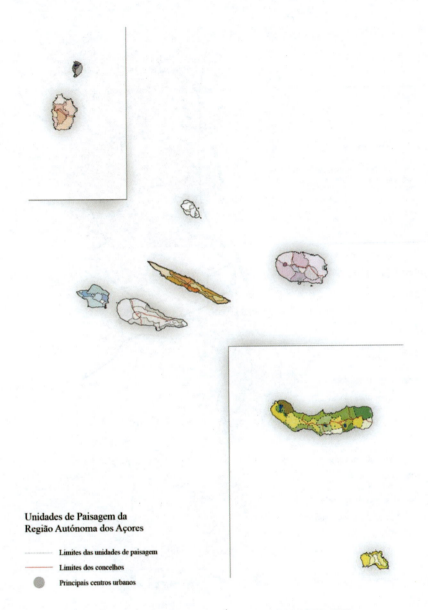

Fonte: Universidade de Évora/SRAM/DROTRH, 2005
Figura 45: Unidades de paisagem da Região Autónoma dos Açores

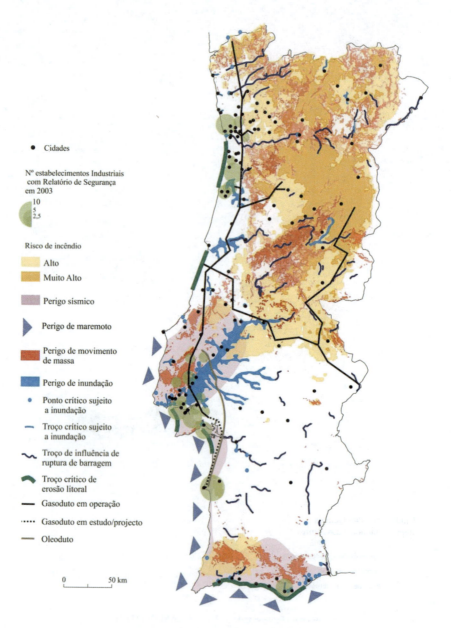

Fonte: IGM; IGP; DGE; IA; SIG PNPOT, 2006
Figura 47: Riscos em Portugal Continental

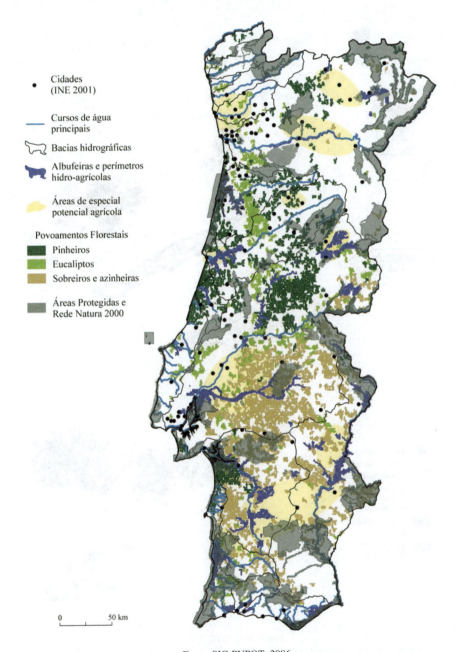

Fonte: SIG PNPOT, 2006
Figura 48: Sistemas naturais e agro-florestais em Portugal Continental

366 *Programa Nacional da Política de Ordenamento do Território*

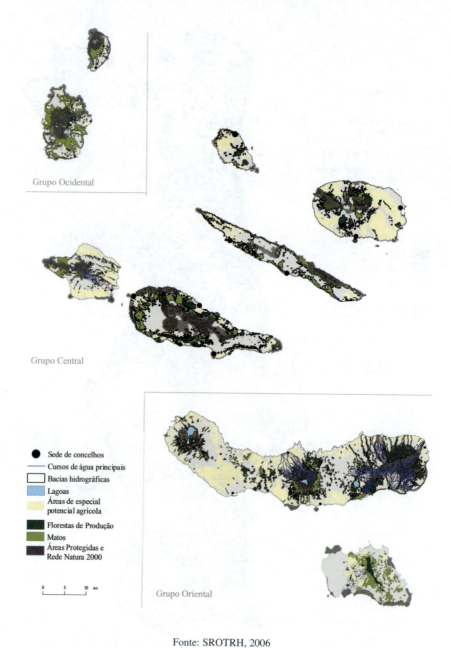

Fonte: SROTRH, 2006
Figura 49: Sistemas naturais e agro-florestais na Região Autónoma dos Açores

Directrizes para os instrumentos de gestão territorial 367

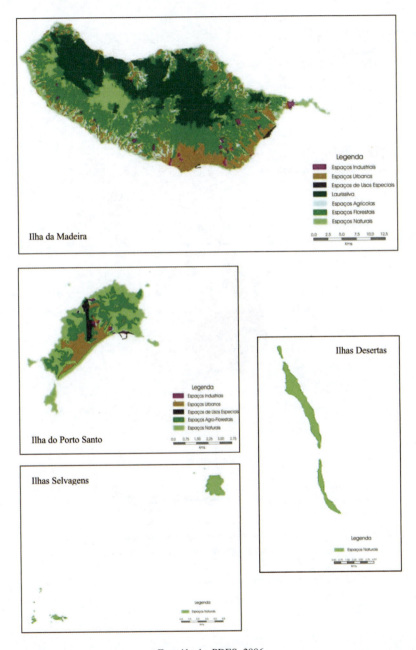

Extraído de: PDES, 2006
Figura 50: Sistemas naturais e agro-florestais na Região Autónoma da Madeira

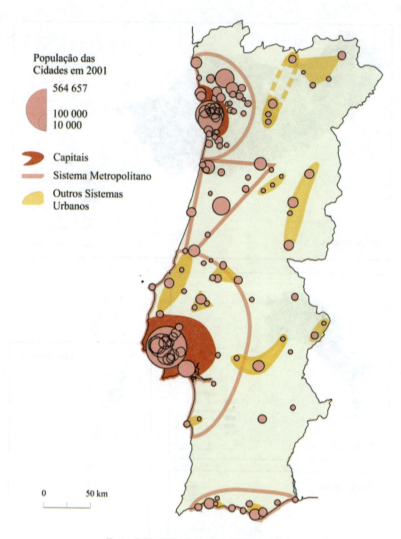

Fonte: RGP, INE, 2001; SIG PNPOT, 2006
Figura 51: Sistema urbano em Portugal Continental

Directrizes para os instrumentos de gestão territorial 369

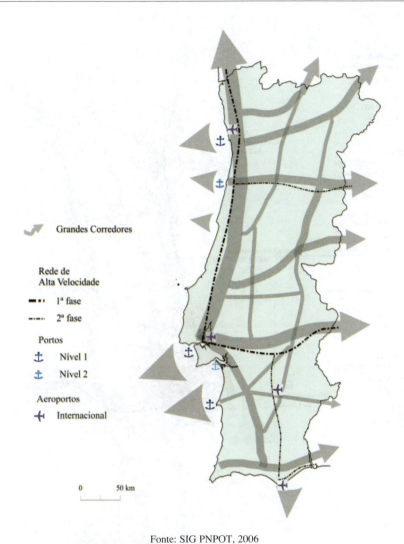

Fonte: SIG PNPOT, 2006
Figura 52: Acessibilidades e conectividade internacional em Portugal Continental

370   Programa Nacional da Política de Ordenamento do Território

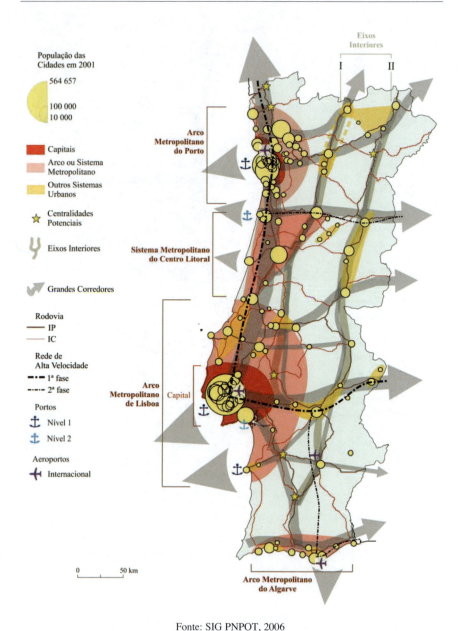

Fonte: SIG PNPOT, 2006
Figura 53: Sistema urbano e acessibilidades em Portugal Continental

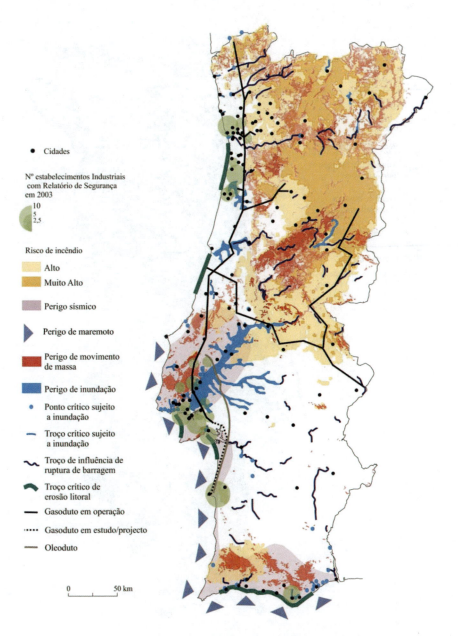

Fonte: IGM; IGP; DGE; IA; SIG PNPOT, 2006
Figura 1: Riscos em Portugal Continental

372 *Programa Nacional da Política de Ordenamento do Território*

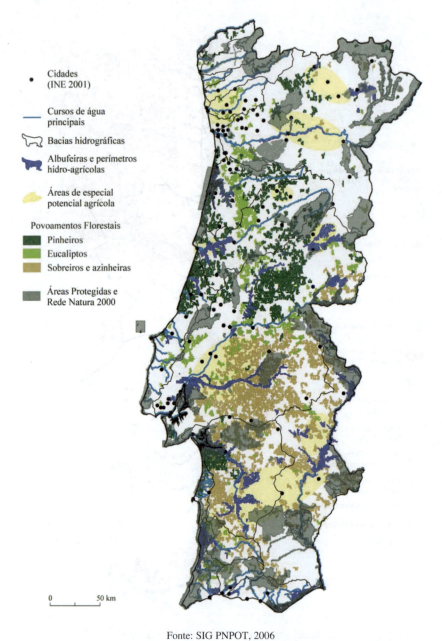

Fonte: SIG PNPOT, 2006
Figura 2: Sistemas naturais e agro-florestais em Portugal Continental

Directrizes para os instrumentos de gestão territorial 373

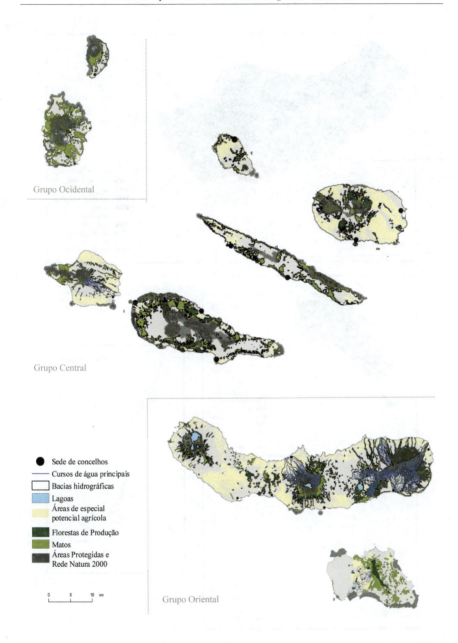

Fonte: SROTRH, 2006
Figura 3: Sistemas naturais e agro-florestais na Região Autónoma dos Açores

374 *Programa Nacional da Política de Ordenamento do Território*

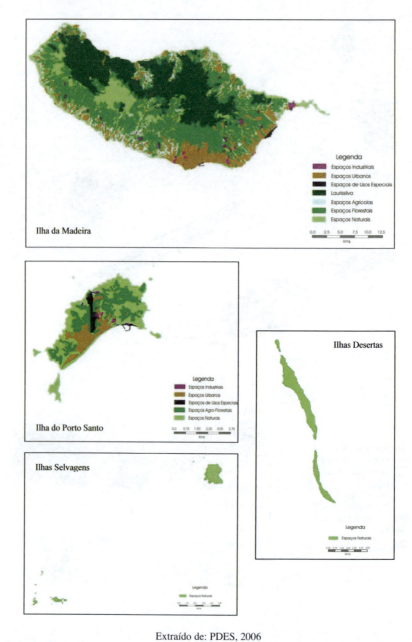

Extraído de: PDES, 2006
Figura 4: Sistemas naturais e agro-florestais na Região Autónoma da Madeira

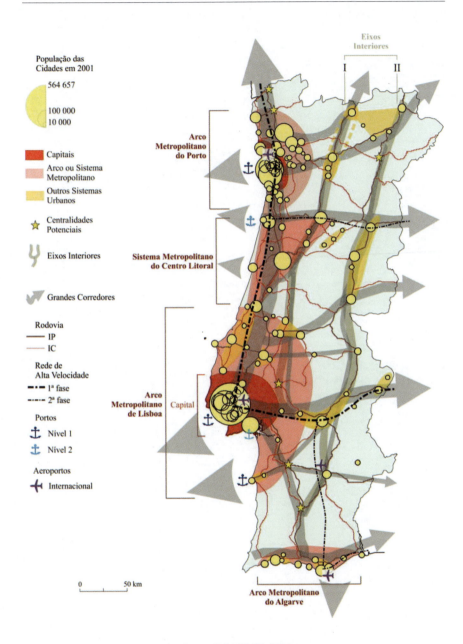

Fonte: SIG PNPOT, 2006
Figura 5: Sistema urbano e acessibilidades em Portugal Continental

ÍNDICE

NOTA PRÉVIA	5
RELATÓRIO	7
PROGRAMA DE ACÇÃO	7
ÍNDICE DO RELATÓRIO	9
ÍNDICE DE FIGURAS	11
ÍNDICE DE QUADROS	13
SIGLAS E ACRÓNIMOS	15

0. INTRODUÇÃO	17
Um país mais ordenado	17
O ordenamento do território em Portugal	17
O Programa Nacional da Política de Ordenamento do Território	20

1. PORTUGAL NO MUNDO	25
Desenvolvimento humano e competitividade económica internacional	25
Especificidade e afirmação de Portugal no Mundo	27
A atlanticidade de Portugal: história e continuidade	29
A lusofonia: um espaço de aprofundamento cultural, económico, social e político	30
A diáspora portuguesa: um factor de mobilidade e interacção	31
Portugal na Península Ibérica	40

2. ORGANIZAÇÃO, TENDÊNCIAS E DESEMPENHO DO TERRITÓRIO	50
Portugal: o Território	50
Recursos naturais e sustentabilidade ambiental	54
Conservação da natureza e valorização ambiental do território	54
Recursos hídricos e política da água	63
Protecção e valorização da zona costeira	67
Energia e alterações climáticas	70
Recursos geológicos	73
Uso do solo e ordenamento agrícola e florestal	73
Evolução da ocupação e uso do solo	73
Agricultura e ordenamento dos espaços rurais	78
População, povoamento e sistema urbano	84
Economia, emprego e competitividade dos territórios	93
Infra-estruturas e equipamentos colectivos	101

378   *Programa Nacional da Política de Ordenamento do Território*

Abastecimento de água, saneamento básico e tratamento de resíduos e efluentes   101
Redes de transportes e logística   103
Comunicações e info-estruturas   106
Equipamentos colectivos   107
Redes de educação pré-escolar e do ensino básico, secundário e superior ...   107
Equipamentos e serviços de saúde   110
Redes de solidariedade e de segurança social   111
Equipamentos culturais   112
Equipamentos desportivos   112
Paisagem, património cultural e arquitectura   113
O estado das paisagens   113
Património cultural   120
Arquitectura   121
Portugal: os grandes problemas para o Ordenamento do Território   122
24 problemas para o Ordenamento do Território   123

3. AS REGIÕES: CONTEXTO E ORIENTAÇÕES ESTRATÉGICAS   127
Regiões de Portugal Continental   127
Região Norte   127
O contexto estratégico   127
Região Norte – Opções estratégicas territoriais   128
Os espaços da Região   130

1. **Região urbano-metropolitana do Noroeste**   130
Região urbano-metropolitana do Noroeste – Opções para o Desenvolvimento do
Território   132
2. **Douro e Alto Trás-os-Montes**   132
Douro e Alto Trás-os-Montes – Opções para o Desenvolvimento do Território   134
3. **Minho-Lima**   134
Minho-Lima – Opções para o Desenvolvimento do Território   136
Região Centro   137
O contexto estratégico   137
Região Centro – Opções estratégicas territoriais   140
Os espaços da Região   141

1. **Centro Litoral**   141
Centro Litoral – Opções para o Desenvolvimento do Território   142
2. **Dão-Lafões**   143
Dão-Lafões – Opções para o Desenvolvimento do Território   144
3. **Beira Interior**   144
Beira Interior – Opções para o Desenvolvimento do Território   146
4. **Pinhal Interior**   146
Pinhal Interior – Opções para o Desenvolvimento do Território   148
Região de Lisboa e Vale do Tejo   149
O contexto estratégico   149

Directrizes para os instrumentos de gestão territorial 379

Região de Lisboa e Vale do Tejo – Opções estratégicas territoriais 151
Os espaços da Região 152

1. **Área Metropolitana de Lisboa** 152
   Área Metropolitana de Lisboa – Opções para o Desenvolvimento do Território 155
2. **Oeste e Vale do Tejo** 156
   Oeste e Vale do Tejo – Opções para o Desenvolvimento do Território 158
   Região Alentejo 159
   O contexto estratégico 159
   Região do Alentejo – Opções estratégicas territoriais 163
   Região Algarve 165
   O contexto estratégico 165
   Região do Algarve – Opções estratégicas territoriais 169
   Região Autónoma dos Açores 170
   O contexto estratégico 170
   Região Autónoma dos Açores – Opções estratégicas territoriais 173
   Região Autónoma da Madeira 174
   O contexto estratégico 174
   Região Autónoma da Madeira – Opções estratégicas territoriais 176

4. PORTUGAL 2025: ESTRATÉGIA E MODELO TERRITORIAL 177
   O quadro de referência demográfico e económico 177
   O País que queremos: um desafio para o Ordenamento do Território 183
   A Ambição 184
   Um espaço sustentável e bem ordenado 184
   Uma economia competitiva, integrada e aberta 186
   Um território equitativo em termos de desenvolvimento e bem-estar 189
   Uma sociedade criativa e com sentido de cidadania 191
   Modelo Territorial – O novo mapa de Portugal 192
   Prevenção e redução de riscos 196
   Recursos naturais e ordenamento agrícola e florestal 198
   Sistema urbano, acessibilidade e conectividade internacional 202

PROGRAMA DE ACÇÃO 207
RELATÓRIO 209
PROGRAMA DE ACÇÃO 209
ÍNDICE DO PROGRAMA DE ACÇÃO 211
ÍNDICE DE FIGURAS 213
ÍNDICE DE QUADROS 213
ANEXOS 213
SIGLAS E ACRÓNIMOS 215

0. INTRODUÇÃO 217

1. ORIENTAÇÕES GERAIS 219

380   Programa Nacional da Política de Ordenamento do Território

Ambição e opções estratégicas 219
24 problemas para o Ordenamento do Território 220
Modelo territorial 225
Objectivos estratégicos e coerência com outros quadros de referência 232

2. PROGRAMA DAS POLÍTICAS 235
Objectivos, orientações e medidas 235
Objectivos específicos 236
Objectivos específicos 237
1.1. *Desenvolver os sistemas de conhecimento e informação sobre o ambiente e os recursos naturais* 237
Medidas prioritárias 237
1.2. *Aperfeiçoar e consolidar os regimes, os sistemas e as áreas fundamentais para proteger e valorizar a biodiversidade e os recursos naturais* 238
Medidas prioritárias 239
1.3. *Definir e executar uma Estratégia Nacional de Protecção do Solo* 240
Medidas prioritárias 241
1.4. *Promover o ordenamento e a gestão sustentável da silvicultura e dos espaços florestais* 241
Medidas prioritárias 242
1.5. *Executar a política de gestão integrada da água* 242
Medidas prioritárias 243
1.6. *Definir e executar uma política de ordenamento e gestão integrada da zona costeira, nas suas componentes terrestre e marítima* 244
Medidas prioritárias 244
1.7. *Executar a Estratégia Nacional para o Mar* 245
Medidas prioritárias 246
1.8. *Definir e executar uma política de gestão integrada dos recursos geológicos* 247
Medidas prioritárias 247
1.9. *Executar a Estratégia Nacional para a Energia e prosseguir a política sustentada para as alterações climáticas* 248
Medidas prioritárias 248
1.10. *Proteger e valorizar as paisagens e o património cultural* 249
Medidas prioritárias 250
1.11. *Avaliar e prevenir os factores e as situações de risco, e desenvolver dispositivos e medidas de minimização dos respectivos efeitos* 250
Medidas prioritárias 251
Objectivos específicos 253
2.1. *Afirmar a dimensão atlântica do País, consolidando o papel estratégico das Regiões Autónomas como plataformas intermédias entre o continente europeu e os continentes americano e africano* 253
Medidas prioritárias 254
2.2. *Melhorar os sistemas e infra-estruturas de suporte à conectividade internacional de Portugal no quadro ibérico, europeu, atlântico e global* 254
Medidas prioritárias 255

Directrizes para os instrumentos de gestão territorial 381

2.3. *Reforçar a capacidade de as cidades se afirmarem como motores de internacionalização e desenvolvimento* 257
Medidas prioritárias 257
2.4. *Promover pólos regionais de competitividade e qualificar o emprego* 258
Medidas prioritárias 258
2.5. *Promover um maior equilíbrio na distribuição da população e assegurar condições de atracção de populações com níveis elevados de qualificação* 259
Medidas prioritárias 260
2.6. *Implementar uma estratégia que promova o aproveitamento sustentável do potencial turístico de Portugal às escalas nacional, regional e local* 260
Medidas prioritárias 261
Objectivos específicos 262
Objectivos específicos 262
3.1. *Reforçar os centros urbanos estruturantes das regiões, em particular nas regiões menos desenvolvidas* 262
Medidas prioritárias 263
3.2. *Estruturar e desenvolver as redes de infra-estruturas de suporte à acessibilidade e à mobilidade, favorecendo a consolidação de novas centralidades urbanas e de sistemas urbanos mais policêntricos* 263
Medidas prioritárias 264
3.3. *Promover um desenvolvimento urbano mais compacto e policêntrico no Continente, contrariar a construção dispersa, estruturar a urbanização difusa e incentivar o reforço das centralidades intra-urbanas* 265
Medidas prioritárias 265
3.4. *Promover um desenvolvimento integrado dos territórios de baixa densidade e das zonas rurais ajustado à sua diversidade, considerando em especial as necessidades e a especificidade das áreas mais vulneráveis e despovoadas* . 267
Medidas prioritárias 267
Objectivos específicos 269
Objectivos específicos 270
4.1. *Promover o ordenamento das redes de educação do pré-escolar, do ensino básico e do secundário, da formação tecnológico/profissionalizante e da educação e formação de adultos, e implementar critérios de racionalidade no ordenamento territorial do ensino superior* 270
Medidas prioritárias 270
4.2. *Desenvolver uma rede nacional de prestação de cuidados de saúde que garanta a universalidade de acesso e racionalize a procura do Serviço Nacional de Saúde (SNS), valorizando os cuidados de saúde primários e a resposta aos grupos mais vulneráveis* 271
Medidas prioritárias 272
4.3. *Desenvolver programas e incentivar acções que melhorem as condições de habitação, nomeadamente no que se refere aos grupos sociais mais vulneráveis* 273
Medidas prioritárias 273

382　*Programa Nacional da Política de Ordenamento do Território*

4.4. *Dinamizar redes de equipamentos colectivos e programas para responder com eficácia às necessidades dos diferentes grupos sociais e das famílias, promovendo a integração dos grupos mais vulneráveis face à pobreza e à exclusão social e garantindo a segurança a todos os cidadãos* 274
Medidas prioritárias 275
4.5. *Desenvolver uma rede supra-municipal articulada de equipamentos desportivos e de lazer activo que valorize a motricidade, aprofunde a equidade de acesso e qualifique a evolução do sistema urbano* 276
Medidas prioritárias 276
4.6. *Dinamizar uma rede de equipamentos culturais que valorize identidades, patrimónios e formas de expressão artística num quadro de aprofundamento da educação para a cultura e de reforço da equidade de acesso e da participação nas actividades culturais* 277
Medidas prioritárias 277
4.7. *Desenvolver os serviços de abastecimento público de água, e de recolha, tratamento e reutilização de águas residuais e de resíduos, estruturando a gestão na óptica da co-responsabilidade social e melhorando os níveis e a qualidade de atendimento* 278
Medidas prioritárias 278
4.8. *Desenvolver as redes de infra-estruturas, de equipamentos e de serviços de suporte à acessibilidade e mobilidade, reforçando a segurança, a qualidade de serviço e as condições de equidade territorial e social* 279
Medidas prioritárias 280
4.9. *Planear e implementar uma rede integrada de serviços de Justiça, definindo a distribuição e implantação geográfica dos equipamentos públicos de Justiça, nomeadamente tribunais, julgados de paz, conservatórias, prisões e centros educativos* 281
Medidas prioritárias 281
Objectivos específicos 282
Objectivos específicos 282
5.1. *Alargar o acesso à* Internet *de Banda Larga em todo o país e promover uma rápida e efectiva apropriação económica e social das Tecnologias de Informação e Comunicação (TIC)* 282
Medidas prioritárias 283
5.2. *Promover as TIC como instrumento fundamental de desenvolvimento territorial e de coesão social, generalizando a sua utilização na difusão de informação e na oferta de serviços de interesse público* 283
Objectivos específicos 285

OBJECTIVOS ESPECÍFICOS 285
6.1. *Produzir e difundir o conhecimento sobre o ordenamento e o desenvolvimento do território* 285
Medidas prioritárias 286
6.2. *Renovar e fortalecer as capacidades de gestão territorial* 286
Medidas prioritárias 287

Directrizes para os instrumentos de gestão territorial 383

6.3. *Promover a participação cívica e institucional nos processos de planeamento e desenvolvimento territorial* 288
Medidas prioritárias 288
6.4. *Incentivar comportamentos positivos e responsáveis face ao ordenamento do território* 289
Medidas prioritárias 289
Síntese do âmbito, estrutura e conteúdo do Programa das Políticas 290
Responsabilidades e coordenação da acção governativa 292

3. DIRECTRIZES PARA OS INSTRUMENTOS DE GESTÃO TERRITORIAL 295
Introdução 295
Relação entre o PNPOT e os outros Instrumentos de Gestão Territorial 296
Orientações para a elaboração dos Instrumentos de Gestão Territorial 297
Planos Sectoriais 297
Planos Especiais de Ordenamento do Território 298
Planos Regionais de Ordenamento do Território 298
Planos Intermunicipais de Ordenamento do Território 300
Planos Municipais de Ordenamento do Território 301
Programas de Acção Territorial 302
Acções de natureza legislativa e administrativa 303

4. ANEXO:
Mapas a cores 335